Norman Foster

Editorial Gustavo Gili, S. A.

08029 Barcelona Rosselló, 87-89. Tel. 322 81 61
México, Naucalpan 53050 Valle de Bravo, 21. Tel. 560 60 11

norman foster

Aldo Benedetti

GG®

Traducción del italiano, autorizada por Nicola Zanichelli Editore, S.p.A., Bologna
Authorized translation from Italian language edition published by Zanichelli

Traducción/Translation
Carmen Artal/Graham Thomson

Concepto gráfico de la cubierta/Cover graphic concept
Quim Nolla

Coordinación editorial de/Edited by
Anna Piccinini

© 1988 Nicola Zanichelli Editore, S.p.A., Bologna
   and for this updated edition Editorial Gustavo Gili, S.A., Barcelona 1995

ISBN: 84-252-1624-9
Depósito legal: B. 43.804-1994
Type set: TECFA - Barcelona
Printed in Spain by Ingoprint, S.A. - Barcelona

Índice

Index

Tecnología como ocasión de Arquitectura

Technology as the occasion of Architecture

«*En efecto, la raíz de la palabra "tecnología" (tecné) en su origen significaba justamente "arte".*

»*Los antiguos griegos no distinguían conceptualmente entre arte y producto manufacturado, y por lo tanto nunca crearon dos palabras distintas para definirlos*».

Robert M. Pirsig, *Zen y el arte del mantenimiento de la motocicleta,* 1974

«*In effect, the root of the word "technology", tekhné, originally meant precisely "art".*

»*The ancient Greeks did not conceptually distinguish the art from the product manufactured, and so they never created two different words to define them.*»

Robert M. Pirsig, *Zen and the art of motorcycle maintenance,* 1974

La concesión de la *RIBA Gold Medal of Architecture*, máxima distinción británica y uno de los premios internacionales más prestigiosos, sanciona, normalmente, la pertenencia al «Olimpo de los Grandes de la Arquitectura» como culminación de una larga y fecunda carrera.

En 1983 Norman Foster, a los cuarenta y ocho años, recibía dicho reconocimiento; a una edad excepcionalmente precoz para este tipo de distinciones cuando su carrera, iniciada veinte años atrás y jalonada por importantes éxitos, no podía considerarse en absoluto concluida. Al contrario, su actividad registraba una extraordinaria fase de fervor creativo, proyectado en un trabajo de exploración continua cuyos resultados son, y serán, aportaciones esenciales a la definición futura de toda su obra. Ésta, en efecto, se nos presenta decididamente caracterizada como *work in progress*, perfectamente abierta a ulteriores ampliaciones conceptuales y muy lejos de aquel «umbral de fatiga» que, a veces, marca el momento involutivo y descendente de la parábola creativa. Resulta pues problemático cualquier intento de definir, hoy, una perspectiva histórica para el relativamente reciente *corpus* de proyectos y realizaciones, que está en relación de continuidad, pero también en vivaz dialéctica con lo que el estudio del arquitecto inglés está elaborando y produciendo ahora.

Y, por otra parte, siempre es un difícil intento el de convertir en historia la apremiante contemporaneidad.

The bestowal of the *RIBA Gold Medal,* the highest distinction in British architecture and one of the most prestigious awards internationally, is normally a sign of admission to the «Olympus of the Great» at the culmination of a long and prolific architectural career.

Norman Foster received this accolade in 1983, at the age of forty-eight: exceptionally young for a distinction of this kind, with a career spanning only twenty years and —although already boasting a number of major achievements— still very far from concluded. On the contrary, Foster was then in a phase of extraordinary creative fervour, engaged in a process of continuous exploration whose results are, and will be, vital to the future definition of his entire oeuvre. Indeed, this oeuvre most decidedly presents itself *as work in progress,* absolutely open to subsequent conceptual amplification and very far from that «fatigue threshold» which frequently marks the moment of involution and descent of the creative parabola. It is thus problematic to seek at this point in time to define a historical perspective for what is still the relatively recent *corpus* of projects and built works, presenting as it does relations of continuity and yet also of vital dialectic with what this English architect's office is currently devising and producing.

It is, of course, always difficult to try to make history out of the urgently contemporary. Nevertheless, the importance of Norman Foster in the context of contemporary

No obstante, la importancia de Norman Foster en el contexto de la arquitectura contemporánea presupone una aproximación crítica al personaje y a su obra que, forzosamente, asuma históricamente el presente, en la complejidad de sus múltiples formas y manifestaciones, para superar la tendencia hacia análisis reductivos, articulados por taxonomías de estilos y de tipos.

La arquitectura de Foster y su tiempo

Las estrechas relaciones que, en la historia, se establecen entre la arquitectura y su contexto más general —desde el social al cultural, desde el económico al político— justifican las interpretaciones que a menudo se hacen de esta última utilizando claves de lectura específicas de ámbitos disciplinarios distintos. Gracias a estos métodos es posible acercarse, aproximativamente, a la comprensión del «estado del arte», tal como ha venido delineándose a partir de los años sesenta hasta nuestros días.

Así pues, no es casual que hoy, con relativa frecuencia, se mire la arquitectura dirigiendo los ojos a la ciencia, al arte, a la sociología e incluso a otros campos, para verter luz sobre el carácter contradictorio de los fenómenos a través de los que se manifiesta la propia arquitectura.

Contradicción que, ciertamente, parece proceder de aquel cúmulo de acontecimientos y situaciones que, en el breve espacio de una década, han alterado progresiva y rápidamente los equilibrios estructurales de los sistemas de producción y de consumo, de comunicación y de relación, así como de los conocimientos: en una palabra, de las formas de vida de todo el planeta.

¿Cómo eludir, pues, referencias y parámetros de juicio fuertemente influidos por los puntos de vista de disciplinas autónomas como son justamente, la economía y la sociología pero, al mismo tiempo, tan incisivas y decisivas para comprender la arquitectura como fenómeno en pleno desarrollo?

Por eso es interesante la definición que ofrece Leonardo Benevolo —y no sólo él— del actual momento histórico como el de «la época de la incertidumbre», y sintomática la trasposición al terreno arquitectónico de este concepto procedente del análisis económico de John Galbraith[1]. La incertidumbre es la característica peculiar de nuestra época. Para algunos ésta sería el resultado de las convulsiones antes apuntadas y surgiría del desmoronamiento

architecture inevitably requires some kind of critical approximation to the figure and his work which must of necessity historically embrace the present, in all the complexity of its multiple forms and manifestations, in order to overcome the tendency towards reductive analyses articulated on the basis of stylistic and typological taxonomies.

Foster's architecture and its time

The close relationships which, throughout history, have existed between architecture and its more general context —from the social to the cultural, from the economic to the political— justify the interpretations which are often made of architecture in terms of readings and glosses drawn from quite different fields and disciplines. Thanks to such an approach, it is possible to arrive at a fairly close approximation to an understanding of the «state of the art» as this has constituted itself from the sixties up to our own time.

It is surely, then, no accident that architecture is today frequently considered in terms borrowed from science, art, sociology and other disciplines, to the extent that these are capable of illuminating the contradictory character of the phenomena through which architecture manifests itself.

This quality of contradiction seems clearly to proceed from that accumulation of events and situations which has, in the brief space of a decade, progressively and rapidly rearranged the structural equilibriums of the systems of production and consumption, of communication and relation, as well as of knowledge: in short, of the forms of life of the entire planet.

How, then, is one to elude references and parameters of judgement strongly influenced by the points of view of such sovereign autonomous disciplines as, precisely, economics and sociology? Disciplines at once so incisive and so decisive for an understanding of architecture as a phenomenon in the full flood of development. It is therefore interesting to note here the definition of the present historical moment put forward by Leonardo Benevolo —and not by him alone— as «the age of uncertainty», and to see as symptomatic the transposition onto the architectonic terrain of this concept drawn from the economic analysis of J. K. Galbraith[1]. Uncertainty is the particular characteristic of our epoch. There are those who would see this as the result of the convulsions we noted

de la «centralidad de la razón» así como de la «disolución de los sistemas de creencias situados en la base de las actividades y de las aspiraciones de la sociedad»[2]. Si, de hecho, la idea de la «razón proyectual» es asumida como fundamento epistemológico de la Modernidad, su decadencia postula el consiguiente declive de la Arquitectura Moderna, recorrida y orientada por ella. La pérdida de las «certidumbres racionales» habría abierto pues la «época de la incertidumbre» marcada, entre otras cosas, por el inquietante eclecticismo de algunas experiencias arquitectónicas. Éstas tienen sus propias raíces en los desconcertantes itinerarios recorridos por aquéllos que, en torno a los años sesenta, eran señalados como los más autorizados continuadores de la ortodoxia moderna y herederos directos de los Maestros recién desaparecidos. Significativas en este sentido pueden ser las figuras de Philip Johnson, Louis I. Kahn o James Stirling también por la amplia influencia ejercida en las generaciones posteriores. Su ruptura con la Modernidad, aunque de carácter distinto, ha querido significar, como para otros muchos teóricos y arquitectos, el intento de recuperación de la «necesaria autonomía» de la arquitectura a fin de alcanzar la anhelada dimensión de un «arte puro reencontrado». En este intento aparece implícita la alternativa a la misma idea de Proyecto Moderno y a su carga de positividad y de optimismo recogida de las utopías civiles y sociales propias de los orígenes del Movimiento.

Esta alternativa se manifiesta explícitamente bajo forma de reaccionaria contraposición al pasado más próximo: al positivismo del pensamiento moderno se le ha contrapuesto el «negativismo», cuando no el «nihilismo posmoderno»; el optimismo de la «razón» es contestado por el «pensamiento débil».

En clave arquitectónica el objetivo de dicha tendencia ha adquirido los rasgos de un experimentalismo que, frente al rigor lógico, considerado inhibitorio, del Movimiento Moderno, ha querido imponer una carga transgresiva y no obstante, sustancialmente superficial y formalista; desprovista de apreciables contenidos y valores y limitada por la extrema fragmentariedad de las aportaciones y de las aproximaciones. El mismo particularismo que connota muchas experiencias de esta clase expresa con claridad los objetivos de una búsqueda resuelta en términos puramente estilísticos y de *revival*. Ahora bien, en un panorama fuertemente marcado por heterogéneas y contrapuestas corrientes que bus-

above, emerging from the collapse of the «centrality of reason» together with the «dissolution of the systems of belief» situated at the base of society's activities and aspirations[2]. If, indeed, the idea of «instrumental reason» is taken as constituting the epistemological foundation of Modernism, its decline into decadence posits the corresponding decline of Modern Architecture, which it traverses and orients. The loss of the «rational certainties» would then have given way to the «age of uncertainty», marked by, amongst other things, the disturbing eclecticism of a number of architectonic experiences. Such experiences have their origins in the unsettling itineraries travelled by those who were identified in the sixties as the most legitimate continuance of the modern orthodoxy and the direct heirs of its lately departed Masters. The significant figures here might be Philip Johnson, Louis I. Kahn, or James Stirling, again on account of the extent of the influence exercised on subsequent generations. Stirling's break with Modernism, although of a somewhat different nature, can be read as signifying —as it does for many other architects and theorists— an attempt at restoring to architecture its «necessary autonomy» in order to attain the desired dimension of a «rediscovered pure art». Apparently implicit in this attempt is the positing of an alternative to the very idea of the Modern Project and its cargo of positivism and optimism, taken on from the civil and social Utopias situated at the origins of the Movement.

This alternative manifests itself in explicit fashion in the form of a reactionary counterpoint to the most immediate past: the positivity of modern thought is countered by a «negativity», if not by a «postmodern nihilism»; the optimism of «reason» is answered by «weak thought».

In the architectonic domain, the objective of this tendency has acquired the characteristics of an experimentalism which, in opposition to the logical rigour —considered to be inhibiting— of the Modern Movement, has sought to assume a transgressive yet nonetheless substantially superficial and formalistic load; lacking in any appreciable content or values and limited by the extremely fragmentary nature of its contributions and approximations. The very particularism identified with many experiences of this type clearly expresses the objectives of an endeavour resolved in purely stylistic terms

can su propia legitimación recurriendo, casi siempre, al uso de imágenes extravagantes y voluntariamente sorprendentes, surgen experiencias basadas en una densidad cultural alimentada por la viva y operante influencia de la Modernidad. En continua relación con ella, la obra de Norman Foster traduce sus ideales y expectativas importantes desde un punto de vista general al basarse en presupuestos más éticos que estéticos, más espirituales que puramente técnicos.

En consecuencia, siguiendo la hipótesis habermasiana que declara el Movimiento Moderno todavía inconcluso y, por tanto, en absoluto agotado, se podría sugestivamente conjeturar sobre el significado último del trabajo de Foster como factor entrópico en el proceso constitutivo, todavía en curso, de la Arquitectura Moderna.

La continuidad con la tradición moderna: las ideas-guía

En un período de fuertes condicionamientos debidos al clima de general y desencantado escepticismo, aparece problemática cualquier definición rotunda de Modernidad tanto en la praxis como en la teoría arquitectónica. Cuando menos discutible, por más que generosa, aparece, por ejemplo, la actitud de los que interpretan con nostalgia lo Moderno, o mejor dicho la Modernidad, como una categoría histórico-formal limitada y concluida con la experiencia de los Maestros de este siglo. Dicha categoría es utilizada por ellos para oponerse antagónicamente a la invasión del estilo ecléctico, pero a partir de una aproximación estetizante basada en un gusto del llamado «modernariado» básicamente equiparable a aquel «gusto de anticuario» que informa el batiburrillo posmodernista.

Distinguiéndose, en cambio, de la parcializante participación en las elusivas *querelles* estilísticas que dominan gran parte del debate contemporáneo, Norman Foster, desde los comienzos de su carrera, explora caminos aparentemente alejados del que a menudo, hoy, es considerado el centro de interés de la arquitectura. Y no deja de ser significativo el hecho de que las referencias de su trabajo haya que buscarlas en el pensamiento y en la obra de autores a los que la historiografía oficial ha negado el carismático apelativo de Maestro: desde Fuller a Eames, desde Wachsmann a Prouvé o a Chareau, desde Patxon a Eiffel. Es decir, de personajes ajenos a preocupaciones estilísticas, exclusivamente

and as revival. At the same time, in a panorama forcefully marked by heterogeneous and contrasting currents which seek their own legitimation by resorting almost always to the use of extravagant and wilfully surprising images, there emerge experiences grounded in a cultural density nourished by the living and operative influence of Modernism. In continuous relation with this, the work of Norman Foster translates its significant ideals and expectations from a general standpoint based on premises that are more ethical than aesthetic, more spiritual than purely technical.

In consequence, following Habermas' hypothesis to the effect that the Modern Moevement is still unconcluded and thus very far from exhausted, there is much highly stimulating conjecture to be made regarding the ultimate significance of Foster's work as an entropic factor in the consitutive and still ongoing process of Modern Architecture.

The continuity with the modern tradition: the guiding ideas

In a period forcibly shaped by the determinants of the climate of general and disenchanted scepticism, any attempt at an emphatic definition of Modernism in either architectonic praxis or theory must appear problematic. Questionable, at the very least, however generous it may seem, is the attitude of those who nostagically reinterpret the Modern, or rather, Modernism, as a historico-formal category delimited by and concluding with the experience of the Masters of the present century. Such a category is utilized by this attitude in order to resist at all costs the invasion of the eclectic style, but on the basis of an aestheticizing approach centred on a taste for the so-called «modernized» that is essentially equivalent to that «antiquarian taste» which informs the hotchpotch of postmodernism.

While he has unequivocally set himself apart from any partializing participation in those elusive stylistic *querelles* which dominate much of the contemporary debate, Norman Foster has gone about exploring —from the very outset of his career— avenues apparently far removed from what is frequently considered the centre of architectural interest today. And there is evidently significance in the fact that the references in his work have to be looked for in the thinking and in the buildings of architects whom official

representativas y simbólicas del *Zeitgeist* moderno, pero profundamente comprometidos en un proyecto realmente innovador cuyo alcance da la medida de la capacidad evolutiva de la propia arquitectura. Al beber de estas fuentes, Foster hace suyas algunas de las cuestiones cruciales que atraviesan toda la tradición de la Modernidad. Entre ellas la de la técnica es la referencia primaria y constante de su trabajo y el trámite directo entre la arquitectura y el mundo de la producción industrial, de la investigación técnico-científica, del arte.

Por otra parte, la tecnología —entendida como sistema de las técnicas y de sus correspondientes aparatos— es precisamente una connotación distintiva de nuestra época hasta el punto de que, al valorar algunas obras de este período, y entre ellas las de Foster, parece todavía más sugestivo el postulado de Max Bense que ve el arte y la ciencia en la época de la tecnología en recompuesta unidad de arte y ciencia de la tecnología. Y en la atención a la coherencia entre el resultado estético, el técnico-científico y el funcional, la obra fosteriana entronca con otro de los ejes de la concepción arquitectónica moderna: el derivado de la relación fin/medio en arquitectura y de las formas a través de las cuales llega a plasmarse dicha relación. Delicado y problemático argumento, sobre el que convergen, como recuerda un excelente estudio de Tomás Maldonado[3], apasionadas y puntuales observaciones filosóficas que, en el variopinto espectro de los análisis críticos, constituyen la ineludible criba de todo proyecto. De aquí emerge prudente, pero inequívoca en la elección de campo, la posición de Foster. Ésta resume los rasgos predominantes de una empresa muy consciente de las difíciles condiciones de la cultura contemporánea y, sin embargo, imbuida de tensión creativa, sin renunciar al abierto desafío lanzado por la Modernidad. Extraño a la formulación de criptopoéticas, ajeno a los fáciles y efímeros entusiasmos neovanguardistas, el arquitecto de Manchester sigue el camino de una *Realpolitik* que le permite comprobar en concreto los efectos positivos que un cierto tipo de poética sigue siendo plenamente capaz de alimentar.

«La arquitectura —dice Norman Foster— es un arte pragmático. Muchas son las personas implicadas en el proceso constructivo; muchas son las posibilidades inherentes al propio problema; muchas son las maneras de organizar el espacio, de situar el edificio respecto al lugar y muchas son las técnicas

historiography has denied the charismatic appellative of Master: from Fuller to Eames, from Wachsmann to Prouvé or to Chareau, from Paxton to Eiffel. In other words, figures remote from the exclusively representative and symbolic stylistic preoccupations of the modern *Zeitgeist*, yet profoundly committed to a genuinely innovative project whose scope gives the measure of the evolutionary capability of architecture itself. In drinking at these wellsprings, Foster makes his own some of the crucial questions running through the whole of the Modern tradition. Amongst these, that of technique is the primary and constant reference in his work and the direct channel between architecture and the world of industrial production, of technological and scientific research, of art.

At the same time, technology —understood as a system of techniques and their corresponding apparatus— is precisely a distinctive connotation of our age, to the extent that it is all the more suggestive to entertain, in appraising certain works of this period, Foster's amongst them, the postulate advanced by Max Bense which sees the art and science of the technological era as the reconstituted unity of the art and science of technology. And in its attention to the coherence between the aesthetic, technico-scientific and functional results, Foster's work connects up with another of the main axes of the modern architectonic conception: that deriving from the end/means relationship in architecture and from the forms through which this relationship effectively manifests itself. A delicate and problematic argument around which converge —as Tomás Maldonado reminds us is an excellent study[3]— impassioned and highly concrete philosophical observations which constitute, within the multicoloured spectrum of critical analyses, the indispensable screen filtering every project. From this, Foster's position emerges as prudent yet unerring in its choice of field, bringing together all the predominant features of an undertaking that is very conscious of the difficult conditions applying in contemporary culture and yet nonetheless imbued with creative tension, refusing to turn away from the open challenge thrown down by Modernism.

Alien to the formulation of a cryptopoetics, far from the facile and ephemeral enthusiasms of the neo-avant-garde, the Manchester architect takes the path of a *Realpolitik* which allows him to test in concrete terms the positive effects that a

constructivas. El proyecto es un verdadero instrumento. Un medio para integrar y resolver los inevitables conflictos que irán surgiendo poco a poco en el desarrollo de las relaciones entre lo público y lo privado o entre lo socialmente aceptable y lo económicamente conveniente. A través del proyecto es posible conciliar los aspectos artísticos de la construcción con los problemas de coste, de tiempo y de control de la calidad. En el intento de optimizar todos los datos en un convincente sistema de valores, sobre el que se basan las decisiones, esperamos obtener un resultado donde el total sea superior a la suma de cada una de las partes.»[4]

Declaración de fe en los valores de la racionalidad, la límpida formulación de estos conceptos, verdaderas y estrictas ideas-guía, define la naturaleza del ítem arquitectónico experimentado por el arquitecto inglés. De forma más inmediata, estos mismos conceptos deciden su adhesión a la complejidad de la aproximación sistémica a la que Fuller, justamente, ofreció importantes aportaciones incorporándose a la corriente de la Teoría General de los Sistemas que, desde Whitehead a Von Bertalanffy, ha sentado las bases para un revolucionario y más fecundo conocimiento de la realidad y de sus fenómenos. Y la enseñanza de Fuller es recogida por el método de Foster. Éste parece traducir en concreto el organicismo típico del Maestro americano al superar la visión puramente tecnicista del proyecto. No ya concebido como respuesta, sectorial y específica, de autónomas ramas del saber, el acto proyectual se convierte en un momento tópico de un conocimiento más amplio del mundo. Por lo tanto lo particular nunca puede ser separado del todo y extrapolado como ente autónomo de lo general porque de la totalidad del mismo participa de forma sinérgica. Y esto es así tanto en la fase introyectiva de la observación y del análisis como en la proyectiva de la invención y de la propuesta. Semejante enfoque está lleno de consecuencias porque comporta la inmediata ampliación de los campos de interés específicos del proyecto arquitectónico que pasa a ser ámbito de trabajo multidisciplinar e interdisciplinar y requiere la integración de distintas capacidades instrumentales y científicas.

La estructura del estudio Foster Associates refleja fielmente este modelo de pensamiento a través de una metodología de trabajo que se ha convertido en el símbolo inconfundible de la *firm*. Así, considerando el producto arquitectónico como el resultado de sinergias

certain type of poetics is still fully capable of nourishing.

«Architecture», Norman Foster has said, «is a pragmatic art. There are a lot of people involved in the construction process; there are a lot of possibilities inherent in the problem itself; there are a lot of ways of organizing space, of situating the building with respect to the place, and many construction techniques. The project is a genuine instrument. A means of integrating and resolving the inevitable conflicts which will come to the fore little by little in the development of the relationships between the public and the private or between the socially acceptable and the economically convenient. By means of the project it is possible to reconcile the artistic aspects of the construction with the problems of cost, time and quality control. In setting out to optimize all the data in a convincing system of values, on which the decisions are based, we hope to obtain a result in which the whole will be greater than the sum of its parts.»[4]

This declaration of faith in the values of rationalism, the limpid formulation of these concepts, these genuinely and strictly guiding ideas, define the nature of the architectonic evolution undergone by the English architect. In the most immediate sense, these very concepts have determined his adherence to the full complexity of that systemic approach to which Fuller in particular made such a significant contribution in aligning himself whith the current of the General Theory of Systems which, from Whitehead to Von Bertalanffy, has laid the foundations for a revolutionary and exceptionally fruitful understanding of reality and its phenomena. And Fuller's teaching is taken up in Foster's method, which seems concretely to avail itself of the organicism typical of the American Master in going beyond the purely technicist vision of the project. No longer now conceived as the sectorial and specific response of autonomous branches of knowledge, the project as act of design becomes a discreet moment in a wider understanding of the world. In consequence, the particular can never be separated from the whole and extrapolated from the general as an autonomous entity because it participates in a synergic fashion in its totality. And this is so as much in the introjective phase of observation and analysis as in the projective phase of invention and proposal. Such an approach is charged with consequences in that it brings with it the immediate expansion of the areas of interest specific to the

que operan en el sistema programa/proyecto/ realización, Norman Foster y sus colaboradores han obtenido resultados excelentes, especialmente en una de las fases estratégicamente más importantes del proceso: la del control de los tiempos, de los costes y de la calidad de los materiales y de la arquitectura. Desde un punto de vista técnico la importancia de la aproximación sistémica se ha revelado superior a la de un proceso tradicional basado en una mecánica secuencia de fases, de las que cada una se da por concluida cuando se inicia la siguiente. Buena prueba de ello ha sido la rapidez de ejecución de algunos edificios funcionalmente complejos para los que el sistema programa/proyecto/ realización ha requerido plazos brevísimos: dieciocho meses, por ejemplo, para la sede IBM de Cosham (pág. 29), doce meses para el Centro Olsen en los Docks de Londres (pág. 25), y tan sólo ocho meses para la otra sede IBM en Greenford (pág. 41).

En términos más amplios que los puramente técnicos se puede afirmar que Foster considera la arquitectura como sistema global de convergencias interdisciplinares y no como práctica autónoma de un saber separado. Su posición es pues la de la competencia más que la de la especialización. Su arquitectura, por eso, es claramente alternativa a los modelos fijos de molde académico actualmente revalorizados por los posmodernos y por los neoclasicistas. De hecho el impulso por parte de estas corrientes para delimitar ámbitos altamente sofisticados y exclusivos de confrontación interna, si por un lado provoca la extrema fragmentación del debate en una constelación de hipótesis formalistas, por otro lado acentúa el distanciamiento y la autonomía del pensamiento arquitectónico y compositivo de las necesarias conexiones que debería tener con las demás áreas del proyecto (desde las inmediatas a las más marginales) para no ser relegado al papel de mera actividad decorativa.

Foster siempre ha combatido los peligros de estas escisiones de conocimiento siguiendo vías inusuales, a menudo incómodas y tal vez irritantes para el *establishment* cultural. No es casual que jamás hable de arquitectura en los términos abstractos o esotéricos que forman la «lengua franca» del debate actual y que ahora parecen indispensables para estar de moda.

Sus consideraciones siempre se refieren al momento concreto de la elaboración proyectual, hasta el extremo de que, refiriéndose a los comienzos de su propia carrera, dice:

architectonic project, which thus becomes the field of multidisciplinary and interdisciplinary work necessitating the integration of different instrumental and scientific capacities. The structure of the Foster Associates office faithfully reflects this model of thinking in terms of a working methodology which has come to constitute the ummistakable symbol of the firm. Thus, by considering the architectonic project as the outcome of synergies operating in the system programme/project/realization, Norman Foster and his co-workers have achieved excellent results, especially in one of the most strategically important phases of the process: that of the control of the timescales, costs and quality of the materials and the architecture. From a technical point of view, the importance of the systemic approach is that it has shown itself to be superior to the traditional process based on a mechanical sequence of phases, with each phase being concluded before the following phase is initiated. Ample proof of this can be seen in the rapidity with which a number of functionally complex buildings have been completed, where the programme/project/ realization system required remarkably short timescales: eighteen months, for example, in the case of the IBM headquarters in Cosham (p. 29), twelve months for the leisure centre for the Fred Olsen Line in London's Dockland (p. 25), and only eight months for the other IBM complex in Greenford (p. 41).

In terms that extend beyond the purely technical, it can be asserted that Foster regards architecture as an overall system of interdisciplinary convergences rather than as the autonomous practice of a separate knowledge. His position is thus one of competence and suitability rather than specialization, and his architecture accordingly constitutes a clear alternative to those fixed models of an academic cast which postmodernists and neoclassicists alike are currently seeking to reinvest with value. In fact, the impulse proceeding from these factions interested in delimiting highly sophisticated and exclusive environments of internal confrontation, while it provokes on the one hand the extreme fragmentation of architectural debate into a constellation of formalistic hypotheses, on the other hand accentuates the distancing and the separateness of architectonic and compositional thinking from the necessary connections it must maintain with the other areas of the project (from the most immediate

«Vivíamos un período de confrontación y de oposición con los constructores, los productores y los propios clientes, que sabían con exactitud cuánto podían ganar con un edificio disminuyendo los tiempos de construcción. Nosotros nunca utilizábamos la palabra arquitectura. En aquel contexto era importante ocuparnos, y fuimos capaces de hacerlo, de problemas no arquitectónicos, demostrando que no sólo podíamos construir a bajo coste sino también en menos tiempo utilizando técnicas de prefabricación, introduciendo conceptos de flexibilidad, y reconociendo que para la mayoría de nuestros clientes la única constante era la necesidad de cambio. Para responder creativamente a todas estas exigencias había que invertir nuestros modelos basados en una formación tradicional, reconocer la realidad que nos rodeaba. También había que involucrar a los clientes hasta llevarles a modificar su papel pasivo, incitándoles a desarrollar una tarea de promoción durante toda la fase de proyectación. Y para algunos proyectos de nuestro estudio, bajo esta óptica, podría parecer inusitado el término de "arquitectura de arquitectos".»[5]

Arquitectura, arte, tecnología

Y sin embargo, si se analizan bien, estos mismos proyectos y realizaciones revelan una constante preocupación, especialmente bajo el aspecto estético y formal, hasta el punto de que resulta realmente difícil afirmar la ausencia de carácter artístico. Todos ellos expresan una patente diversidad respecto a la praxis y a los esquemas habituales, al proponer las virtudes de la tecnología como significativa ocasión de innovación profunda de la arquitectura. Diversidad que parece provocativa e incluso inaceptable a quienes ven en la misma tecnología un medio perverso, culpable y deplorable propio de un funcionalismo arcaico y, por miope extensión, del mismo Movimiento Moderno. Las recurrentes crisis y desilusiones, que han atravesado las últimas décadas, si, por un lado, han contribuido a desvelar la ineficacia de las improbables capacidades salvadoras ingenuamente supuestas en la arquitectura, por otro lado no deben legitimizar el rechazo y el ostracismo ante aquellos esfuerzos que, con seriedad de objetivos y coherencia en su aplicación indagan sobre las ocasiones reales, todavía inexploradas, de la Modernidad, de sus logros y entre ellos, justamente, de la tecnología. Como agudamente señala Reyner Banham: «Construir con mate-

to the most marginal) if it is not to be relegated to the role of a merely decorative activity.
Foster has always combatted these fracturing divisions of knowledge, pursuing his own unusual lines, frequently to the discomfiture and irritation of the cultural establishment. It is no accident that in speaking about architecture he never employs the abstract or esoteric terminology that is the *lingua franca* of the current debate, and seems to have become indispensable to anyone who wishes to be in fashion.
Foster's observations always refer to the concrete moment of the working out of the project, to such an extent that, in talking about the beginnings of his own career, he says:
«We were living in a period of confrontation and opposition to the builders, the developers and the clients themselves, who knew exactly how much they would have been able to make on a building by reducing construction time. We never used the word architecture. In that context it was important to concern ourselves, and we were able to do so, with non-architectural problems, showing that not only could we have built at low cost but also in less time using prefabrication techniques, introducing concepts of flexibility, and recognizing that for the majority of our clients the one constant was the need for change. In order to respond creatively to all these requirements it was necessary to invert the models derived from our traditional training, to recognize the reality surrounding us. It was also necessary to involve the clients, to get them to modify their passive role, encouraging them to carry out the job of promotion all through the design phase. And for some of our office's projects, looked at in this light, the term architects' architecture might seem out of place».[5]

Architecture, art, technology

Yet nevertheless, properly analyzed, these same projects and constructions reveal one constant concern, especially as regards their aesthetic and formal aspects, which makes it extremely difficult to claim that they are lacking in any artistic character. They all express a patent diversity or divergence from customary praxis and conceptions, putting forward as they do the virtues of technology as the significant occasion for profound innovation in architecture. A diversity which

riales no convencionales y según formas no familiares —es decir construir Arquitectura Moderna— para ojos no educados quiere decir una vez más practicar "la arquitectura de riesgo" (...) abandonar las tradiciones y la rutina quiere decir ser conscientes de la esencia no determinista del progreso, que no es inevitable, que debe ser construido y que va en la dirección que nosotros queramos, no automáticamente hacia delante y hacia arriba.»[6]

Una diferencia fundamental, en este sentido, es la plena posesión de la conciencia del papel del arquitecto en el contexto histórico y civil de la propia época. Ya no demiurgo ni romántico revolucionario, el arquitecto hipermoderno no tendrá que cambiar los destinos del mundo; ni, distante y cínico en sus autónomas especulaciones, el arquitecto posmoderno tendrá que desinteresarse de la sociedad. Viviendo, en cambio, la propia y consciente integración en la realidad contemporánea, el arquitecto podrá contribuir, en sinérgica relación con otros, al desarrollo y al crecimiento de la sociedad civil.

Semejante actitud ilustra, tal vez, el concepto de Modernidad que siempre ha existido y que continuará existiendo. Muy poco sentido tiene, pues, la definición que de Norman Foster formulan Charles Jencks o Alastair Best que le llaman respectivamente «moderno tardío»[7], y «uno de los últimos modernos»[8], pretendiendo de esta forma hablar de un insólito personaje perteneciente a una especie en vías de extinción y a una época ya periclitada. Por otra parte la misma definición evidencia con claridad todas las idiosincrasias de aquella parte de la crítica ansiosa de consoladoras clasificaciones. Frente a esa crítica, que ha clasificado a Foster con la etiqueta del *High-Tech*, el arquitecto responde con un neto rechazo, denunciando la parcialidad de una categorización sólo atenta a los aspectos superficiales y mundanos de una experiencia que busca en otra parte sus propias razones. Éstas desde luego no están en la hipóstasis de la tecnología, entendida como la saturada y estéril exasperación figurativa de componentes industriales dentro de la obra constructiva. Metáfora maquinista, que parece representar la condición epistemológicamente esencial de la categoría del *High-Tech*.

La distancia de estas posiciones estilísticas es puntualizada una vez más por Norman Foster que, apasionadamente, afirma su desinterés por una tecnología finalizada en sí misma y, al contrario, defiende toda su validez de cara a finalidades sociales[9]. Se vuelve así una vez más al nudo de la problemática fin/

appears provocative and even unacceptable to those who see technology as such as a perverse, culpable and deplorable medium belonging to an archaic functionalism and —by myopic extension— to the Modern Movement itself. While the recurring crises and disillusionments that have marked recent decades have, on the one hand, helped to reveal the inefficacy of the improbable redemptive capacity architecture has been ingenuously imagined as possessing, they cannot be taken as legitimating the rejection and exclusion, the ostracism of those efforts that have brought a seriousness of purpose and a coherence of approach to the analysis of the real occasions —still unexplored— of Modernism and its achievements, one of which is, indeed, technology. As Rayner Banham has acutely observed: «To construct with unconventional materials and according to forms unfamiliar to uneducated eyes —that is to say, to construct Modern Architecture— means once again to practice "the architecture of risk" (...) to abandon traditions and routine means to be conscious of the non-determinist essence of progress, which is not inevitable, which must be constructed and go in the direction we want it to, and not automatically onwards and upwards».[6]

One fundamental difference in this respect is the possession of a fully developed consciousness of the role of the architect in the historical and civil context of the age itself. No longer now a demiurge or a Romantic revolutionary, the hypermodern architect need not change the destiny of the world; nor, distant and cynical in his autonomous speculations, will the postmodern architect have to disengage from society. Rather, by living through his or her own conscious integration into contemporary reality, the architect will be able to contribute, in a synergic relationship with others, to the development and growth of civil society. Such an attitude perhaps serves to illustrate the concept of Modernism that has always existed and will continue to exist. There is, in consequence, very little sense to be made of the definitions of Norman Foster formulated by Charles Jencks and Alastair Best, who respectively descibe him as «late modern»[7] and «one of the last moderns»[8], seeking in this way to conjure up some remarkable personage belonging to a species on the road to extinction and an age that has already been eclipsed. What is more, the definition itself clearly manifests all the idiosincrasies of that part of the critical profession anxiously

medio que marca el destino de la Arquitectura Moderna y de su colocación respecto a la realidad contemporánea.

Como para Fuller, el recurso a la tecnología industrial por parte del arquitecto inglés tiene el significado de una respuesta tanto a las carencias de una tecnología constructiva tradicional, progresivamente empobrecida por la dispersión de las capacidades artesanales, como a las exigencias de reconstrucción de una base común de valores alternativa a la precedente, una vez perdida la «naturalidad» del acto de construir.

En este ítem material y espiritual, Foster procura exaltar todos los aspectos clave de su propia obra como elementos inescindibles de la compleja totalidad de la arquitectura. Y en consecuencia, si la tecnología es un medio a utilizar para fines más amplios y nobles que los de su simple aplicación, podrá ser un instrumento flexible, variado, y acorde con las necesidades funcionales, sociales, psicológicas, y ambientales; en fin, más que *High-Technology*, tendrá que ser y habrá que hablar de *Appropriate-Technology*. Y, en cuanto a la esfera humana, la tecnología influirá y estará influida a su vez, por las inevitables exigencias comunicativas y expresivas del hombre, que se constituyen como base primaria del desarrollo artístico.

Citando del *Zen y el arte del mantenimiento de la motocicleta* de Robert M. Pirsig, Norman Foster suele recordar que «la tecnología es simplemente el hacer las cosas, y el hacer las cosas, por su propia naturaleza, no puede ser feo, de lo contrario no podría haber belleza en el arte, que también incluye el hacer las cosas. En efecto, la raíz de la palabra "tecnología" (*tecné*) en su origen significaba justamente "arte". Los antiguos griegos no distinguían conceptualmente entre arte y producto manufacturado, y por lo tanto nunca crearon dos palabras distintas para definirlos. La forma de resolver el conflicto entre los valores humanos y las necesidades tecnológicas no es huir de la tecnología, sino abatir las barreras del pensamiento dualista que impiden una auténtica comprensión de la naturaleza y de la tecnología; no explotación de la naturaleza, sino fusión de la naturaleza y el espíritu humano».

La significativa proximidad de estas palabras a la concepción cósmica fulleriana establece también un ulterior valor de la obra de Foster respecto a la relación que se establece entre su arquitectura y el medio natural. Es una relación que se carga de múltiples intenciones y que, en cualquier caso, trasciende la idea de searching for consoling classifications. To this critical position, which has classified him with the *High-Tech* label, Foster's response is a flat dismissal, denouncing the partiality of a categorization on the basis of the purely superficial and mundane aspects of an experience that looks elsewhere for its own particular rationale. And of course this rationale does not consist in the hypostatizing of technology, understood as a phenomenon of saturated and sterile figurative exasperation of industrial components within the construction process. A mechanistic metaphor which seems to represent the essential epistemological condition of the *High-Tech* category.

The distance from these stylistic positions is pointed up once again by Norman Foster, who passionately affirms his lack of interest in technology as an end in itself, while upholding, by contrast, its complete validity in the attainment of social goals[9]. This brings us back once more to the crux of the means/end problematic which has marked the destiny of Modern Architecture and its positioning with regard to contemporary reality.

Just as in the case of Fuller, the recourse to industrial technology on the part of the English architect may be seen as a response not only to the shortcomings of a construction technology that although grounded in tradition has been impoverished by the dispersal of craft skills, but also to the need to re-establish a common base of values alternative to the foregoing, in the wake of the loss of «naturalness» of the act of construction.

In this material and spiritual endeavour, Foster contrives to exalt all the key aspects of his own work as indispensable elements in the complex totality of the architecture. And as a consequence of this, if technology is seen as a means to be utilized for ends that are greater and nobler that those of its mere application, it can become a flexible and varied instrument capable of responding to the different functional, social, psychological and environmental needs placed on it: in other words, rather than *High Technology* it will have to be —and be spoken of as— *Appropriate Technology*. And where it touches on the human sphere, this technology will both influence and be influenced by people's inevitable communicative and expressive requirements, which constitute the primary basis of artistic development.

Quoting from Robert Pirsig's *Zen and the art of motorcycle maintenance*, Norman Foster likes to recall that «technology is simply

la contextualización del objeto realizado, en clave puramente visualista o tipológica. Alcanza en cambio resultados ciertamente innovadores a través del planteamiento del pensamiento sistémico y hace de la observación atenta de los fenómenos de la naturaleza, el presupuesto para una revisión radical de las estructuras constructivas. Todo ello se explicita, en primera instancia, a través del problema energético: tan serio y acuciante en el debate disciplinar, como entreverado de equívocos. El uso «arriesgado», como lo llama Banham, de materiales ligeros, de elementos industrializados, del vidrio, etc., característica del estudio Foster Associates, es asociado normalmente a la idea de una arquitectura dispendiosa y definida, no sin algún acento sarcástico, *High-Tech* en contraposición a una arquitectura de «masa de albañilería» como acumulador de energía. Muchas recapacitaciones y retornos al pasado —más tirano que amigo— tienen así una explicación plausible en esta última postura, a menudo invalidada por el paralizante miedo a experimentar con medios y tecnologías actuales y más eficaces. La respuesta de Foster está basada en la invención creativa corroborada por aportaciones científicas e importantes competencias técnicas. La integración de los diferentes elementos del proyecto, entre sí y con el contexto ambiental, se convierte en decisiva tanto en la organización formal como en la tipológica de las nuevas construcciones. Y por otra parte, repetía Fuller, la arquitectura no está en función del material, porque el propio material puede ser proyectado. De ahí arrancan todas las investigaciones y los estudios desarrollados por Foster durante estos años sobre los organismos arquitectónicos compactos, de planta amplia, sobre los *umbrella buildings*, sobre las estructuras integradas, que, a pesar de su considerable ligereza, se demuestran energéticamente bastante eficientes. Un ejemplo paradigmático lo constituye el Sainsbury Centre (pág. 39), del que Foster cita a menudo el peso exacto que es cuatro veces menor que la pequeña parte enterrada del almacén. Ligereza no quiere decir, sin embargo, empobrecimiento del edificio ni banalización de su imagen: es el símbolo de la comprensión sistémica sobre la que se basan economía y elegancia.

La ligereza es índice de un espíritu auténticamente moderno como, por ejemplo, el que guió a Eiffel cuya torre, vuelve a recordarnos el arquitecto de Manchester, pesa menos que la columna de aire que va desde la cima a la base y que parece anticipar proféticamente el

making things, and making things, by its very nature, cannot be ugly, otherwise there could be no beauty in art, which also involves making things. In effect, the root of the word "technology", *tekhné*, originally meant precisely "art". The ancient Greeks did not conceptually distinguish the art from the product manufactured, and so they never created two different words to define them. The way to resolve the conflict between human values and technological needs is not by running away from technology but by breaking down the barriers of the dualistic thinking that prevents an authentic understanding of nature and of technology —not exploitation of nature but fusion of nature and the human spirit».

The significant proximity of these words to Fuller's cosmic conception also serves to establish an ulterior value of Foster's work with respect to the relationship created between his architecture and the natural environment. This is a relationship which is loaded with multiple intentions, and which moreover goes beyond the idea of the contextualization of the object produced in any purely visual or typological sense. Rather it arrives at clearly innovative results through the positing of systemic thinking, and makes the attentive observation of natural phenomena the premiss for a radical revision of the structures of construction. All of this is made explicit in the first instance in terms of the energy problem: a problem as serious and pressing within architectural debate as it is interspersed with errors. The «risky» use, as Banham has it, of lightweight materials, of industrial building elements, of glass, and so on, characteristic of the Foster Associates office, is normally associated with the idea of an extravagantly costly architecture defined, not without a note of sarcasm, as *High-Tech* in contradistinction to a «mass of brickwork» architecture as accumulator of energy. Numerous reappraisals and returns to the past —more tyrant than friend— thus find a plausible explanation in this last posture, often invalidated by the paralyzing fear of experimenting with contemporary and more efficient methods and technologies. Foster's response is based on creative invention supported by scientific corroboration and a high degree of technical competence. The integration of the various different elements of the project, with one another and with the environmental context, is thus decisive for both the formal organization and the typology of the new construction. And moreover, as

aforismo fulleriano del «más con menos». Probablemente en esta máxima, parafraseada del original miesiano *less is more*, se halle una de las raíces de la poética minimalista fosteriana.

Notas/Notes

1. L. Benevolo, *L'ultimo capitolo dell'architettura moderna*, Laterza, Roma-Bari, p. 138.
2. A. L. Huxtable, *L'architettura moderna è morta?*, en AA.VV., *Immagini del postmoderno*, Cluva, Venecia, 1983, p. 234.
3. Sobre este tema véase T. Maldonado, *Il futuro della modernità*, Feltrinelli, Milán 1987, pp. 59-63.
4. N. Foster, en *By their own design*, edición a cargo de A. Suckle, Granada Publishing, St. Albans 1980, p. 138.
5. *Architecture and urbanism*, n° 9, 1985, p. 47.
6. R. Banham, *Foster Associates*, RIBA Publications, Londres 1979, p. 4.
7. Ch. Jencks, *Late modern architecture*, Academy Editions, Londres, 1980 (versión castellana: *Arquitectura Tardomoderna y otros ensayos*, Editorial Gustavo Gili, S.A., Barcelona, 1982).
8. A. Best, «Un des derniers modernes», en *Norman Foster*. Electra-Moniteur Milán-París, 1986, p. 23.
9. «By their own design», *op. cit.*, p. 138.

Fuller said time and again, architecture does not consist in the material, because the material itself can be designed. This is the starting point for all of these years of researches and studies carried out by Foster into compact architectonic organisms, spacious in plan, into the *umbrella buildings*, into integrated structures which prove, despite their considerable lightness, to be quite energy-efficient. A paradigm example of this is provided by the Sainsbury Centre (p. 39), the exact weight of which Foster is fond of stating, a quarter that of the small underground storage area. Lightness does not, however, mean either impoverishment of the building or banality in its visual image: it is the symbol of the systemic understanding on which economy and elegance are based. Lightness is an index of a genuinely modern spirit, such as that which guided Eiffel, whose tower, the Manchester architect reminds us once again, weighs less than the corresponding column of air that extends from top to base, and which seems to anticipate prophetically Fuller's aphorism, «more with less».

It is probable that this maxim, a paraphrase of Mies' original «less is more», contains one of the roots of Foster's minimalist poetics.

Agradecimientos

La realización de este libro no habría sido posible sin la colaboración y la ayuda prestadas por el estudio Foster Associates, por Birkin Haward a través de algunos intercambios de opiniones durante mis viajes a Londres y por Katy Harris para la documentación fotográfica.
También quiero darle las gracias afectuosamente a Luigi Biscogli, mi maestro y amigo, por sus enseñanzas y consejos que tanto me han ayudado para escribir este libro.

Acknowledgements

This book could not have been written without the cooperation and assistance provided by the Foster Associates office, by Birkin Howard in the form of exchanges of views during my visits to London, and by Katy Harris, who took charge of the photographic documentation.
I also wish to give my affectionate thanks to Luigi Biscogli, my teacher and friend, for the lessons and the advice which helped me so much in writing this book.

1963   Refugio en Pill Creek (Cornualles).
Team 4: N. Foster, W. Foster, F. Peacock,
R. Rogers, S. Rogers

Esta primera e insólita construcción a medio camino entre un búnker y la cabina de un avión semienterrado en el suelo, anticipa uno de los temas centrales de la obra fosteriana: la relación con la naturaleza perseguida, más allá de mimetismos ocasionales, a través de la sublimación poética del dato artificial. El misterioso objeto de hormigón y vidrio, apenas visible en el claro del bosque, proporciona un tranquilo retiro para una contemplación relajada y apacible del río Fal, en cuyo estuario se levanta esta obra. Una pequeña cocina habilita el espacio para una breve estancia.

1963   Refuge in Pill Creek (Cornwall).
Team 4: N. Foster, W. Foster, F. Peacock,
R. Rogers, S. Rogers

This first, unusual construction halfway between a bunker and the cockpit of a plane half buried in the ground anticipates one of the central themes in Foster's work: the relationship with nature, pursued not through occasional imitation but the poetic sublimation of the artificial datum. The mysterious object of concrete and glass, barely visible in the clearing in the wood, provides a peaceful refuge for the relaxed and tranquil contemplation of the river Fal, on whose estuary it stands. A small kitchen equips the space for short stays.

* SKETCH SECTION
wendy House - Peak;

1

1 Boceto de la sección en perspectiva
2 El refugio en un claro del bosque

1 Perspective sketch of the section
2 The refuge in a clearing in the wood

2

1964 Conjunto residencial en Feock
(Cornualles). Proyecto. Team 4: L. Abbott,
N. Foster, W. Foster, F. Peacock, R. Rogers,
S. Rogers

La temática de la relación con el mismo paisaje de la experiencia anterior caracteriza la
disposición agregativa de las unidades residenciales unifamiliares. La configuración del
terreno, escarpado en una ladera de Cornualles (Pill Creek), y el intento de salvaguardar la
integridad del paisaje han determinado la disposición planimétrica de los pequeños grupos
de células intercaladas entre los árboles, así
como su estructura interna articulada en va-
rios niveles escalonados.
El estudio de cada vivienda, aunque recuerda
—en la definición atenta, precisa, casi didás-
cálica de los espacios públicos y privados—
las enseñanzas de Serge Chermayeff, anuncia
ya los aspectos más originales de obras sucesivas. Destaca en particular la búsqueda de la
luz mediante lucernarios y de la cubierta vegetal. Cada célula residencial a la que se accede desde una carretera en lo alto de la
ladera, se halla limitada por dos paredes de
bloques de hormigón que se prolongan más
allá de la casa para proteger los espacios privados abiertos. Las dos fachadas, una en
cada nivel, disponen de un amplio acristala-
miento.

**1964 Project for a residential complex in
Feock** (Cornwall). Team 4: L. Abbott,
N. Foster, W. Foster, F. Peacock, R. Rogers,
S. Rogers

The theme of the relationship with the same
landscape as in the previous scheme here
characterizes the aggregative disposition of
the single-family residential units. The
configuration of the terrain, escarped on a
Cornish hillside, and the concern to safeguard
the integrity of the landscape have determined
the planimetric organization of the little groups
of cells interspersed amongst the trees, as
well as the articulation of the interior structure
on various stepped levels.
The study for each house, although
reminiscent of the teachings of Serge
Chermayeff in the attentive, precise, almost
didactic definition of the public and private
spaces, nevertheless announces many of the
most original aspects of Foster's subsequent
work. Particularly noteworthy is the pursuit of
illumination by way of skylights and the
vegetation of the roof gardens. Each
residential cell, reached by way of a road
running along the top of the hillside, is
delimited by two walls of concrete blocks,
which are continued out beyond the house to
protect the private open spaces. The two
facades, one to a level, are extensively glazed.

La sección en perspectiva de la célula residencial evidencia su relación con el ambiente

The sectional perspective of the residential
cell shows its relationship with its surroundings

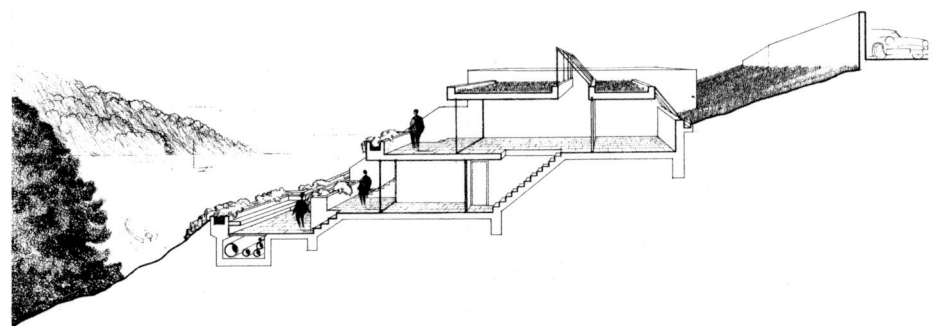

1964 Conjunto de viviendas unifamiliares en Culsdon (Surrey). Proyecto. Team 4: N. Foster, W. Foster, R. Rogers, S. Rogers, J. Young, F. Peacock

El proyecto de 130 viviendas alineadas revela una disposición marcadamente tradicional y coherente con las realizaciones de casas *low risehigh density* construidas durante aquellos años en Gran Bretaña. Articuladas por un eje de distribución central y discontinuo que pretende conferir al conjunto una mayor sensación urbana, las células están reagrupadas a partir de dos series lineales contrapuestas. La geometría de la intervención queda atenuada por un contexto paisajístico de notables cualidades ambientales en el que se integra con cierta discreción.
En este caso se han experimentado variantes tipológicas en la articulación y en la gradación de los espacios, tanto públicos como residenciales con claras consecuencias arquitectónicas. El resultado es un amplio programa de viviendas de dos y tres pisos. Las fachadas correspondientes a la zona central pública son fundamentalmente cerradas, mientras que los lados opuestos están ampliamente acristalados. La estructura de ladrillo visto representa un elemento de notable expresividad arquitectónica.

1964 Group of family residences in Culsdon (Surrey). Project. Team 4: N. Foster, W. Foster, R. Rogers, S. Rogers, J. Young, F. Peacock

The project for 130 terraced houses reveals a strongly traditional layout in line with the low rise-high density housing being built in many parts of Great Britain during this period. Articulated around a central, discontinuous distribution axis which seeks to give the development as a whole more of an urban character, the cells are regrouped on the basis of two opposing linear series. The geometry of the intervention is considerably attenuated in a physical context notable for the quality of the landscape, into which it is integrated with a measure of discretion.
This scheme presents typolological variations in the articulation and the gradation of the spaces, both public and residential, with clear architectonic consequences. The result is an extensive programme of two- and three-storey dwellings. The facades corresponding to the central public zone are essentially closed, while the opposite facades are amply glazed. The structure of exposed brickwork provides an element of notable architectonic expressiveness.

1 Maqueta
2/4 Secciones transversales

1 The model
2/4 Transverse sections

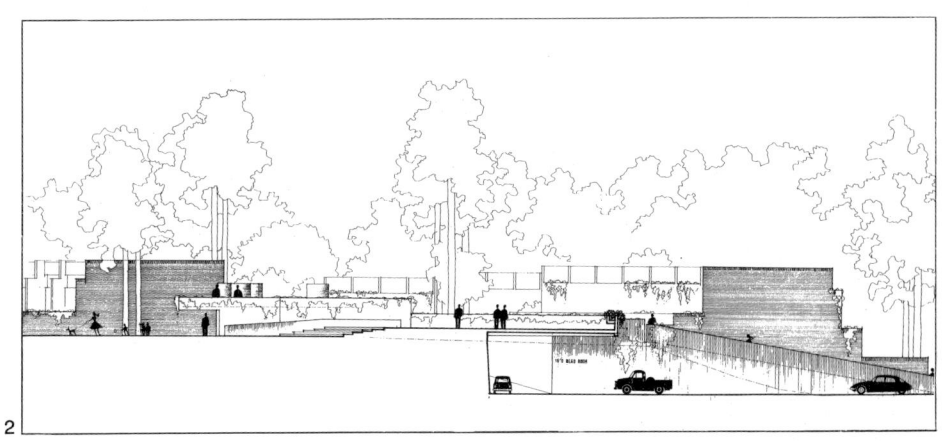

2

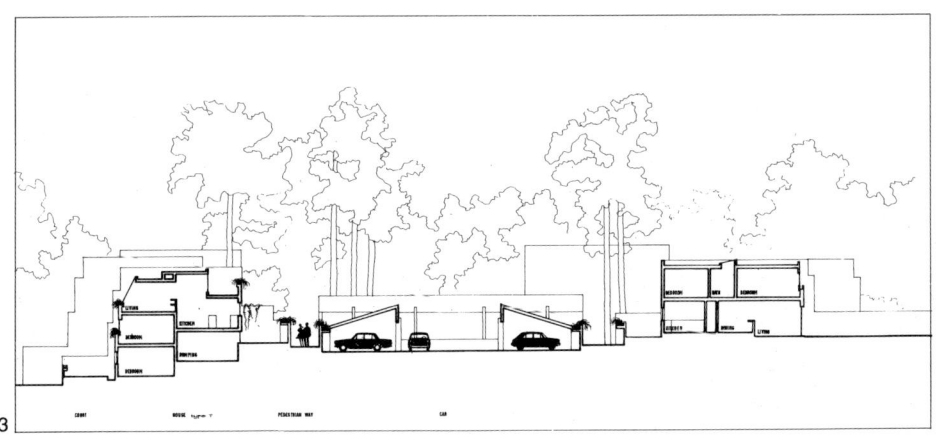

3

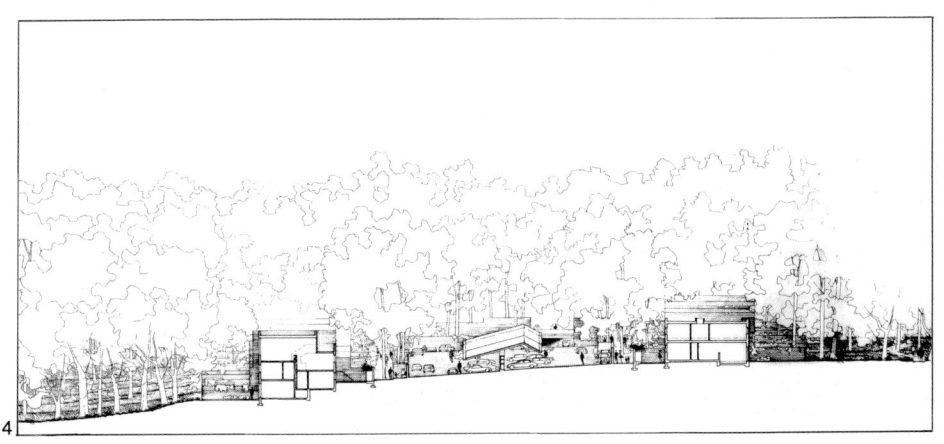

4

1964   Tres casas alineadas, Londres
(Murray Mews). Team 4: L. Abbott, N. Foster,
W. Foster, F. Peacock, R. Rogers, S. Rogers

Tras algunos proyectos de residencias en
contextos no urbanos, ésta fue la primera
ocasión de enfrentarse a la escala de la ciudad en una pequeña calle londinense (*mews*)
flanqueada por casas que no superan los dos
pisos de altura. La relación con la tradición local de asentamientos más domésticos que
caracteriza la disposición formal de los *mews*
ha sido abordada con un espíritu de fidelidad
y una vivificante invención creativa. En efecto,
una hábil y original lectura de la normativa de
edificación permitió la construcción de un pequeño y notable organismo residencial donde
el máximo aprovechamiento del volumen edi-
ficable viene acompañado por una coherente
y fantasiosa revisión de las características originales del lugar.
La alineación a lo largo del trazado viario ha
sido mantenida a través de una pared de ladrillos compacta e interrumpida por pocas
aperturas a nivel de la planta baja, para re-
construir la unidad de la fachada. En cambio
en el primer piso se manifiesta el espíritu anti-
convencional de los arquitectos que interca-
lan, en la rítmica alternancia de volúmenes
cerrados de ladrillo, planos de vidrio inclinado.
Estos últimos, cuando llegan a la cota más
alta, se desploman hacia el patio privado posterior recortándose en un típico perfil de iceberg.
El característico dibujo de la sección a través
de esta parte de la casa propone un sugestivo
paralelo con algunas experiencias de James
Stirling de aquellos años. Paralelo justificado

1964   Three terraced houses, London
(Murray Mews). Team 4: L. Abbott, N. Foster,
W. Foster, F. Peacock, R. Rogers, S. Rogers

Coming in the wake of various projects for
housing in non-urban contexts, this was
Foster's first opportunity to address the scale
of the city, in a small London mews bordered
by houses of no more than two storeys. The
relationship with the local tradition of more
domestic etablishments which characterizes
the formal layout of the mews has been
approached in a spirit of fidelity and with a
vitalizing creative invention. In effect, the
skillful and original reading of the building
regulations has resulted in the construction of
a small yet noteworthy residential organism
which not only makes the fullest possible use
of the available area but offers a coherent and
imaginative interpretation of the original
characteristics of the site.
The alignment along the line of the roadway
has been maintained by means of a compact
brick wall, with few openings at ground floor
level in order to reconstruct the unity of the
facade. By constrast, the first floor manifests
the architects' unconventional spirit through
the rhythmic alternation of closed brick
volumes and sloping planes of glass. These
latter, on reaching the highest level of the
house, drop down into the private courtyard
at the rear, tracing a typical iceberg silhouette.
The characteristic drawing of the section
through this part of the house offers a
suggestive parallel with some of the work
produced by James Stirling at this time. This
parallel is underpinned by Foster and Rogers'
acquaintance with the Glasgow architect, their

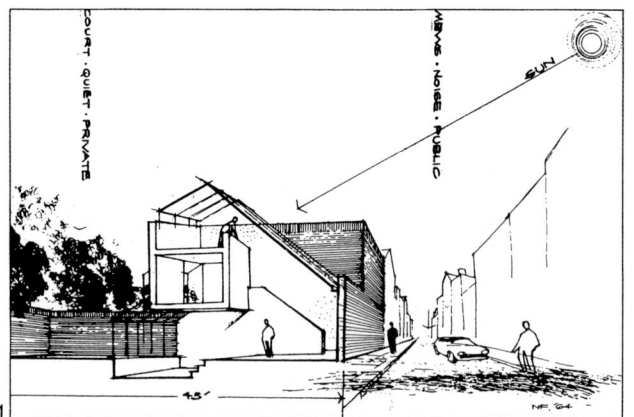

1   Boceto en perspectiva
2   El acceso en Murray
    Mews

1   Perspective sketch
2   The access from Murray
    Mews

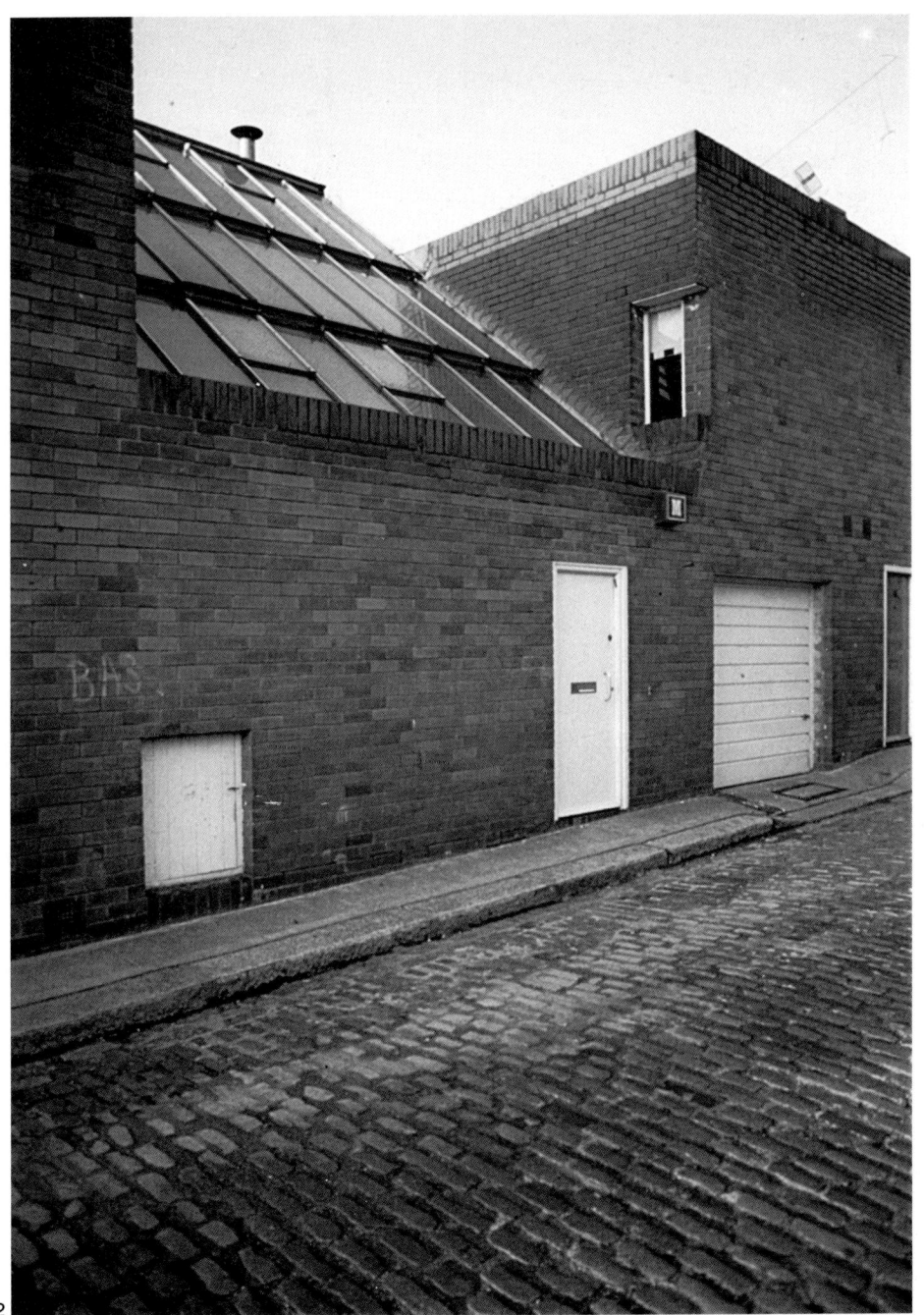

2

3

3 Vista de la sala hacia el
  patio
4 Vista de la fachada interior desde el patio

3 View from the living room
  towards the courtyard
4 View of the interior facade
  from the courtyard

4

por la familiaridad de Foster y Rogers con el arquitecto de Glasgow, su *tutor* desde la época de la especialización en Yale. Pero en dicho paralelo nacen y se agotan todos los posibles manierismos porque tanto Foster como Rogers recorrerán con plena autonomía sus caminos respectivos, por lo demás ya reconocibles en esta misma experiencia.

En efecto, el conjunto, constituido por tres células residenciales de dos pisos, atestigua los intereses y las temáticas constantemente exploradas por el grupo: desde la diagramática articulación de los espacios públicos y privados, a la utilización de la luz como material impalpable de la arquitectura, hasta la voluntad experimental de renovar la praxis constructiva tradicional introduciendo cada vez más el uso de elementos industrializados.

tutor during their specialist studies in Yale. Nevertheless, this parallel at once reveals and exhausts all the possible borrowings from Stirling, since both Rogers and Foster went on to pursue their own respective paths, already recognizable here, with complete independence.

In effect, the organism, constituted by three two-storey residential cells, bears witness to the interests and the themes constantly explored by the group: from the diagrammatic articulation of the public and private spaces, and the utilization of light as an intangible material in the architecture, to the experimentalism evident in the desire to renew traditional construction praxis by introducing more and more industrialized building components.

1964/1966   Casa Brumwell (Creek Vean House), Feock (Cornualles). Team 4: L. Abbott, N. Foster, W. Foster, F. Peacock, R. Rogers, S. Rogers

Después de haber profundizado sobre dibujos los aspectos compositivos de células residenciales dispuestas sobre terrenos en fuerte declive hacia el agua, Norman Foster y sus colegas del Team 4 tuvieron la oportunidad de llevar a la práctica su teoría, ya madurada, en el proyecto para la residencia de los suegros de Rogers. En este caso se trataba de una vivienda para coleccionistas de arte: aspecto no secundario en la organización distributiva y arquitectónica de la casa.

Antes de llegar a la disposición definitiva, el dibujo de la vivienda pasa por una primera versión que recuerda bastante al proyecto de las células del conjunto residencial de Feock (pág. 19) y que reaparecerá, revisado, en las residencias de Murray Mews en Londres. Un sistema de plantas superpuestas y progresivamente reculadas queda envuelto por un envase externo acristalado que mira al estuario del Fal. El movimiento de las plantas, separadas oportunamente, permite una permeabilidad total del espacio en los tres niveles de la casa. Éste es un anuncio de la idea de espacio como entidad global de la arquitectura que presidirá la concepción de los sucesivos *umbrella buildings*. El dibujo de la primera propuesta, además, describe las matrices geométricas que configuran la disposición general del proyecto: el curso oblicuo del terreno determina las diagonales que dan forma a la casa y la atraviesan en vertical uniendo, mediante una escalera exterior, todos sus niveles hasta una pequeña construcción en madera más baja sobre el agua.

El proyecto definitivo está rigurosamente planteado sobre la combinación de dos sistemas geométricos muy distintos: el sistema polar/radial y el sistema lineal. La casa está

1964/1966   Brumwell house (Creek Vean House), Feock (Cornwall). Team 4: L. Abbott, N. Foster, W. Foster, F. Peacock, R. Rogers, S. Rogers

After studying in depth —entirely on the basis of drawings— the compositional aspects of residential cells laid out on terrain sloping steeply down to the water, Norman Foster and his Team 4 colleagues had the opportunity of putting the duly matured theory into practice in this project for Rogers' wife's parents. This was to be a house for art collectors, by no means a minor consideration in the distribution and architectonic organization of the house.

Before arriving at the definitive layout, the drawing of the house passed through a first version fairly reminiscent of the project for the cells in the residential development in Feock (p. 16) and subsequently returned to in the Murray Mews houses in London. A system of superimposed and progressively stepped-back floors is enveloped by a glazed external skin overlooking the Fal estuary. The movement of the floors themselves, duly separated from one another, makes for the total permeability of the space on all three levels of the house. This anticipates the idea of space as global entity of architecture which comes to preside over the subsequent *umbrella buildings*. What is more, the drawing of the first version of the scheme describes the geometric matrices which configure the general layout of the organism: the oblique lie of the terrain is what determines the diagonals that give form to the house and run throught it vertically, linking together all of the levels, including the small wooden construction down at water level, by way of an external staircase.

The definitive scheme is rigorously worked out on the basis of the combination of two very different geometric systems: the polar/radial

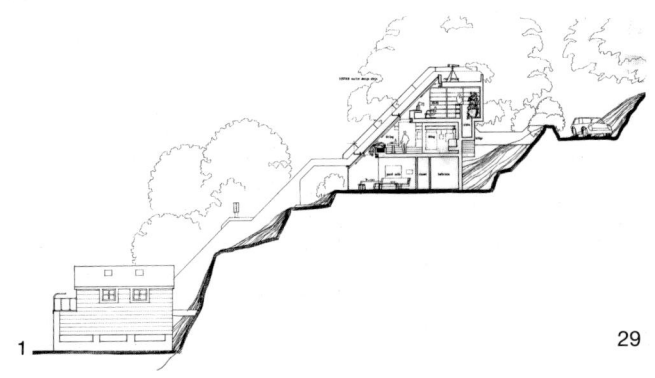

1 Sección.
   Primera versión

1 Section.
   First version

1

2

pues generada por una serie de muros dispuestos radialmente y atravesados por dos líneas paralelas que definen la profundidad del edificio. El modelo está por tanto alterado por la introducción de una fractura, y por la correspondiente rotación, con la consiguiente separación de una parte del cuerpo de la obra para diferenciar la zona diurna de la nocturna. La unión de las dos alas es exaltada por la entrada, ubicada en la cota más alta, a la que se accede mediante un breve puentecito, y por una amplia escalinata, troncocónica cubierta de hierba, de resonancias aaltianas. Ésta, al comentar la morfología del lugar, constituye la necesaria pausa de mediación entre el cuerpo bajo y alargado de las habitaciones y el cuerpo en forma de torreón del comedor-cocina-estar que se desarrolla a dos niveles. La diferenciación de las dos partes de la casa tiene una inmediata correspondencia en la diversidad de configuración del espacio interior. La disposición lineal del ala nocturna permite

system and the linear system. The house is thus generated by a series of radially disposed walls cut through by two parallel lines which define the depth of the building. The model is accordingly altered by the introduction of a break and the corresponding rotation resulting in the separation of one part of the built volume in order to distinguish the daytime zone from the nocturnal zone. The union of the two wings is dramatically accentuated by the entrance, situated on the highest level of the plot, and served by a little bridge and a wide flight of steps, a truncated cone planted with grass, redolent of Aalto. This, glossing as it does the morphology of the setting, constitutes the necessary meditative pause between the long, low volume containing the bedrooms and the turret-like volume of the dining room/kitchen/living room, laid out over two floors. The differentiation of the two parts of the house has an immediate correspondence in the diversified spatial configurations of the

2 El *roof-garden* y la galería vistos desde la cubierta de la sala de estar
3 Planos del nivel superior de la sala de estar y de la planta baja

2 The roof garden and the gallery seen from the roof of the living room
3 Plans of the upper level of the living room and the ground floor

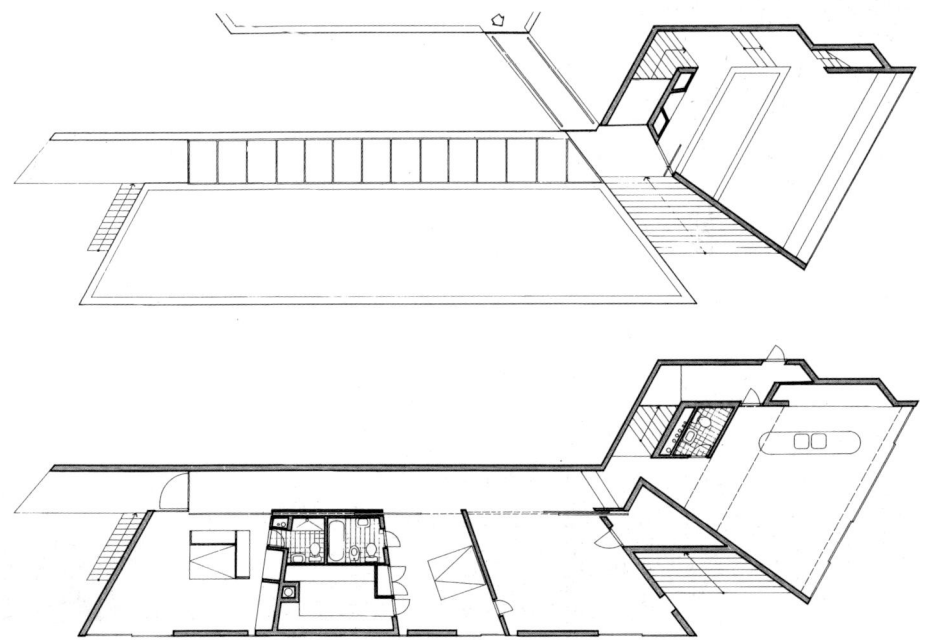

3

4

un recorrido longitudinal de distribución concebido como una verdadera y estricta galería de exposición iluminada cenitalmente y abierta a los espacios fluidos de las habitaciones, que se aíslan mediante puertas correderas. La zona de día está articulada en torno a los espacios a doble altura que unen los ambientes de esta parte de la casa.

interior. The linear organization of the nocturnal wing permits a longitudinal distribution route conceived as a genuine exhibition gallery, lit from above and open to the fluid spaces of the bedrooms, which are closed off by sliding doors. The daytime zone is articulated around the double-height spaces which unify this part of the house.

4 Vista de la galería
5 Vista de la casa desde el estuario del Fal

4 View of the gallery
5 View of the house from the Fal estuary

5

**1966   Casa Jaffe (Skybreak House),
Radlett** (Hertfordshire). Team 4: N. Foster,
W. Foster, F. Peacock, R. Rogers, S. Rogers

Con la realización de esta residencia los arquitectos revisan una serie de ideas maduradas por la vanguardia arquitectónica británica entre finales de los años cincuenta y principios de los sesenta. Los conceptos de flexibilidad, mutabilidad y ampliación, más propagados a nivel teórico que realmente llevados a la práctica, se convierten en motivo de investigación en la Skybreak House. Un tema ya abordado en las habituales condiciones contextuales y de programa funcional, se transforma en una propuesta experimental de un modelo repetitivo a distintas escalas y en ocasiones distintas. El solar estrecho, largo y en ligera pendiente, orientado hacia un magnífico paisaje, casi parece imponer la configuración del programa residencial contenido entre dos muros ciegos de ladrillo en los lados mayores y dividido en tres zonas en el interior por secciones longitudinales. El resultado es una composición nunca concluida definitivamente desde el punto de vista formal, una disposición típicamente *open-ended*, pero variable según las exigencias del momento. El programa arquitectónico puede ser modificado, sea por prolongaciones transversales (con el añadido de eventuales franjas funcionales), sea por extensiones longitudinales (aumentando la longitud del edificio en los lados

**1966   Jaffe house (Skybreak House),
Radlett** (Hertfordshire). Team 4: N. Foster,
W. Foster, F. Peacock, R. Rogers, S. Rogers

In their scheme for this house, the architects re-examined a series of ideas evolved by the British architectural avant-garde during the late fifties and early sixties. The concepts of flexibility, mutability and extension, more often propagated on the level of theory than actually put into practice, provide the subject of study in the project for Skybreak House. A theme already addressed in the familiar conditions of context and functional programme is transformed into an experimental proposal for a model repeated on different scales and in different circumstances. The narrow plot, long and slightly sloping, with an exceptional view of the landscape, seems virtually to impose the configuration of the residential programme contained between the two blind brick walls bounding the longer sides and divided internally into three zones by the longitudinal sections. The result is a composition never definitively concluded from the formal viewpoint, a typically open-ended layout capable of adapting to meet new demands. The architectonic programme can be modified, either by transverse expansion (through the addition of new functional strips) or by longitudinal extension (increasing the length of the building on the two shorter, glazed sides), without undue difficulty. The ground floor, deep and compact in plan, is lit

1 Alzado lateral
2 La fachada al jardín

1 Side elevation
2 The garden facade

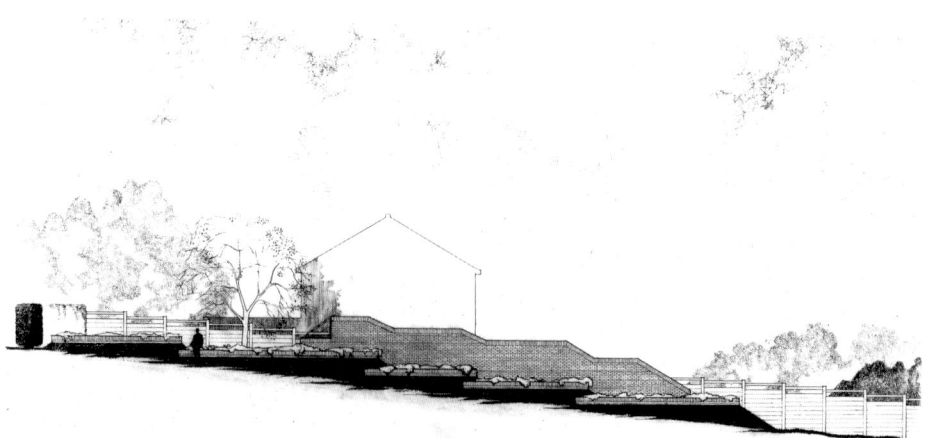

1

2

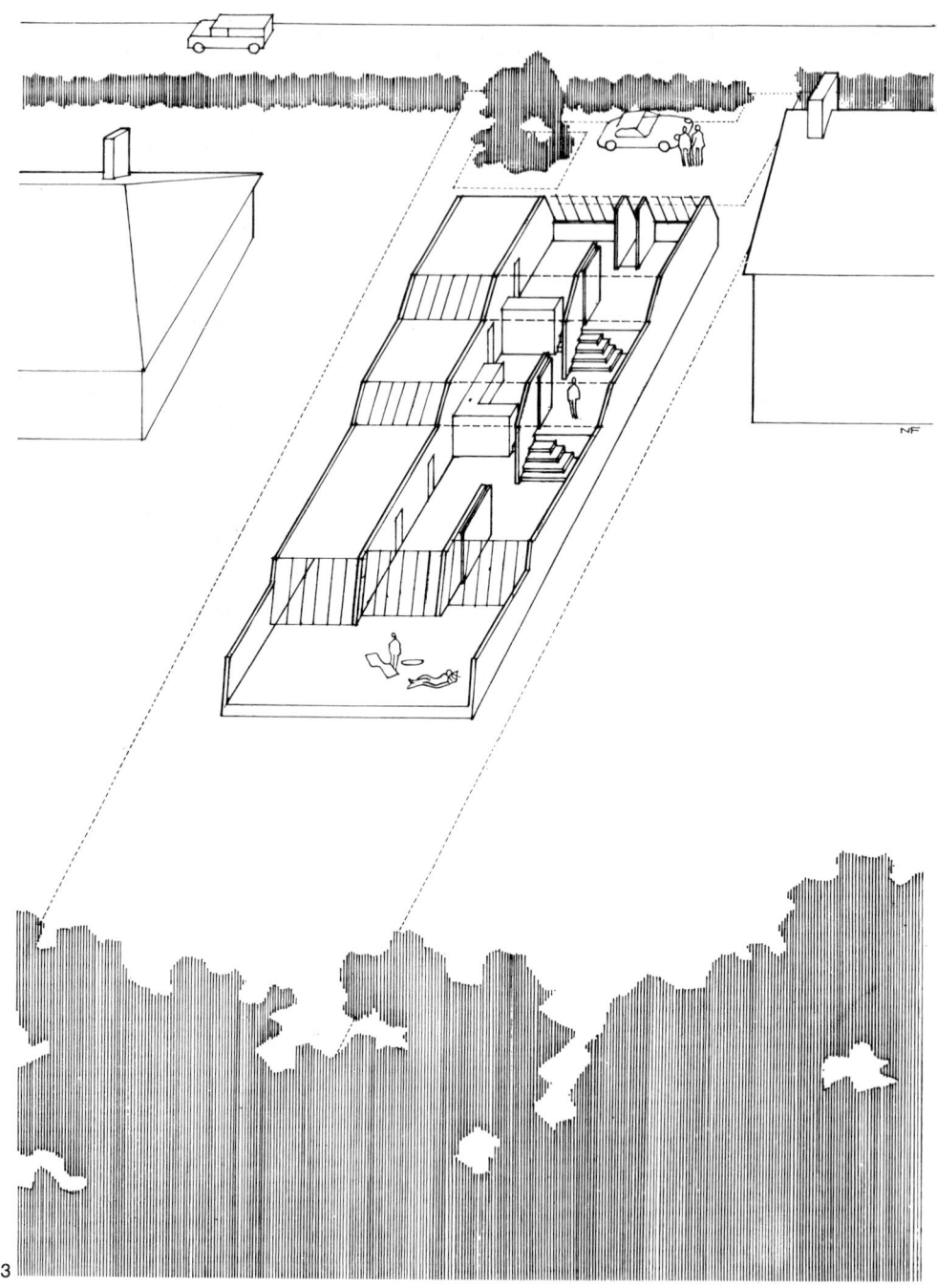

3

4

3 Sección axonométrica
4 Vista de la sala de estar

3 Axonometric section
4 View of the living room

más cortos y acristalados) sin tropezar con excesivas dificultades. La planta, compacta y profunda, es iluminada por una serie de *shed* transparentes dispuestos en la cubierta. La flexibilidad del espacio habitacional así alcanzado puede valorarse en todas sus implicaciones culturales a la luz de las transformaciones que atravesó la sociedad —no sólo la inglesa— a mediados de los años sesenta con la contestación de muchos valores, entre ellos el del papel y organización de la familia.

by a series of transparent lights in the roof. The flexibility thus conferred on the habitable space can be appreciated in all its cultural implications in the light of the social transformations which Britain, in common with many other parts of the world, experienced in the mid-sixties, changes which affected a whole range of values, including the role and structure of the family.

1966 Fábrica de componentes electrónicos Reliance Controls, Swindon (Wiltshire).
Team 4: S. Appleby, N. Foster, W. Foster, F. Peacock, R. Rogers, S. Rogers, M. Sutcliffe, J. Young

La Reliance Controls, última experiencia realizada por el Team 4, señala un cambio sustancial respecto a todos los proyectos anteriores, caracterizados por cautas y controladas innovaciones respecto a la tradición constructiva. Tonificados por la posesión de la capacidad del control global del proceso constructivo, los arquitectos se arriesgan a hacer una obra totalmente prefabricada e industrializada expresando en los resultados arquitectónicos y funcionales la alcanzada plenitud de la autonomía creativa.
Autonomía alimentada, de todas formas, por aquel humus cultural que había impregnado las experiencias más importantes de la arquitectura británica, entre ellas la brutalista de matriz más marcadamente miesiana. La referencia a la famosa escuela de Hunstanton de los Smithson puede ser un útil punto de partida para el análisis de esta obra que, sin embargo, parece moverse en una elegante actualización del léxico smithsoniano, atentamente valorado y filtrado a través del conocimiento de las obras de Craig Ellwood, de Raphael Soriano, de Pierre Koenig o de Charles Eames (todos ellos directos tributarios de las enseñanzas de Mies van der Rohe).
Otra extraordinaria afinidad de la Reliance Controls puede detectarse en la coetánea fábrica de la Cummins Engine realizada en Darlington por los estadounidenses Kevin Roche y John Dinkeloo. Afinidad no sorprendente si consideramos algunos intereses lingüísticos de matriz minimalista compartidos tanto por Foster como por Roche y plenamente expresados más tarde, aunque en direcciones dis-

1966 Electronic components factory for Reliance Controls in Swindon (Wiltshire).
Team 4: S. Appleby, N. Foster, W. Foster, F. Peacock, R. Rogers, S. Rogers, M. Sutcliffe, J. Young

The Reliance Controls factory, the last work constructed by Team 4, marks a substantial change from all the group's previous projects, characterized by their cautiously controlled innovation on the building tradition. Emboldened by the knowledge that they had been given absolute control over the construction process, the architects allowed themselves the use of entirely prefabricated and industrialized components, expressing in the architectonic and formal results the achievement of full creative autonomy.
An autonomy nourished, at all events, by the rich cultural humus that had nurtured all the most significant movements in British architecture, including the most pronouncedly Miesian Brutalism. The reference to the Smithsons' famous Hunstanton School may serve as a useful starting point for an analysis of this project, which nevertheless seems to operate in terms of an elegant updating of the Smithsonian lexicon, attentively appraised and filtered through an awarenes of the work of Craig Ellwood, Raphael Soriano, Pierre Koenig or Charles Eames (all direct beneficiaries of the teachings of Mies van der Rohe).
Another extraordinary affinity to be discerned in the Reliance Controls factory is with the contemporaneous Cummins Engines factory in Darlington by the Americans Kevin Roche and John Dinkeloo. Indeed, this affinity should come as no surprise, considering the interest in a linguistic minimalism common to both Foster and Roche, and which both were to express fully in later work, albeit in different directions. Yet these are not the only peculiar

1 Alzado
2 Escorzo de la fachada con la torre de agua y la chimenea

1 Elevation
2 Foreshortened view of the facade showing the water tower and the chimney

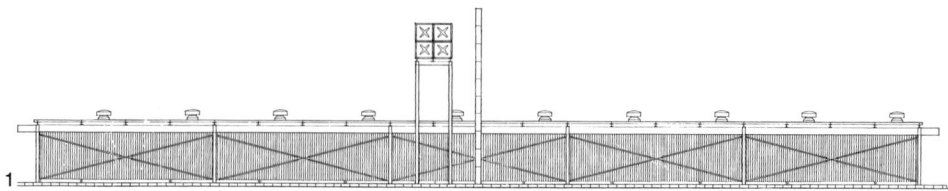

2

tintas. Pero éstos no son los únicos aspectos peculiares de la obra, que propone otros elementos de interés. En particular la profundización de los conceptos de flexibilidad, ampliación y mutabilidad se integra en una hipótesis de espacio arquitectónico preconfigurado a partir de la utilización de pocos materiales, modularmente dimensionados y constantemente repetidos. Los arquitectos

features of this scheme, which presents a number of other points of interest. The in-depth exploration of the concepts of flexibility, amplification and mutability belongs within a hypothesis of architectonic space as prefigured by the utilization of few materials, modular dimensions and constant repetition. The architects thus contrive to control the building's unity of image. The pillars, the main

3 Alzado de la pared metálica
4 Alzado de la pared acristalada
5 Detalle del revestimiento metálico y de las riostras

3 Elevation of the metal wall
4 Elevation of the glass wall
5 Detail of the metal cladding of the braces

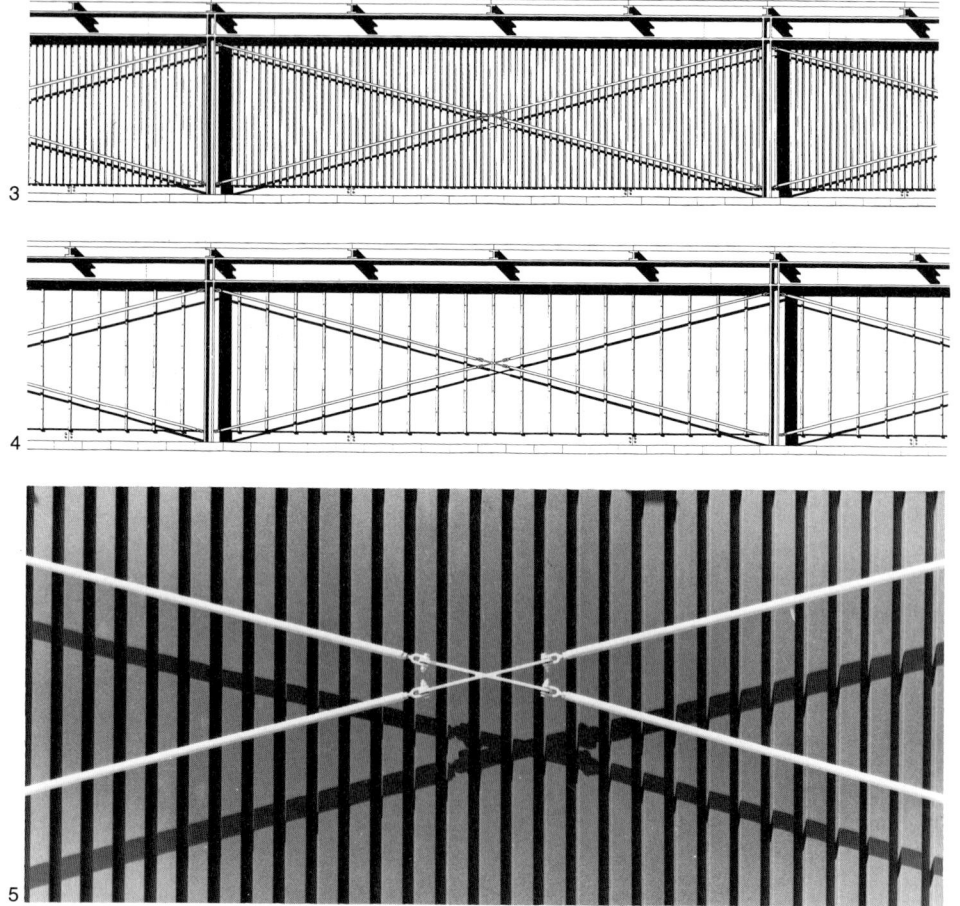

3

4

5

6

6 Estudio del interior con un patio

6 Study of the interior with a courtyard

7 Emplazamiento

7 Site plan

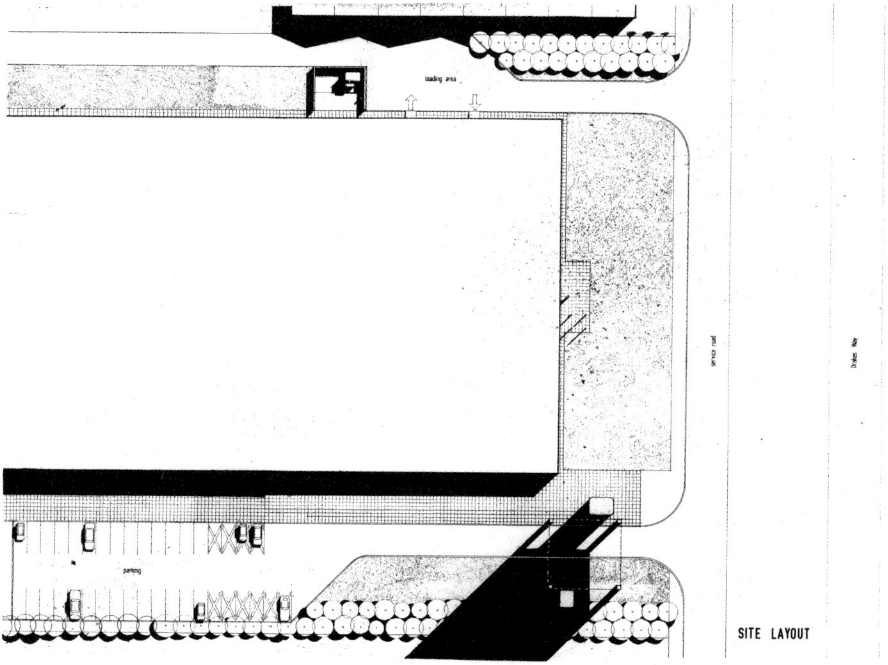

SITE LAYOUT

7

8

8 La fachada a la carretera de acceso
9 Plano de la planta baja
10 Vista del espacio de trabajo

8 The facade onto the access road
9 Plan of the ground floor
10 View of the work space

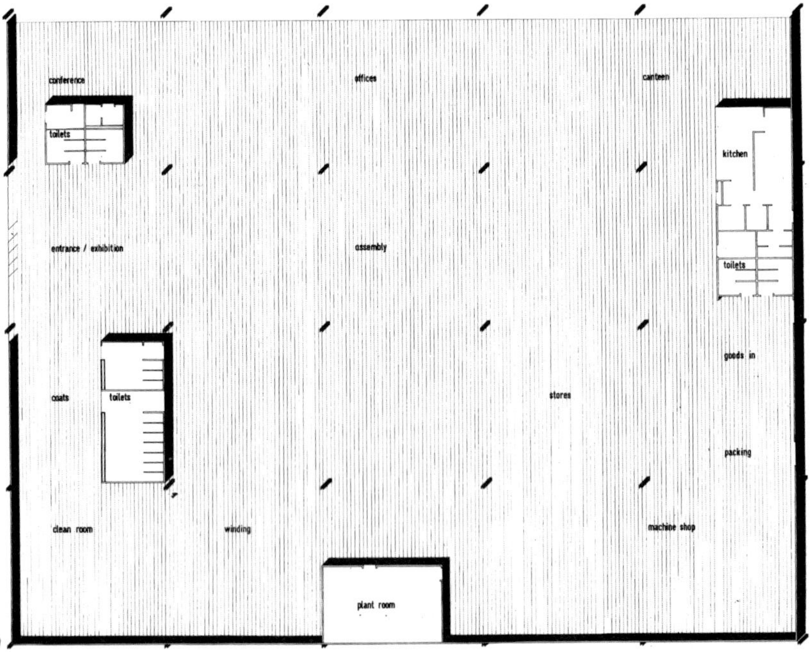

conference

offices

canteen

toilets

kitchen

entrance / exhibition

assembly

toilets

goods in

coats   toilets

stores

packing

clean room   winding

machine shop

plant room

9

10

11

11 Detalle del revestimiento exterior

11 Detail of the exterior cladding

12 Detalle del nudo viga-pilar

12 Detail of the meeting of beam and pillar

12

consiguen así controlar la unidad de imagen del edificio. Los pilares, las vigas principales y secundarias, las riostras diagonales están todas pintadas de blanco en contraste con el azul de la plancha acanalada plastificada que forma las paredes externas.

La Reliance Controls es el primero de los llamados *umbrella buildings* que bajo una única cubierta albergan diferentes funciones y que constituyen un capítulo fundamental de la obra fosteriana. Un sistema integrado de instalaciones y estructuras constituye en Swindon la primera demostración, suficientemente completa, de la aproximación sistémica que no sólo responde a las inmediatas necesidades de una construcción industrializada, sino que tiende a incidir eficazmente en la propia organización de la estructura productiva tradicionalmente dividida en «cuellos blancos» y «cuellos azules».

and secondary beams, the diagonal braces are all painted white in contrast to the blue plastic-coated corrugated panels of the outer skin.

The Reliance Controls factory is the first of the so-called *umbrella buildings*, which house a variety of different functions under a single roof, and constitute a fundamental chapter in Foster's work. An integrated system of services and structures makes this factory in Swindon the first more or less complete demonstration of the systemic approach, responding not only to the immediate requirements of industrialized construction but tending to make an effective contribution to the organization of the production processes, traditionally divided into «white collar» and «blue collar» functions.

1967 Edificio escolar, Newport (Gales).
Proyecto de concurso. Foster Associates:
N. Foster, W. Foster, M. Kuch, A. Stanton

1967 School building, Newport (Wales).
Competition project. Foster Associates:
N. Foster, W. Foster, M. Kuch, A. Stanton

Las demandas que aparecen en las bases del programa de la convocatoria del concurso para un edificio escolar y polifuncional en la ciudad galesa de Newport, tienen su origen en la vivaz transformación que atraviesa la sociedad de los años sesenta en todas sus vertientes. La voluntad de integrar el edificio en su contexto social y la previsión de adecuar los espacios escolares a los métodos didácticos en pleno desarrollo y resueltamente innovadores llevan a Norman Foster a definir el concepto de *umbrella building* como el tipo constructivo que mejor responde a las exigencias de la sociedad contemporánea.
Inspirándose en el conocido sistema constructivo americano SCSD (*School Construction System Development*) desarrollado por

The new requirements included in the competition brief announced for a school and multi-purpose building in the town of Newport in Wales originated in the vibrant spirit of change which transformed every aspect of sixties society. The concern with integrating the building into its social context and the provision for adapting the school spaces to the radically innovative educational methods then being introduced in Britain led Norman Foster to define the concept of the *umbrella building* as the type of construction best fitted to respond to the needs of contemporary society.
In working out his original proposal for this school complex, Foster drew inspiration from the School Construction System Development

1 Sección en perspectiva
2 Configuraciones posibles de los espacios didácticos

1 Sectional perspective
2 Possible configurations of the teaching spaces

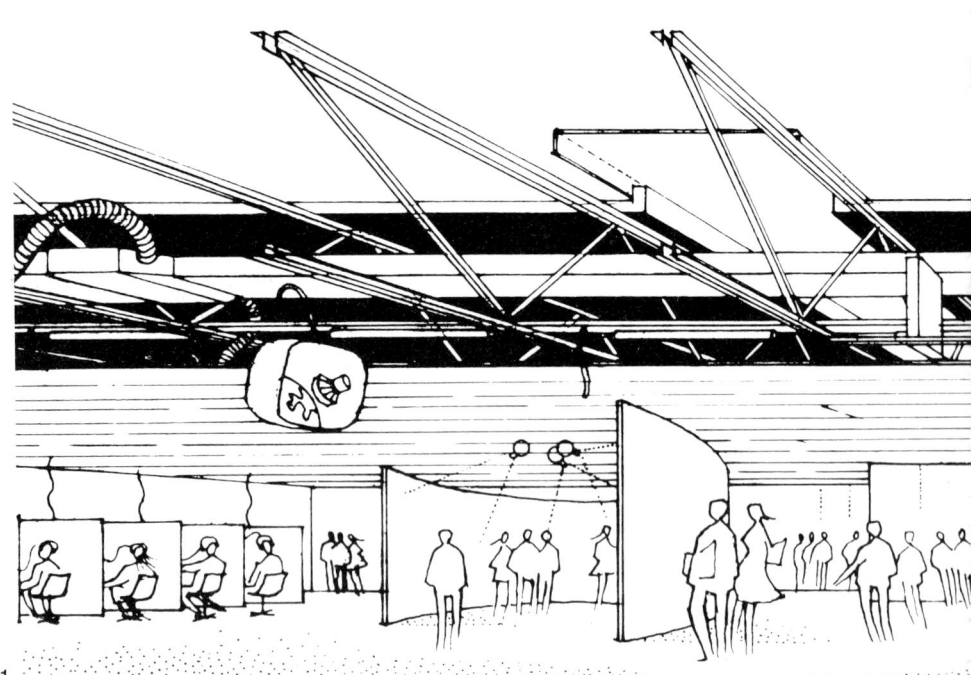

1

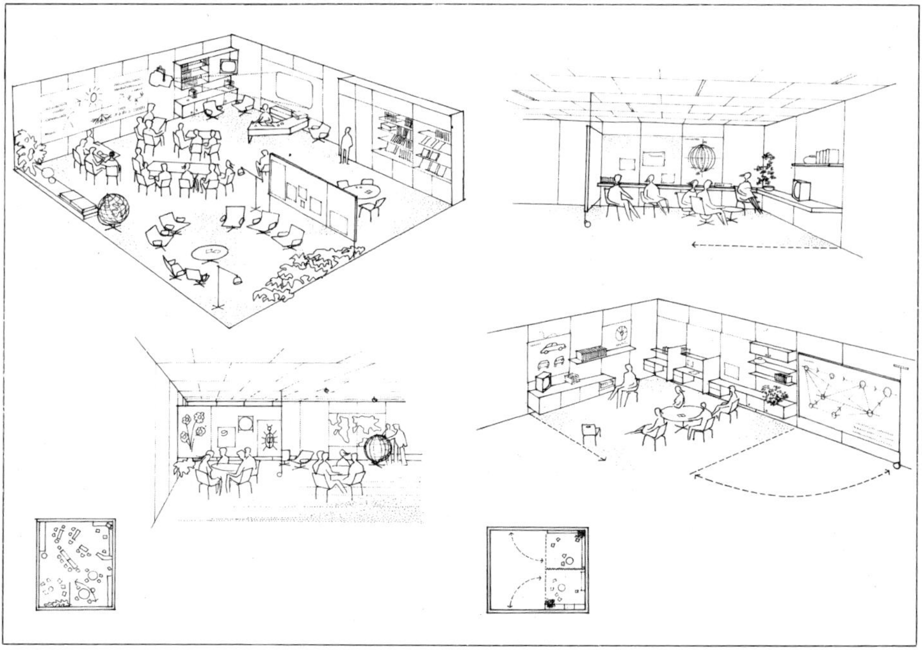

2

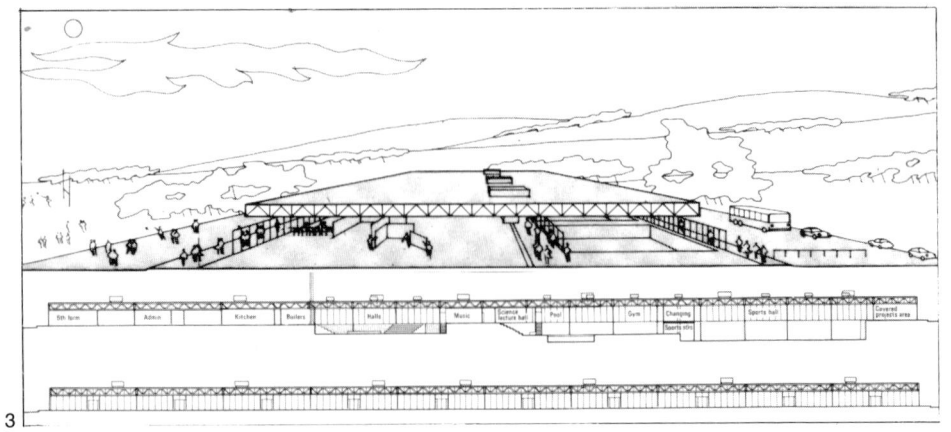

3 Secciones   3 Sections

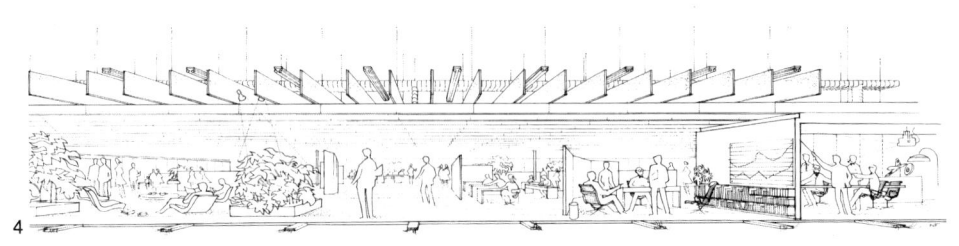

4 Sección en perspectiva   4 Sectional perspective

5 Alzado   5 Elevation

Ezra Ehrenkrantz, Foster elabora su original propuesta para este complejo escolar. Pero el proyecto es también una evidente y natural evolución de la Reliance Controls. También en este caso se trata de un edificio a un solo nivel que tiene en la cubierta el elemento más importante, tanto desde el punto de vista arquitectónico como desde el del control ambiental. Un consistente paquete de funciones (desde la inmediata protección de los agentes atmosféricos, a la disposición de las instalaciones de acondicionamiento, electricidad, etc.) es integrado en el sistema estructural. Este particular tipo de solución permite la máxima flexibilidad de uso del edificio que también puede albergar actividades extraescolares transformando la propia disposición en poco tiempo. La considerable profundidad de la fábrica conlleva la iluminación natural cenital de los espacios más interiores. El proyecto, elaborado a partir de componentes industrializados fácilmente localizables en el mercado de la producción, se plantea como objetivo para su inmediata ejecución.

(SCSD) system developed in America by Ezra Ehrenkrantz. However, the project is also an evident and natural evolution from the Reliance Controls building. Here, too, we have a single-level building whose roof is the most important element, both architectonically and in terms of the control of the environment. A consistent set of functions (from the immediate protection against atmospheric conditions to the disposition of the air conditioning and electrical and other services) is integrated into the structural system. This particular type of solution affords the greatest possible flexibility of use to the building, the layout of which can rapidly be transformed to accommodate extra-curricular activities. The considerable depth of the volume prompted the use of overhead lighting for the more internal spaces.

The project, worked out on the basis of industrialized components readily available on the market at the time, was conceived with a view to immediate construction.

1969   Centro recreativo para la Fred Olsen Line, Londres (Millwall Docks). Foster Associates: N. Foster, W. Foster, M. Francis, B. Copeland, T. Nyhuus, A. Stanton

El edificio forma parte de un plan general de reorganización de las instalaciones de la compañía de navegación noruega Fred Olsen Line e inaugura un período de interesante colaboración entre Foster y el cliente escandinavo. La construcción, en estructura de acero, está intercalada entre dos naves preexistentes y se desarrolla a dos niveles; el inferior alberga las funciones recreativas y de tiempo libre de los empleados, mientras que el superior funciona como centro de dirección y control del tráfico. En las fachadas libres, completamente acristaladas y reflectantes, Foster desarrolla algunos aspectos de la propia poética minimalista exaltada por la adopción de cerramientos de montantes delgadísimos y de diseño muy refinado.

Los conceptos generales que informan la obra del arquitecto inglés encuentran aquí un importante momento de experimentación y de prueba. Vinculado a su visión sistémica, el proceso programa/proyecto/realización se desarrolló en apenas doce meses de tiempo y en ellos también ha podido desarrollarse un provechoso trabajo de confrontación y de participación de los usuarios. Este último, como dice el propio Foster, «es más importante desde el punto de vista social que técnico o teórico. El proceso de democratización del trabajo sólo era posible trabajando en estrecho contacto con todos los componentes interesados: sindicatos, dirección periférica en el Reino Unido y dirección central en Noruega».

1969   Recreation centre for the Fred Olsen Line, London (Millwall Docks). Foster Associates: N. Foster, W. Foster, M. Francis, B. Copeland, T. Nyhuus, A. Stanton

The building is part of a general plan for the reorganization of the London facilities of the Norwegian Fred Olsen Line shipping company, and marks the start of an interesting period of involvement with the client. The building's steel structure is inserted between two existing bays, and developed over two floors; the lower houses recreational and leisure facilities for company employees, while the upper serves as an administrative centre for controlling shipping movements. On the two free facades, entirely glazed and reflecting, Foster develops certain elements of his minimalist poetics, accentuated by the use on these facades of extremely slender glazing bars of a highly sophisticated design.

The general concepts which inform Foster's work are here revealed at a key moment of experimentation and testing. Linked to his systemic vision, the programme/project/ realization process was developed in barely twelve months, during which time he was also able to engage in a very fruitful process of consultation and involvement with the users. As Foster says, «this is more important from the social than from the technical or theoretical point of view. The process of democratizing the job was only feasible by working in close contact with all the interested parties: unions, local management in the United Kingdom and central management in Norway».

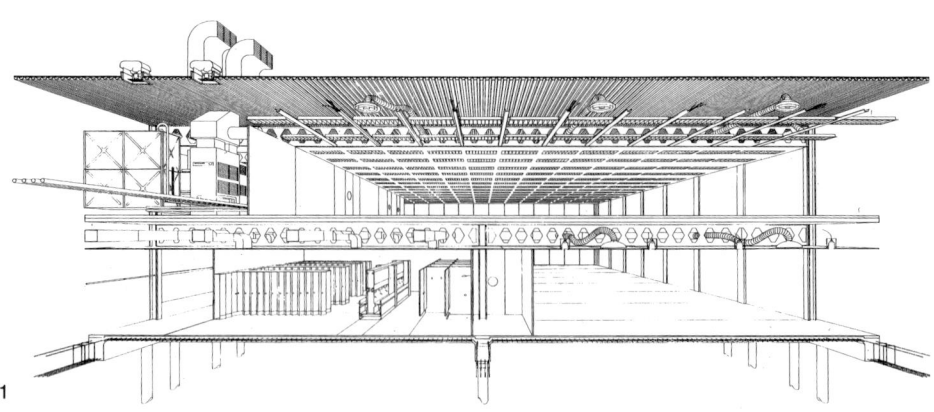

1

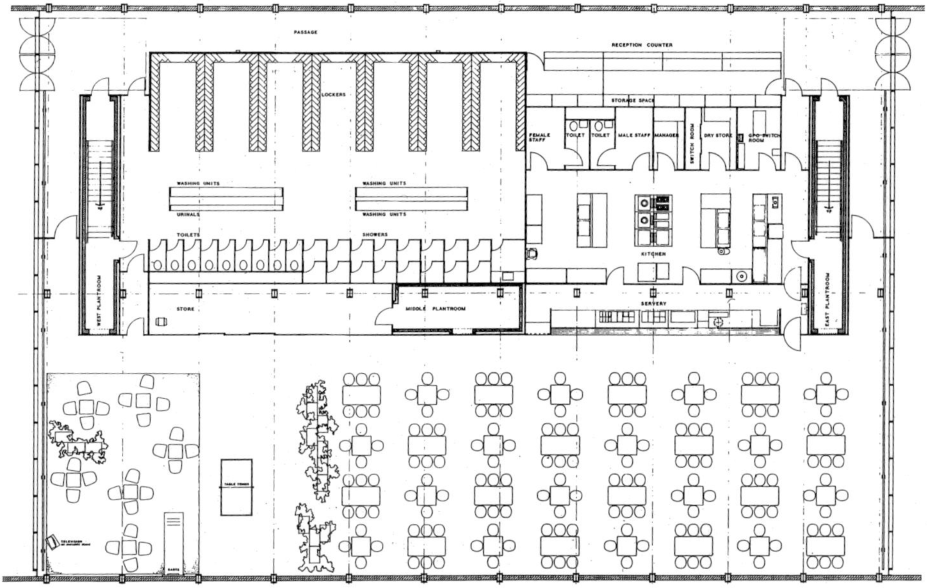

1 Sección en perspectiva
2/3 Planos de la planta baja y del primer piso

1 Sectional perspective
2/3 Plans of the ground and first floors

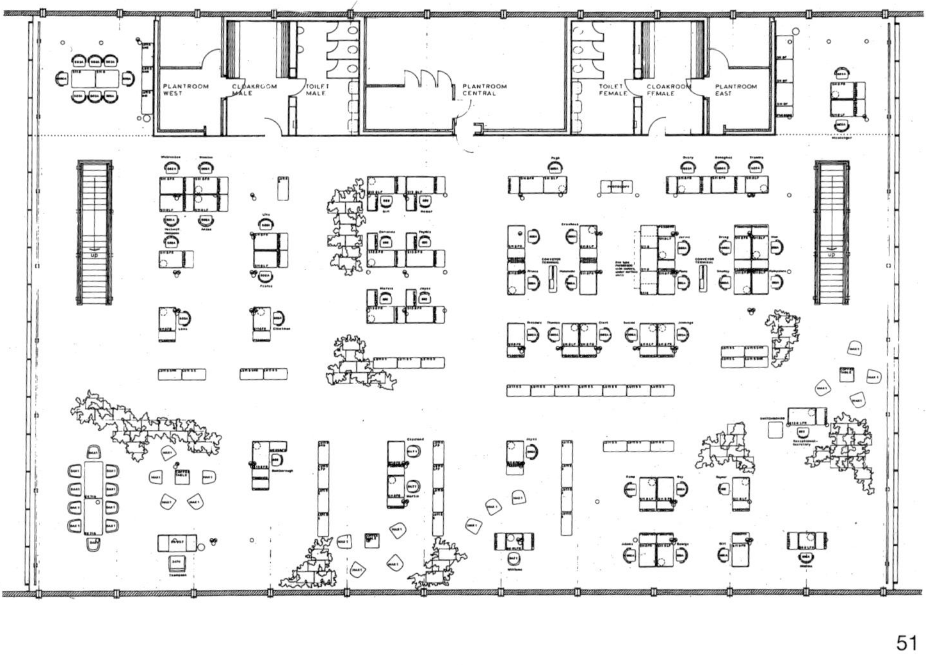

4

5

4 Fachada acristalada al muelle
5 Vista al muelle desde el interior
6 La pared reflectante

4 Glazed facade onto the quayside
5 View of the quayside from the interior
6 The reflecting wall

6

1969 Terminal de pasajeros de la Fred Olsen Line, Londres (Millwall Docks). Foster Associates: N. Foster, W. Foster, M. Francis, B. Copeland, T. Nyhuus, A. Stanton

Al igual que el centro recreativo, la Terminal de pasajeros de la Fred Olsen está concebida como parte del programa general de remodelación de las instalaciones portuarias en los Docks londinenses. Uno de los objetivos de dicho plan consistía en la separación entre el transporte de mercancías y el de pasajeros. A este objetivo responde el original túnel que, sobreelevándose desde el suelo, conduce directamente a los viajeros hasta el barco permitiendo, al mismo tiempo, el libre movimiento de las mercancías en el nivel inferior para las operaciones de embarque y desembarque. En la simple funcionalidad de su disposición la terminal contiene algunos de los aspectos más interesantes de la arquitectura de Foster, que aquí expresa en extrema síntesis todas las potencialidades espaciales de los sistemas estructura/piel/instalaciones,

1969 Passenger terminal for the Fred Olsen Line, London (Millwall Docks). Foster Associates: N. Foster, W. Foster, M. Francis, B. Copeland, T. Nyhuus, A. Stanton

As with the leisure centre, the passenger terminal for the Fred Olsen line was conceived as part of a general programme for the remodelling of the company's onshore facilities in the London Docks. One of the objectives of this plan was to bring about the separation of cargo and passenger transport. This objective is served by the original tunnel, which rises up from the ground to conduct passengers directly to their ship, while permitting the free movement of freight cargo beneath it, facilitating the work of loading and unloading. In the simple functionalism of its layout, the terminal presents some of the most interesting aspects of Foster's architecture, expressing here in extreme synthesis all the spatial potential of the structure/skin/services systems, also defined by Banham as «serviced sheds». The

1 La cubierta

1 The roof

1

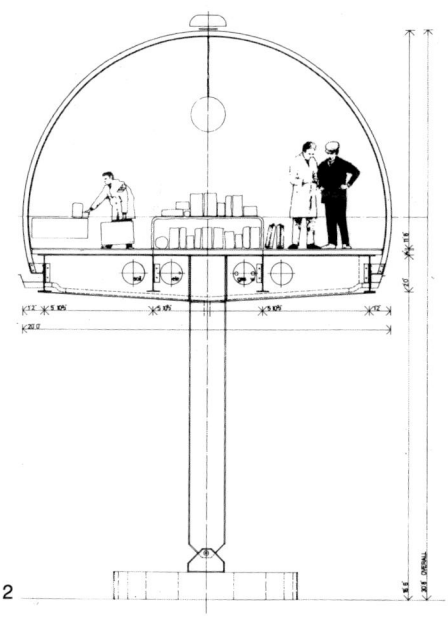

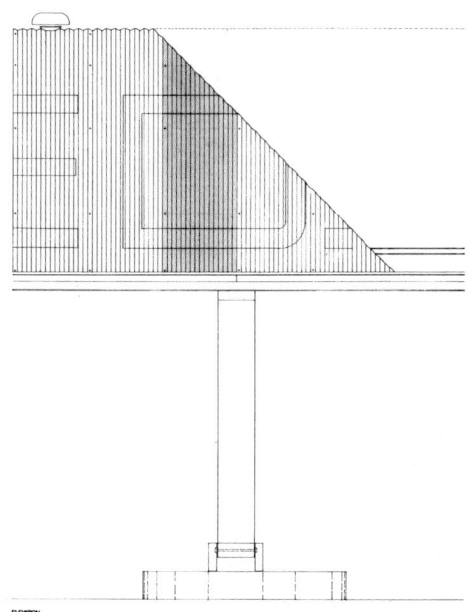

2 Sección y detalle del frente de la terminal
   de pasajeros
3 Axonometría

2 Section and detail of the front of the passenger terminal
3 Axonometric drawing

4

4 La solución del ángulo

4 The solution of the corner

definidos por Banham como *serviced sheds*. El caparazón de plancha de hierro acanalada da forma al envase y es puntualmente repetido en el interior y puesto en evidencia por la estructura de acero y el único canal de servicio que discurre por la parte más alta de la bóveda para acentuar la monodireccionalidad del espacio.

carapace of corrugated iron sheeting gives form to the envelope and is repeated in the interior, where it is revealed by the steel structure and highlighted by the single service duct running along the highest part of the roof vault, to emphasize the unidirectional nature of the space.

5

5 Vista desde el interior

5 View from the interior

1969 Estructura neumática temporal para la Computer Technology, Hemel Hempstead (Hertfordshire). Foster Associates

No tanto la estructura neumática en sí, como la sorprendente e inusual función a la que ha sido destinada por el estudio Foster Associates hace, de esta sede temporal de las oficinas para la Computer Technology, un ejemplo que trasciende el simple dato curioso. Al referirse a él, así como a otras experiencias de este mismo período, Norman Foster habla como de algo distinto a la «arquitectura de arquitectos» expresando así, en síntesis, la mayor atención estratégicamente concedida en aquel período por su estudio a la profundización y al dominio de todos aquellos aspectos del proceso constructivo considerados al margen de la disciplina arquitectónica: desde el control de los costes y del tiempo de ejecución, hasta la reorganización de la obra, etc. No obstante es posible encontrar en esta obra un resultado estético que supera las simples consideraciones de carácter funcional, económico y de gestión. Resultado comprensible si se considera dicha obra como perteneciente a un momento cultural marcado por las experiencias artísticas y arquitectónicas de las vanguardias *pop, minimal, conceptual, new-*

1969 Temporary pneumatic structure for the Computer Technology company, Hemel Hempstead (Hertfordshire). Foster Associates

It is not so much the inflatable structure itself as the surprising and unusual function th which it has been put by the Foster Associates office that makes this temporary headquarters for the Computer Technology company something more than a mere curiosity. In referring to it, and to a number of other experiences from the same period, Norman Foster speaks of something different from «architects' architecture», thus expressing in synthesis the greater attention strategically accorded by his office at this time to a deeper and more complete domination of all those aspects of the construction process typically considered as marginal to the discipline of architecture: the control of costs and completion schedules, the reorganization of the construction work, etc.
Yet it is nonetheless possible to discern in this piece of work an aesthetic result which goes beyond simple considerations of function, economics and site management; a result that is more readily understood if we bear in mind that this work belongs to a cultural context shaped by the avant-garde artistic and

1

1 Vista nocturna
2 Sección
3 La estructura neumática durante el montaje

1 View by night
2 Section
3 The pneumatic structure during assembly

2

dada, entre otras. Si se piensa en los «hincha-bles» de Haus-Rucker-Co., de Archigram, en el *The Environment Bubble* de Reyner Ban-ham o en las *performances* de Graham Ste-vens surge de forma espontánea la comparación con este anómalo edificio. Levantada en sólo 55 minutos, la estructura neumática de PVC reforzado albergó 800 m² de oficinas durante casi un año, mientras se adecuaba la sede adyacente.

architectonic experiences of Pop, minimalism, conceptualism, new-Dada and others. If we think of the «inflatables» of Haus-Rucker Co., of Archigram, of Rayner Banham's «Environment Bubble» or Graham Stevens' performances, we find evident points of comparison with this anomalous building. Erected in just 55 minutes, this 800 m² pneumatic structure of reinforced PVC provided the client with temporary offices for almost a year white its new headquarters building was being completed on an adjacent site.

3

1970   Centro de investigación y desarrollo de la Computer Technology, Hemel Hempstead. Foster Associates

1970   Research and development centre for the Computer Technology company, Hemel Hempstead (Hertfordshire). Foster Associates

La máxima flexibilidad de uso, que es una de las principales características de este edificio de una sola planta, se alcanzó integrando la estructura en acero y los servicios técnicos situados en la cámara entre el forjado y el pavimento sobreelevado. El cerramiento exterior se ha hecho a base de paneles de vidrio oscuro, que dibujan la base del volumen, y de paneles *sandwich* con un acabado de aluminio a ambos lados fácilmente desmontables. Las juntas entre los paneles son de neopreno. El centro de investigación, construido en breve tiempo y a un coste bajo, es la última de las cinco fases de un programa que en sólo cuatro años aumentó en 4.000 m² la disponibilidad de espacios de la Computer Technology. La estructura neumática constituyó la tercera fase del programa.

The maximum flexibility of use which is one of the principal characteristics of this single-storey building has been achieved by integrating the steel structural frame and the technical services located in the cavity between floor slab and suspended floor. The outer skin consists of smoked glass panels which form the base of the volume, and easily dismantled sandwich panels with a layer of aluminium inside and out. The joints between the panels are of neoprene. The research and development centre, completed in a short time at low cost, is the last of the five phases in a programme which in only four years increased the space at the disposal of the Computer Technology company by a total of 4000 m², the temporary pneumatic structure being the third phase of this programme.

1 Vista desde el exterior

1 View from the exterior

1

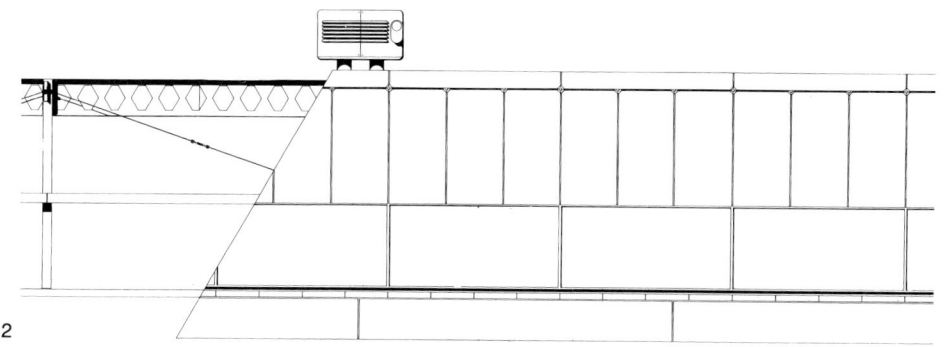

2

2 Frente-sección
3 Detalle de la sección en
  perspectiva
4 Plano de la planta baja

2 Section through the
  facade
3 Detail of the section in
  perspective
4 Plan of the ground floor

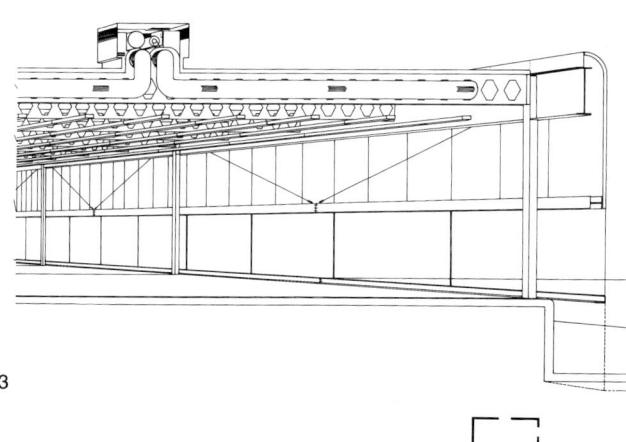

3

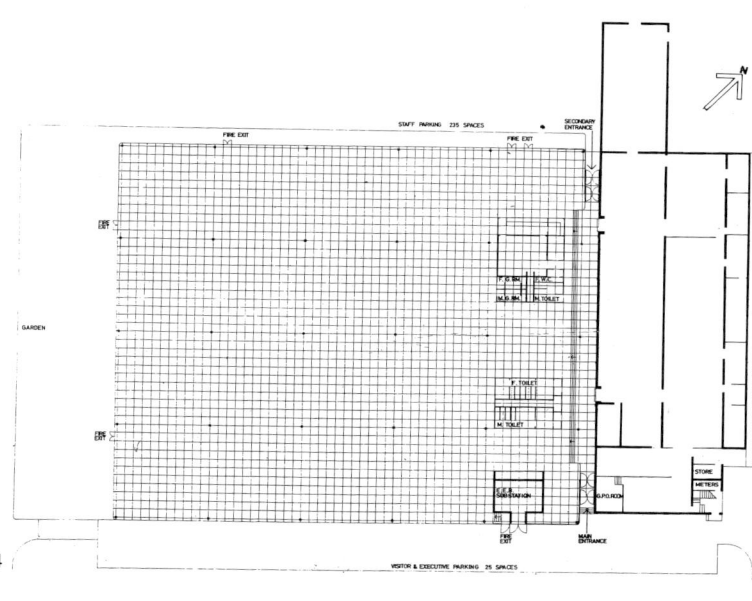

4

1971 Teatro Samuel Beckett, Oxford
(Oxfordshire). Proyecto. Foster Associates en colaboración con R. B. Fuller

Éste es el primero de algunos proyectos elaborados por Foster en colaboración con Richard Buckminster Fuller. El programa exigía un teatro específicamente estructurado para la representación de las obras de Beckett. La falta de espacio orientó la solución hacia una construcción hipogea contenida en el interior del patio de un *college*. La forma, determinada por las condiciones de empuje y de presión del terreno, da lugar a un ambiente capaz de albergar varias representaciones escénicas, o de servir como sala de exposiciones o como equipamiento didáctico de notable flexibilidad.

1971 Samuel Beckett Theatre, Oxford
(Oxfordshire). Project. Foster Associates with R. B. Fuller

This was the first of several projects undertaken by Foster in collaboration with Richard Buckminster Fuller. The programme called for a theatre specifically structured for the presentation of Beckett's work. The lack of space prompted a solution based on a subterranean construction contained in the interior of a college quadrangle. The form, determined by the stresses and pressures of the earth, provides an environment capable of accommodating a variety of stage settings, as well as serving as an exhibition space or educational facility with a high degree of flexibility.

1 Sección axonométrica

1 Axonometric section

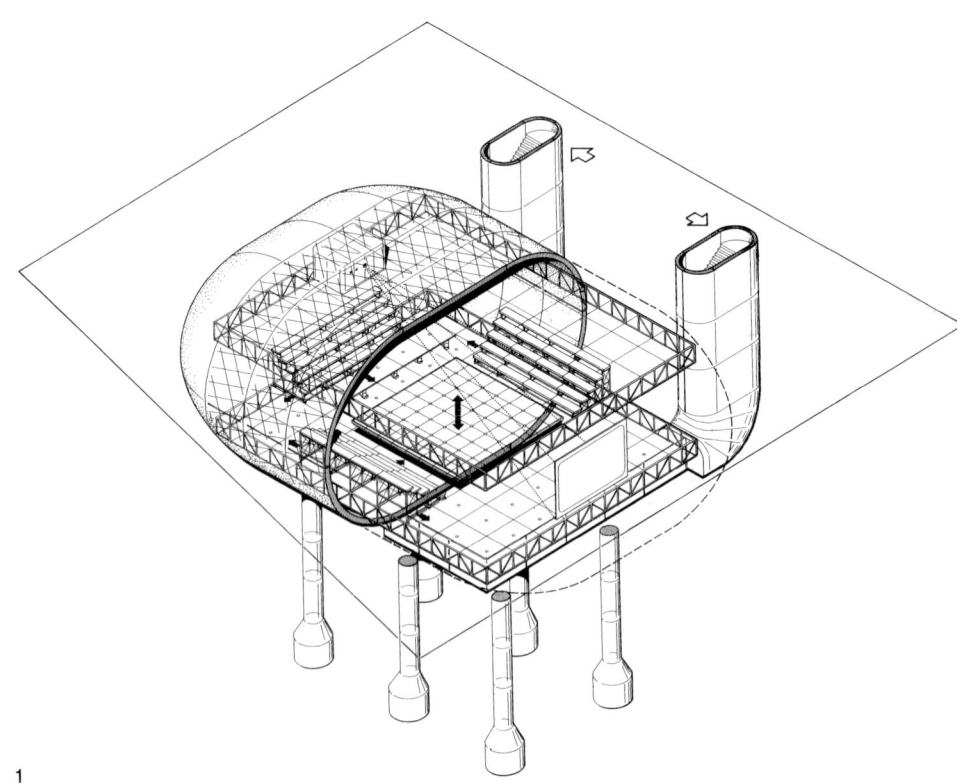

1

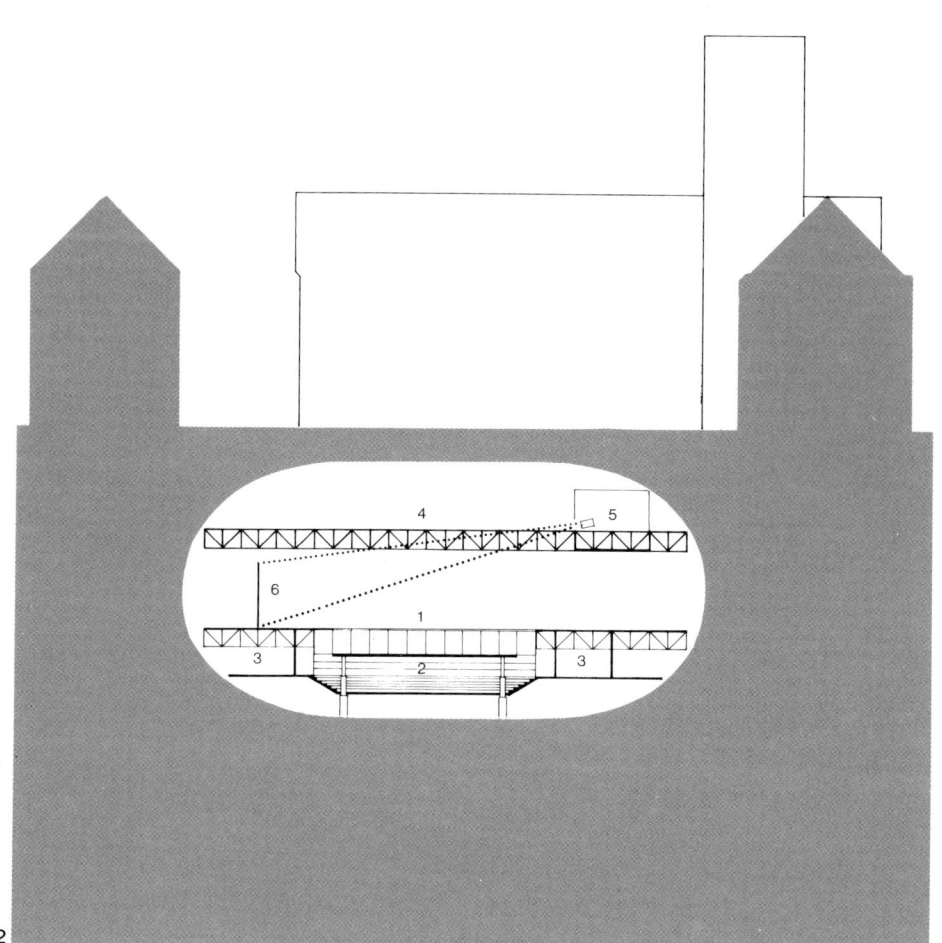

2

2 Sección
1 Suelo móvil sobre brazos telescópicos
2 Gradas fijas
3 Espacios de servicio y de circulación
4 Suelo equipado
5 Cabina de protección
6 Pantalla

2 Section
1 Moving floor on telescopic arms
2 Fixed raked seating
3 Service and circulation spaces
4 Equipped floor
5 Projection booth
6 Screen

1971 Climatroffice. Proyecto. Foster Associates en colaboración con R. B. Fuller

El proyecto explora las posibilidades constructivas para equipar un espacio urbano mediante una serie de plataformas dispuestas en el interior de una gran cubierta geodésica. La forma del contenedor optimiza la relación entre el espacio cerrado y la superficie de su interior. De ahí se desprende la posibilidad de crear microclimas favorables al desarrollo de actividades productivas al aire libre a causa, justamente, del bajo valor del coeficiente derivado de la relación entre la superficie exterior de dispersión y la total.
Inspirada en las propuestas de Fuller, entre ellas la famosísima cubierta de una parte de Manhattan, y emparentada con algunos proyectos de Archigram (por ejemplo Control and Choice Project), Climatroffice es el directo e inmediato antecedente de la Willis, Faber & Dumas.

1971 Climatroffice. Project. Foster Associates with R. B. Fuller

The project explores the construction possibilities for the equipping of an urban space on the basis of a series of platforms disposed in the interior of a great geodesic dome. The form of the container optimizes the relationship between the enclosed space and the internal surface area. This leads to the possibility of creating microclimates favourable to the development of open-air productive activities, thanks precisely to the low value of the coefficient deriving from the relationship between the external dispersion area and the total area.
Inspired by Fuller's proposals, amongst these being the famous scheme for a roof over part of Manhattan, and comparable with some of the work of Archigram (such as their Control and Choice project), Climatroffice is the direct and immediate forerunner of the project for Willis, Faber & Dumas.

1 Sección
2 Perspectiva del interior

1 Section
2 Perspective of the interior

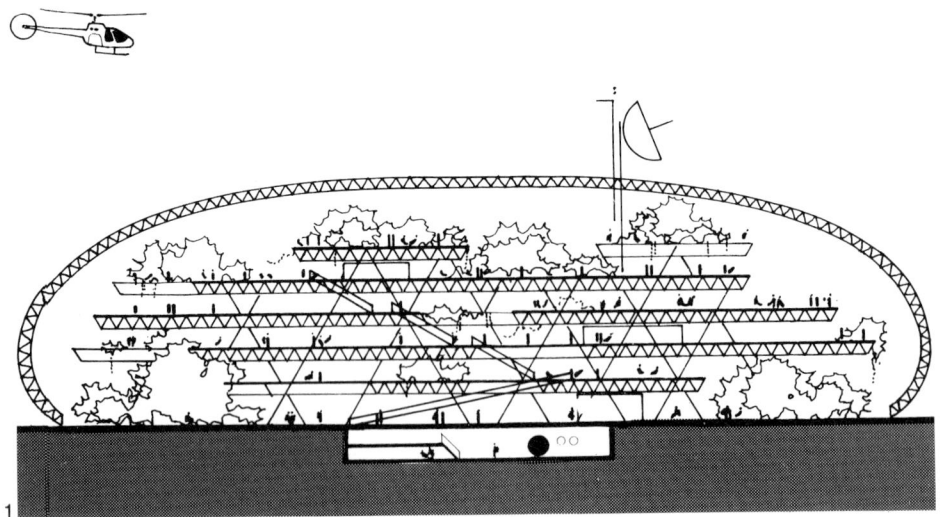

1

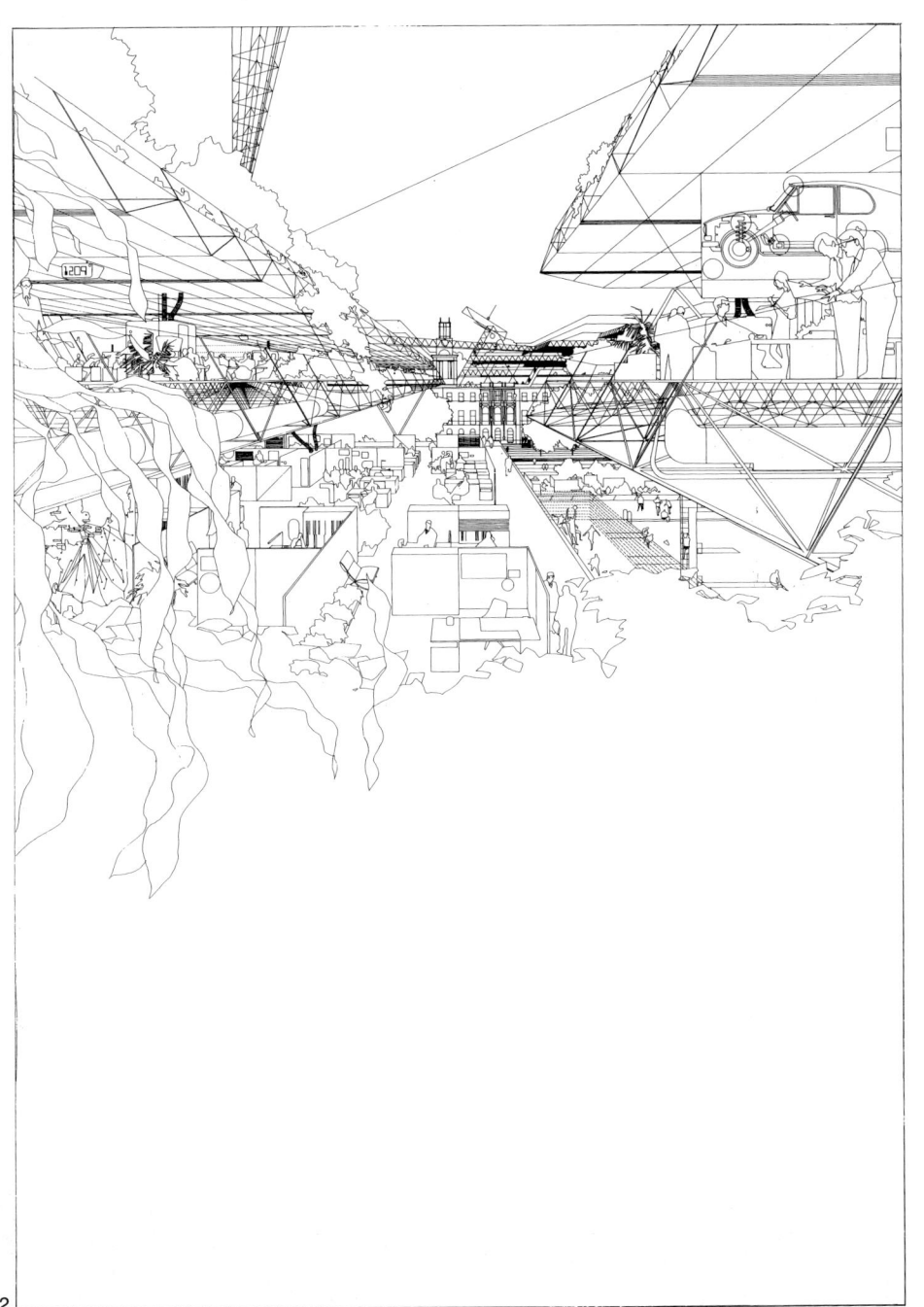

2

1971　Sede de la IBM, Cosham
(Hampshire). Foster Associates: N. Foster,
W. Foster, M. Hopkins, L. Butt, F. Peacock,
T. Nyhuus, M. Sutcliffe, S. Wilkinson,
B. Copeland, N. Partridge, V. Fowler,
D. Harris, M. Saphiro, J. Willcocks

A pesar de las considerables restricciones
económicas y de tiempo impuestas por un
programa bastante rígido para un edificio de
carácter temporal, los arquitectos de Foster
Associates han realizado una de las obras
más bellas e interesantes de su producción.
Continuando sobre el mismo registro expresivo experimentado en el Centro Olsen y adop-
tando algunas de las temáticas ya propuestas
en el proyecto de la escuela de Newport, los
arquitectos dibujan un estereométrico volumen de una planta (10.800 m²) destinado a albergar los equipos y las instalaciones (750
personas) de la sede central de la IBM.
La elección atenta y sagaz de los componentes prefabricados exalta el carácter extraordi-
nario de algunas invenciones arquitectónicas.
Las paredes externas en paneles de vidrio reflectante, combinadas con un refinadísimo
sistema de bastidores de aluminio y guarni-

1971　IBM headquarters, Cosham
(Hampshire). Foster Associates: N. Foster,
W. Foster, M. Hopkins, L. Butt, F. Peacock,
T. Nyhuus, M. Sutcliffe, S. Wilkinson,
B. Copeland, N. Partridge, V. Fowler, D. Harris,
M. Saphiro, J. Willcocks

Despite the tight restrictions of cost and time
imposed by a fairly rigid programme for a
temporary building, the Foster Associates
architects produced here one of their most
interesting and beautiful schemes. Carrying on
within the same expressive register explored
in the leisure centre for the Fred Olsen Line,
and adopting some of the motifs earlier
employed in the project for the school in
Newport, the architects designed a 10,800 m²
single-storey stereometric volume to
accommodate IBM's headquarters
installations and staff of 750.
The attentive and intelligent choice of the
industrialized components emphasizes the
extraordinary character of various aspects of
the architectonic invention. The reflecting
glass panels on the exterior walls, with their
highly sophisticated system of aluminium
glazing bars and neoprene trim, constitute an

1 Sección vertical axonométrica del conjunto

1 Vertical axonometric section of the complex

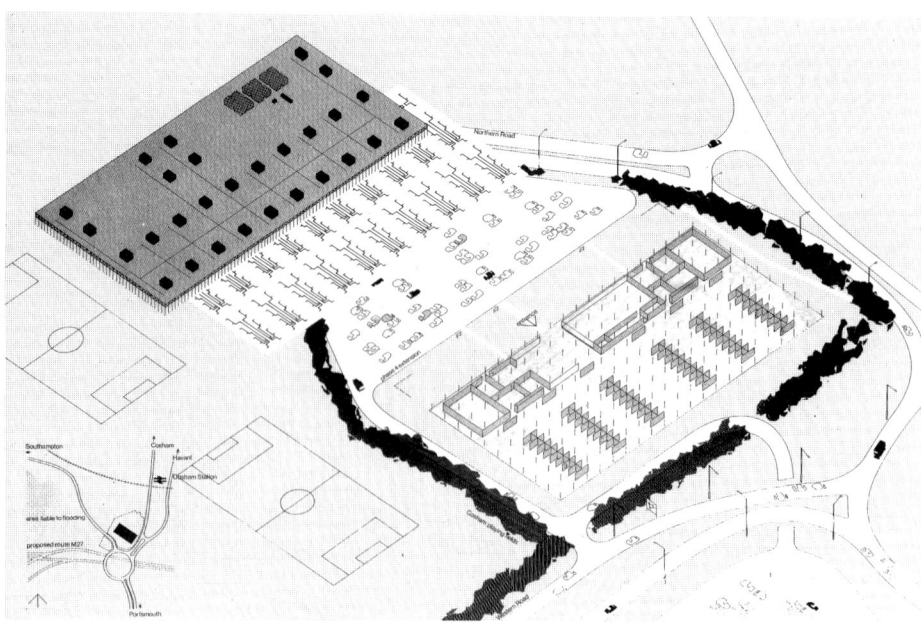

ciones de neopreno, dan lugar a una enigmática caja que cambia sus propias relaciones con el ambiente circundante al cambiar las condiciones atmosféricas y de luminosidad. Se asiste, entonces, a la surreal duplicación del paisaje con la consiguiente virtual desaparición del edificio, o a la anulación del diafragma vítreo que deja transparentar la estructura metálica interior con delgados pilares de sección cuadrada y vigas de tipo *joist*. Es ésta otra etapa de aproximación a los temas expresivos que serán plenamente explícitos en el edificio de la Willis, Faber & Dumas. El recurso a la malla modular y a la integración completa de los servicios permite la máxima flexibilidad de uso así como la futura ampliación de la construcción, conceptos experimentados a lo largo de años en anteriores remodelaciones.

enigmatic box whose relations with the surrounding context change with the changes in the light and weather. The result is a surreal doubling of the landscape, with the ensuing virtual disappearance of the building, or the annulling of the glass diaphragm, which allows the internal metal structure of square-sectioned pillars and joists to show through on the exterior. This, then, constitutes another step in the direction of those expressive motifs which become fully explicit in the Willis, Faber & Dumas building. The recourse to the modular grid and the complete integration of the services makes for the greatest flexibility of use as well as the option of future extension to the construction, concepts tested out in the course of earlier conversions and refurbishments.

2 Plano de la planta baja
1 Acceso
2 Recepción
3 Restaurante
4 Cocina
5 Baños
6 Departamentos auxiliares
7 Eje de circulación principal
8 Áreas interdepartamentales
9 Recorrido de servicio
10 Sala de máquinas

En las páginas siguientes:
3 El edificio y el paisaje

2 Plan of the ground floor:
1 Access
2 Reception
3 Restaurant
4 Kitchen
5 Lavatories
6 Auxiliary departments
7 Main circulation axis
8 Interdepartmental areas
9 Service route
10 Machine room

Following pages:
3 The building and the landscape

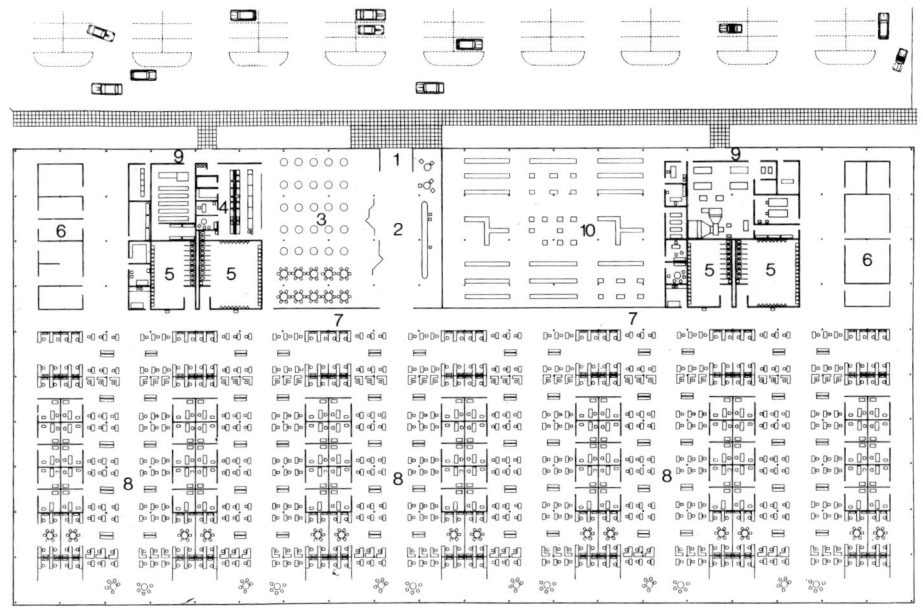

2

3

4 El edificio durante la
   construcción
5 Solución de la esquina

4 The building during construction
5 Solution of the corner

1971 Centro de asistencia y recuperación de niños discapacitados, Londres (Hackney). Foster Associates: N. Foster, W. Foster, M. Hopkins, B. Haward, F. Peacock, J. De Syllas, L. Butt, R. Bradley, C. Chabhra, D. Bailey

Se trata de un prototipo realizado para la Spastics Society. El edificio de una planta está construido con componentes prefabricados sobre una disposición modular, de desarrollo lineal y dividido en tres franjas longitudinales. Cada una de éstas alberga tres tipos de espacios con un uso distinto.
La franja central está destinada al equipamiento higiénico que está parcialmente acristalado a fin de permitir el control permanente de los niños discapacitados. Las instalaciones se hallan bajo la cubierta en correspondencia con los usos y servicios. La estructura es de acero y los cerramientos de plancha de hierro acanalada.

1971 Treatment and rehabilitation centre for handicapped children in Hackney, London. Foster Associates: N. Foster, W. Foster, M. Hopkins, B. Haward, F. Peacock, J. De Syllas, L. Butt, R. Bradley, C. Chabhra, D. Bailey

This is a prototype developed for the Spastics' Society. The single-storey building is constructed using industrialized components on a modular layout, with a linear development divided longitudinally into three strips. Each of these contains three types of space for different uses within the school programme.
The central strip housing the sanitary facilities is partially glazed to allow permanent supervision of the handicapped users. The services are located under the roof, corresponding to the different uses and needs. The building has a steel structural frame with a skin of corrugated iron panels.

1 Plano de la planta baja

1 Plan of the ground floor

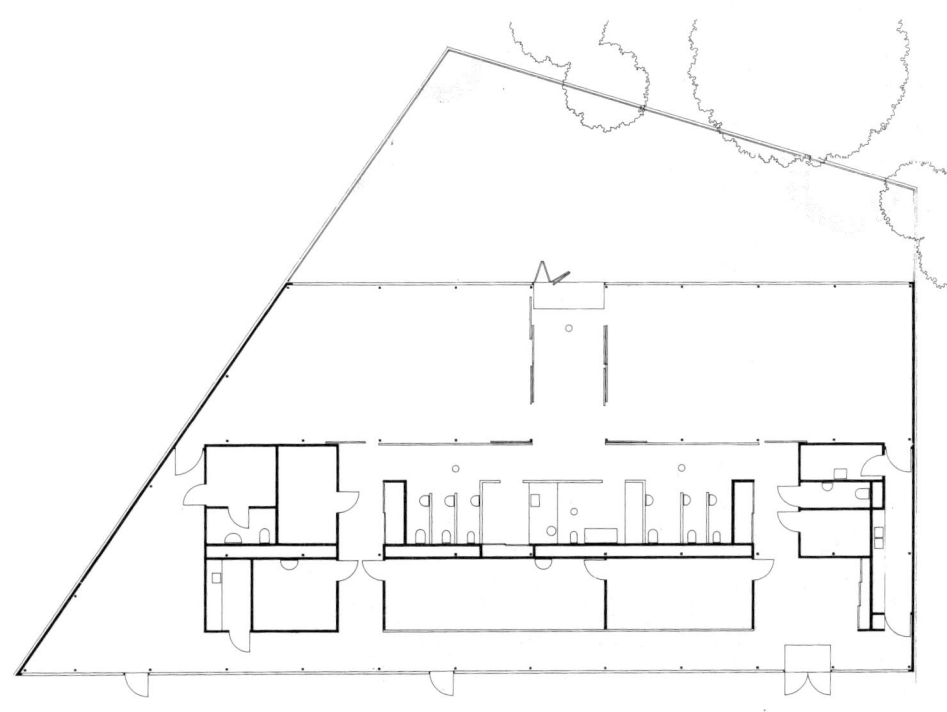

1

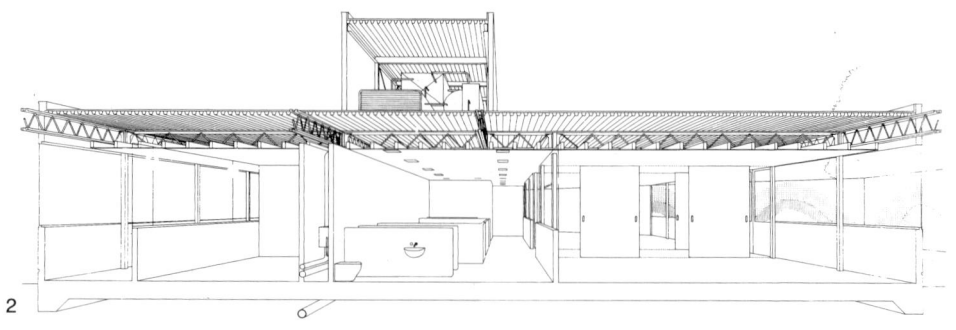

2

2 La sección en perspectiva evidencia la clara subdivisión del edificio en tres franjas funcionales

2 The sectional perspective shows the clear subdivision of the building into three functional strips

3 La fachada al patio

3 The courtyard facade

3

4

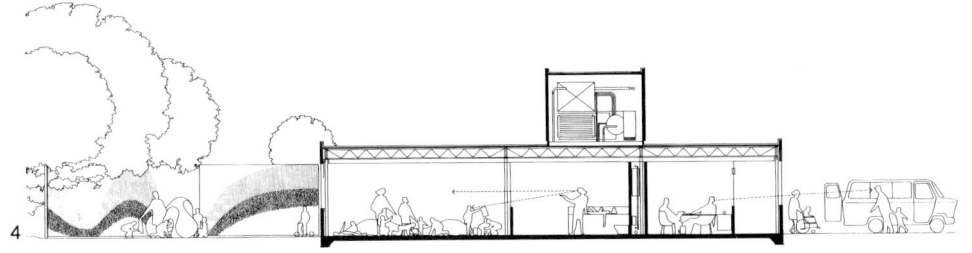

4 Sección transversal

4 Transverse section

5 Vista del exterior

5 View of the exterior

5

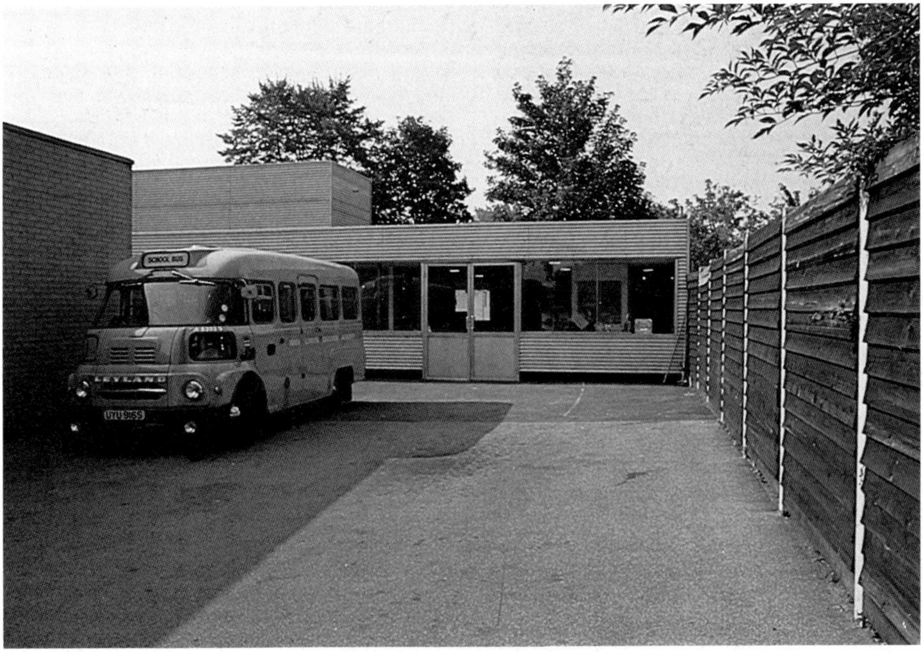

1971 Sede del estudio Foster Associates, Londres (Fitzroy Street). Foster Associates: N. Foster, W. Foster, M. Hopkins, B. Haward, T. Nyhuus, N. Partridge, M. Saphiro, G. Downes, A. Phillips, L. Butt, R. Bradley, C. Chabhra, D. Bailey

La organización de la planta baja del edificio de Fitzroy Street, que durante más de diez años fue la sede del estudio Foster Associates, refleja fielmente, en términos espaciales, la aproximación metodológica del grupo, basada en la experimentación continua y en la interdisciplinaridad. En consecuencia el lugar de trabajo ha sido coherentemente pensado como una estructura modificable, flexible a tenor de los diferentes proyectos y de sus correspondientes grupos de investigación.
El ambiente así obtenido es un espacio libre, desprovisto de obstáculos (salvo los pilares) porque todos los servicios han sido alineados en una franja a lo largo de una pared lateral.
La pared acristalada en la fachada que da a la calle es una original solución técnica y constructiva que será utilizada a gran escala en el edificio Willis, Faber & Dumas en Ipswich. Los paneles de cristal, que ocupan toda la altura, están fijados en la parte superior e inferior a los soportes horizontales del techo y del suelo. A los lados, en cambio, no se han utilizado bastidores de unión ni de rigidización porque los mismos paneles están ensamblados entre sí y sellados con silicona transparente. La rigidez del sistema se asegura mediante las aletas vítreas ortogonales a la pared coincidiendo con las juntas. Los paneles de cristal, oscuro y reflectante, forman de este modo una superficie continua, lisa y sin interferencias.

1971 Offices for Foster Associates in Fitzroy Street, London. Foster Associates: N. Foster, W. Foster, M. Hopkins, B. Haward, T. Nyhuus, N. Partridge, M. Saphiro, G. Downes, A. Phillips, L. Butt, R. Bradley, C. Chabhra, D. Bailey

The organization of the ground floor of the building in Fitzroy Street, the offices of Foster Associates during more than ten years, is a faithful reflection is spatial terms of the group's methodological approach; an approach based on continual experimentation and multi-disciplinary working. The workplace was thus coherently thought out as a modifiable structure, flexibly adaptable to the project in hand and the team engaged in studying it.
The resulting environment is an open-plan space, free of obstacles other than the structural pillars, with all the services located in a strip running along a side wall.
The glazed facade looking onto the street is an original technical and construction solution subsequently employed on the grand scale in the Willis, Faber & Dumas building in Ipswich. The full-height glass panels are fixed at top and bottom to the horizontal supports at roof and ground level. By contrast, there is no need for bars at the sides to give support or secure the joint, because the panels themselves are fitted directly together and sealed with transparent silicone. The rigidity of the system in ensured by means of glass wings set perpendicular to the wall. The panels of dark reflecting glass thus create a continuous smooth unbroken surface.

1

1 Vista del acceso desde la calle
2 La pared acristalada en la fachada a la calle

1 View of the street access
2 The glass wall on the street facade

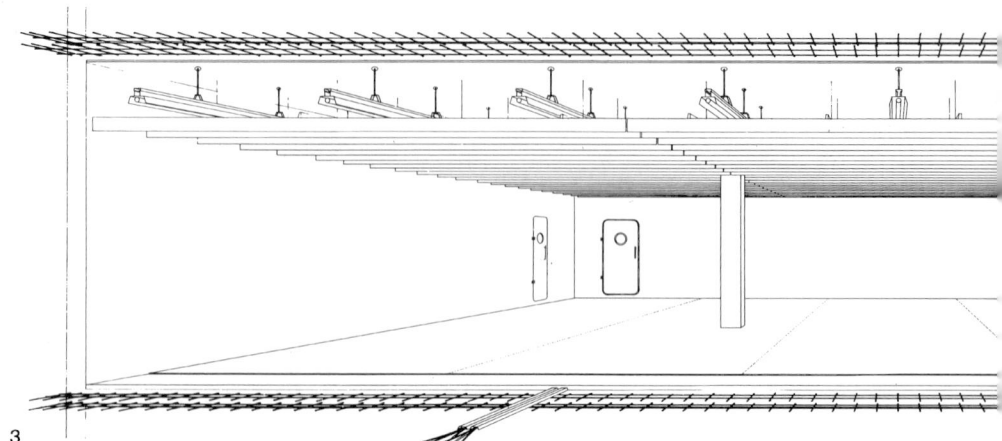

3

4

3 Sección en perspectiva
4 Vista de la zona de reuniones

3 Sectional perspective
4 View of the meeting area

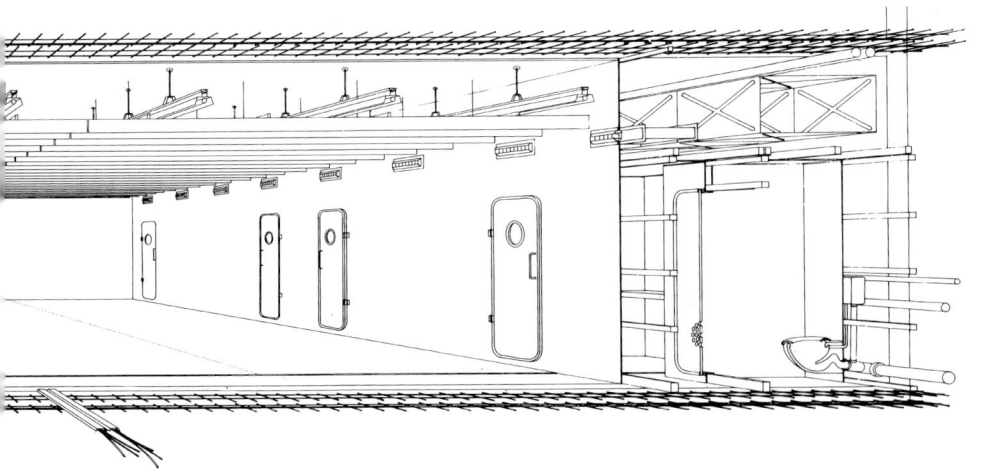

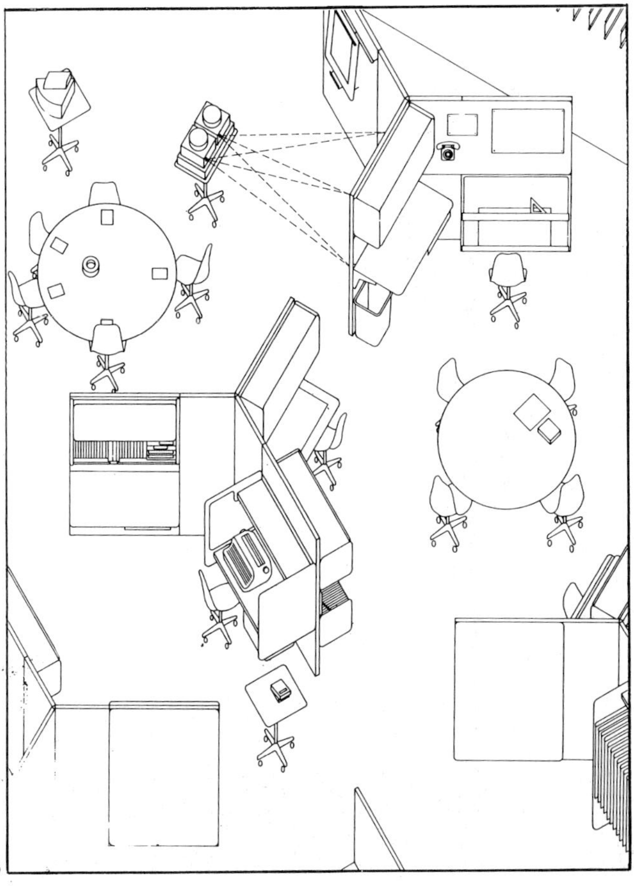

5 Componentes de decora-
ción

5 Components of the deco-
ration scheme

5

1972   Sistema constructivo para edificios industriales. Proyecto. Foster Associates

El proyecto representa la sistematización de los temas abordados en investigaciones y realizaciones anteriores. Los principios de este estudio están claramente inspirados en el modelo californiano SCSD (School Construction System Development) de Ezra Ehrenkrantz y son fundamentos esenciales para el desarrollo del concepto tipológico del *umbrella building.*
Una aplicación bastante próxima a este sistema es la sede de la IBM en Greenford.

1972   Construction system for industrialized building. Project. Foster Associates

The project corresponds to the moment of systematization of the themes addressed in many of the preceding projects and constructions. The principles of this study are clearly inspired by Ezra Ehrenkrantz' Californian SCSD (School Construction System Development) model, and are essential elements in the development of the typological concept of the *umbrella building.* A fairly close approximation to the system was subsequently applied to the IBM technical centre in Greenford.

1

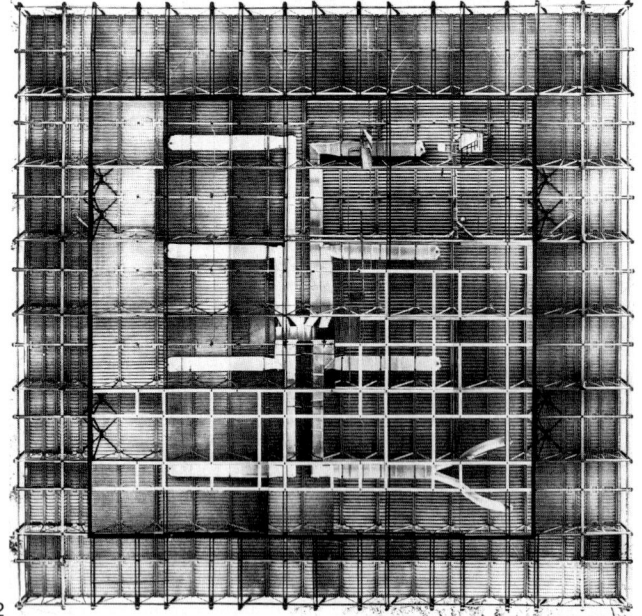

2

1 Sección en perspectiva de varias situaciones ambientales
2 Vista del intradós del suelo de la cubierta equipado con los conductos de las instalaciones. Maqueta

1 Sectional perspective of various ambient settings
2 View of the underside of the roof slab with the service ducting. Model

1973   Instalación de extrusión de la SAPA, Tibshelf (Derbyshire). Foster Associates: N. Foster, W. Foster, M. Hopkins, L. Butt, R. Bradley, C. Chabhra, D. Bailey, T. Nyhuus, N. Partridge, D. Goddard, M. Aiken

Los sistemas de extrusión de perfiles de aluminio han determinado el emplazamiento del edificio y su disposición estructural. Las vigas reticulares cubren una luz libre de 21 m, mientras que el edificio tiene 100 m de longitud. Las paredes exteriores en paneles de acero pintados de blanco, exaltan la perfecta estereometría de la construcción que es asimilable, en su abstracción, a una escultura minimalista como una *primary structure*. La previsión de sucesivas ampliaciones ha comportado el empleo de sistemas constructivos modulares de fácil ejecución.

Todos los componentes son vistos y están evidenciados por vivaces colores: así la estructura metálica ha sido pintada de azul, las separaciones interiores verde manzana, los polipastos naranja y el suelo azul. El ambiente interior dispone sólo de luz artificial. Sobre una primera ampliación, llevada a cabo en 1977 según un proyecto del estudio Foster Associates, fue añadido en 1980 un bloque de oficinas proyectado por otro estudio de arquitectos.

1973   Extrusion plant for SAPA in Tibshelf (Derbyshire). Foster Associates: N. Foster, W. Foster, M. Hopkins, L. Butt, R. Bradley, C. Chabhra, D. Bailey, T. Nyhuus, N. Partridge, D. Goddard, M. Aiken

The systems for the extrusion of aluminium profiles determined the siting of the organism and its structural layout. The network of beams has a span of 21 m, while the building has a length of 100 m. The exterior walls, of white-painted steel panels, underline the perfect proportions of the construction, which invites comparison, in its abstraction, with a minimalist sculpture such as a primary structure. The envisaged need for future extensions prompted the use of easily worked modular construction systems.

All of the components, left exposed to view, are painted in strong colours: thus the metal structure is blue, the interior partitions are apple green, the pulleys are orange and the floors are blue. The interior is lit entirely with artificial light. The first extension, in 1977, to a scheme by Foster Associates, was followed in 1980 with the addition of a block of offices designed by another firm of architects.

1   Sección transversal en perspectiva

1   Transverse section in perspective

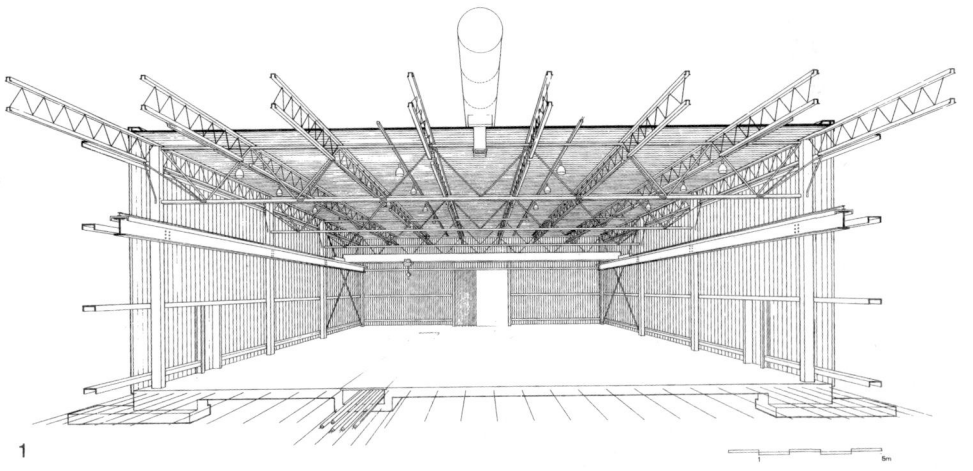

1

2 Disposición planimétrica
actual, con la indicación
de las posibles ampliaciones
3 Plano de la planta baja
4 El volumen estereométrico en el paisaje

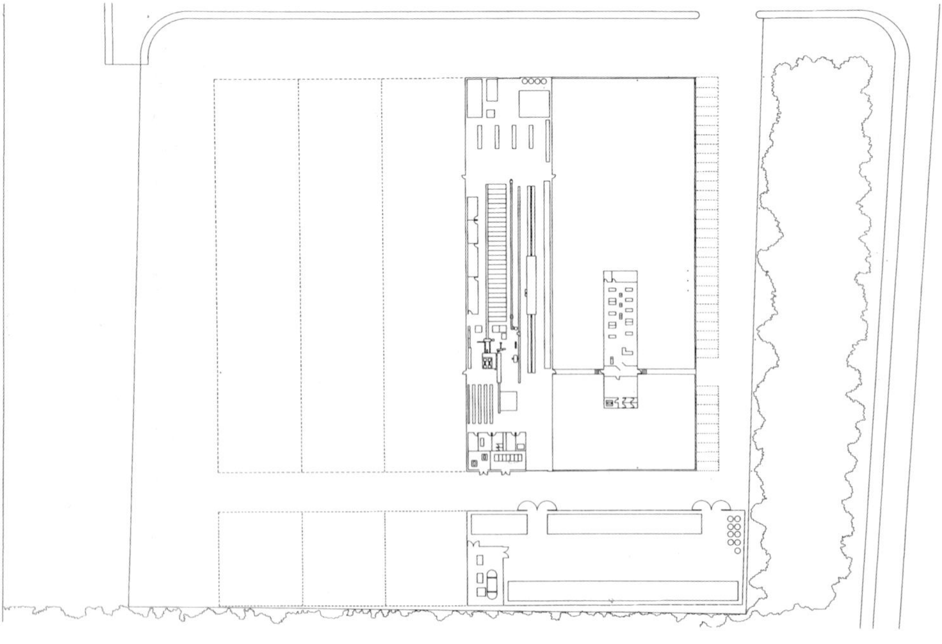

2 Actual planimetric layout
showing possibilities for
extension
3 Plan of the ground floor
4 The symmetrical building
in the landscape

2

3

4

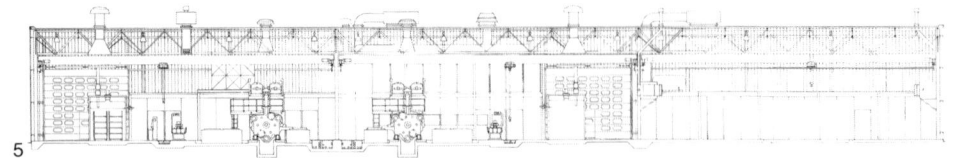

5

5 Sección longitudinal

5 Longitudinal section

6 Vista de la instalación de extrusión

6 View of the extrusion plant

6

1973 Oficinas y almacén de la Modern Art Glass, Thamesmead (Kent). Foster Associates: N. Foster, W. Foster, M. Hopkins, L. Butt, R. Bradley, C. Chabhra, D. Bailey, M. Sutcliffe, P. Gibson

Siete pórticos de acero, reforzados por riostras diagonales, sostienen una estructura secundaria a la que está asegurado un revestimiento continuo de plancha azul que envuelve todo el edificio excepto la cabecera sur, completamente acristalada, donde se abre la zona destinada a oficinas y exposición de los productos a dos niveles; el resto de la zona está destinada a almacén. La construcción es ampliable en sentido longitudinal con el añadido de eventuales pórticos.

Los paneles de cristal están asegurados mediante pilares de acero a una estructura metálica de sección circular. Las juntas verticales entre los paneles son de perfiles de neopreno con tapajuntas metálicos. Las uniones horizontales en cambio están selladas con silicona. Los cristales son de color y ligeramente reflectantes.

1 El acceso en el lado este

1973 Offices and warehouse for the Modern Art Glass company, Thamesmead (Kent). Foster Associates: N. Foster, W. Foster, M. Hopkins, L. Butt, R. Bradley, C. Chabhra, D. Bailey, M. Sutcliffe, P. Gibson

Seven steel portal frames, reinforced with diagonal braces, support a secondary structure to which a continuous cladding of blue corrugated sheeting is secured. This envelope encloses the whole of the building except for the entirely glazed south facade, occupied by the offices and showroom, laid out over two storeys, while the remaining area is given over to the warehouse. The construction can be readily extended longitudinally by the addition of extra portal frames.

The glass panels are secured by means of steel pillars to a circular-sectioned metal structure. The vertical joints between the panels are of neoprene with metal gaskets. The horizontal joints, however, are sealed with silicone. The glass itself is coloured and slightly reflecting.

1 The access in the east facade

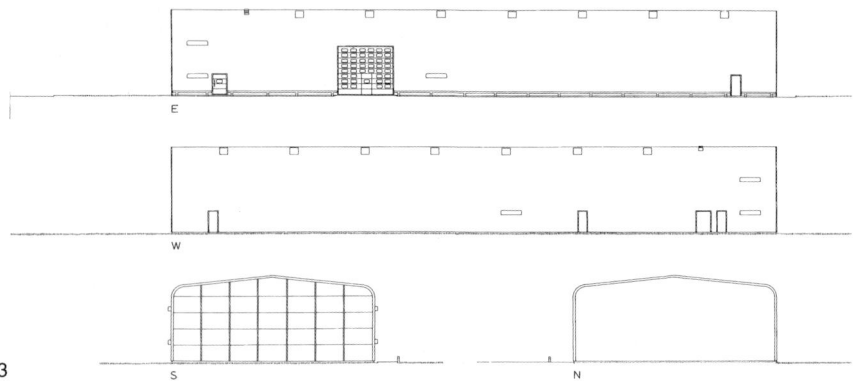

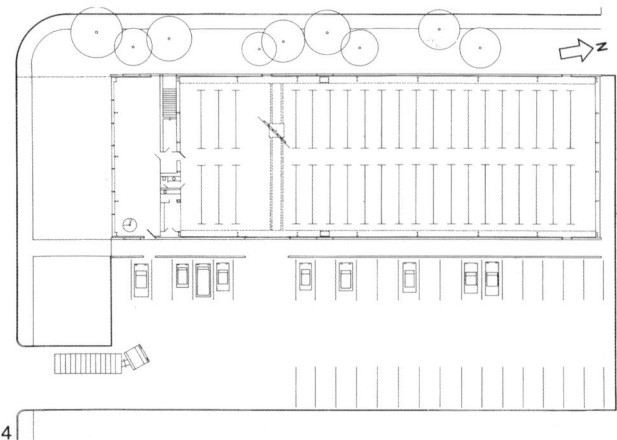

2 La fachada sur totalmente
  acristalada
3 Alzados
4 Planta

2 The entirely glazed south
  facade
3 Elevations
4 Plan

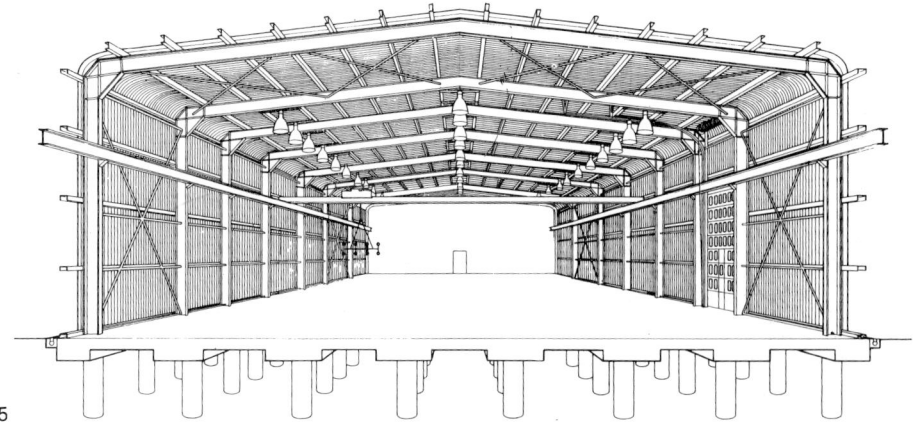

5

5 Sección en perspectiva
6 Vista de las oficinas

5 Sectional perspective
6 View of the offices

6

1973 Conjunto residencial de baja densidad, Milton Keynes (Buckinghamshire). Foster Associates: N. Foster, W. Foster, M. Hopkins, L. Butt, R. Bradley, C. Chabhra, D. Bailey, B. Haward, F. Peacock, T. Earnshaw

El barrio está situado en el interior de un terreno de unas 40 hectáreas delimitado por la malla viaria cuadrilátera que caracteriza toda la disposición urbanística de Milton Keynes. La escasa resistencia mecánica del suelo y la necesidad de construir a costes muy reducidos ha condicionado la elección del sistema constructivo y la opción de casas unifamiliares de una sola planta. Necesidades económicas y constructivas llevaron a los arquitectos a aprovechar al máximo el espacio habitable empleando estructuras de madera ligeras, flexibles y ampliables en plena coherencia con la filosofía proyectual del grupo.
La trama ortogonal que configura el desarrollo urbanístico del barrio, regula también la disposición del organismo de la vivienda. Éste está organizado a partir de una clara subdivisión interna que, sin embargo, no es rígida gracias a la adopción de paredes correderas. Los núcleos prefabricados de los servicios hacen de riostras y de barreras acústicas del

1973 Low-density housing complex in Milton Keynes (Buckinghamshire). Foster Associates: N. Foster, W. Foster, M. Hopkins, L. Butt, R. Bradley, C. Chabhra, D. Bailey, B. Haward, F. Peacock, T. Earnshaw

The housing complex is situated in the interior of a 40-hectare plot bounded by the quadrilateral road network which characterizes the whole urbanistic layout of Milton Keynes. The low level of mechanical resistance of the soil and the need to build to a very restricted budget determined the choice of the construction system and the single-storey family house type. Economic and construction imperatives prompted the architects to make the fullest possible use of the space for habitation, employing light wooden structures, both flexible and easily extended, in line with the firm's design philosphy.
The orthogonal grid which constitutes the urbanistic development of the neighbourhood also regulated the layout of the housing. This is organized on the basis of a clear internal subdivision which manages to avoid rigidity thanks to the adoption of sliding partitions. The prefabricated service cores effectively

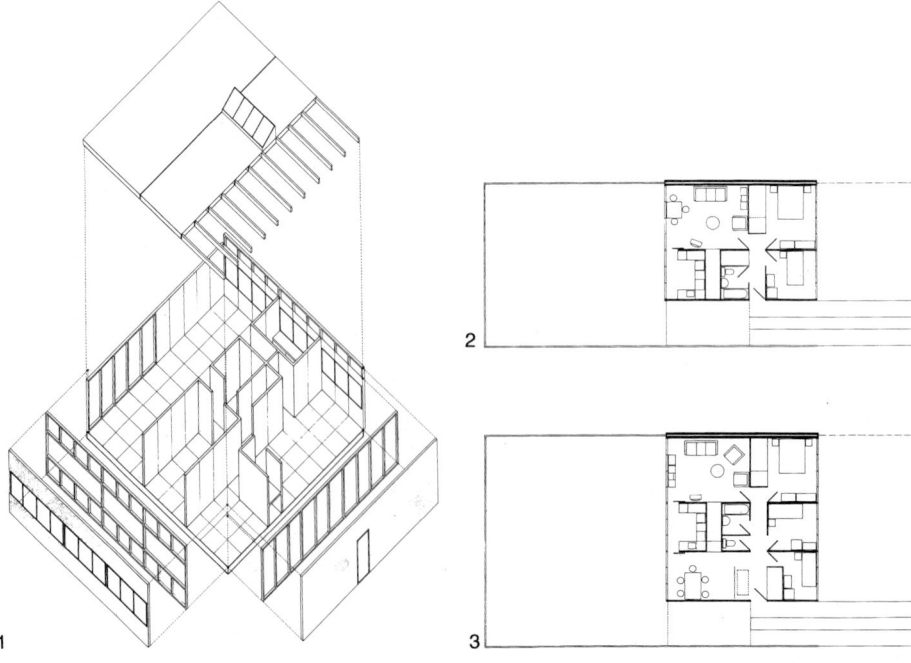

1

2

3

ambiente residencial. Los paneles de cerramiento externo tienen una estructura de madera y están revestidos de plancha acanalada. El sistema de agregación prevé el acoplamiento de las viviendas, cada una de las cuales tiene jardín propio, con un pórtico-garaje común.

brace and soundproof the interiors. The outer skin consists of a wooden structure covered with corrugated panels. The system of aggregation is based on a layout of paired houses, each with its own garden and a shared porch and garage.

1 Sección vertical axonométrica de una vivienda tipo
2/3 Plantas tipo de las viviendas para dos y cuatro personas
4 Planimetría general
5 Vista exterior de las viviendas

1 Axonometric vertical section of a typical house
2/3 Typical floor plans of the houses for two and four people
4 General planimetry
5 View of the exterior of the houses

4

5

1973/1974   Sede central de los seguros Willis, Faber & Dumas en Ipswich (Suffolk). Foster Associates: N. Foster, W. Foster, M. Hopkins, L. Butt, R. Bradley, C. Chabhra, D. Bailey, B. Haward, M. Sutcliffe, P. Berthon, T. Brohn, R. Crandon-Gill, G. Downes, A. Phillips, L. Pilar, I. Ritchie, J. Wharton

Todas las experiencias maduradas en la primera fase de la actividad profesional son recogidas poéticamente por Norman Foster en esta obra densa, de extraordinarios valores y convertida, en la actualidad, en un ejemplo paradigmático de la arquitectura contemporá-

1 Vista nocturna del edificio

1973/1974   Head office for the Willis, Faber & Dumas insurance company in Ipswich (Suffolk). Foster Associates: N. Foster, W. Foster, M. Hopkins, L. Butt, R. Bradley, C. Chabhra, D. Bailey, B. Haward, M. Sutcliffe, P. Berthon, T. Brohn, R. Crandon-Gill, G. Downes, A. Phillips, L. Pilar, I. Ritchie, J. Wharton

The fruits of the entire first phase of his professional career are poetically summarized by Norman Foster in this building, abounding in extraordinary values and now recognized as a paradigm example of contemporary architecture. The historical models in which

1 Nocturnal view of the building

nea. Las matrices históricas que inspiran la modernidad del edificio han sido puntualmente descubiertas en el proyecto de Mies de la vítrea y tallada torre para oficinas de 1920, con sus plantas libres e ininterrumpidas. Pero la obra de Ipswich va mucho más allá de la pura y simple transcripción de estas ascendencias porque el autor las reelabora con plena autonomía creativa confrontándolas a los temas de la integración en el interior de contextos urbanos preexistentes. A este propósito, Barham habla de una contribución actualizada a estas problemáticas revisitadas sobre la estela de la cultura británica del *townscape*.

La sinuosa piel de cristal, que discurre sin interrupciones a lo largo de todo el perímetro del complejo, desde el suelo hasta la cubierta,

the building's modernity is inspired are drawn specifically from Mies' 1920 curving glass skyscraper with its uninterrupted open floor plan. However, the Ipswich building goes beyond any mere simple transcription of these influences, as Foster elaborates them anew with complete creative autonomy, allowing them to be informed by the issues of the internal integration of the existing urban contexts. With regard to this, Banham speaks of a thoroughly updated contribution to these problems, reassessed in the light of the British townscape.

The sinuous glass skin, which runs uninterrupted around the entire perimeter of the complex, and from ground to roof, reflects its surroundings in fragmented images. At night the curtain wall disappears, revealing the

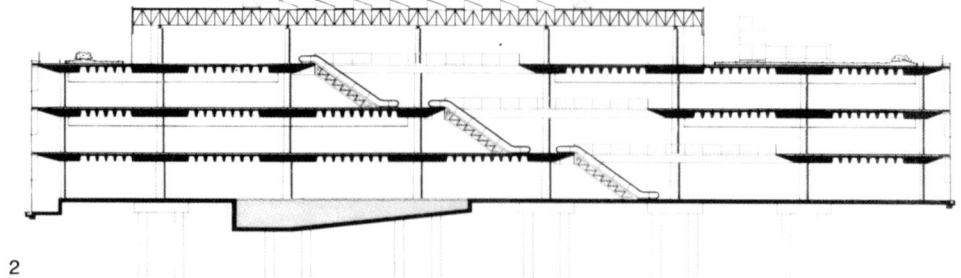

2

2 Sección
3/6 Planos de las plantas baja, primera, segunda y de la cubierta
7 Vista exterior del edificio

2 Section
3/6 Plans of the ground, first and second
floors and the roof
7 View of the exterior of the building

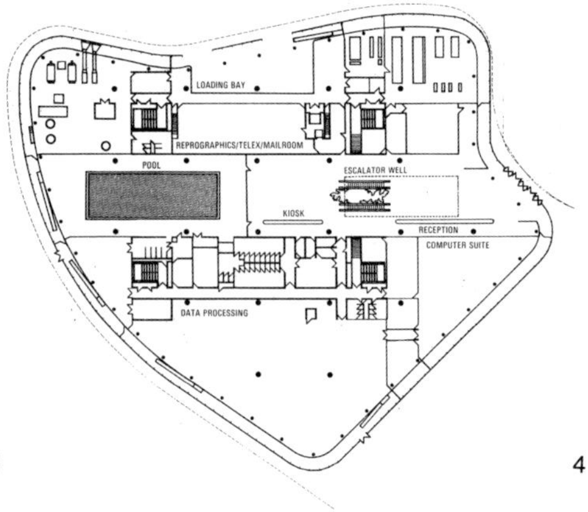

LOADING BAY
REPROGRAPHICS/TELEX/MAILROOM
POOL
ESCALATOR WELL
KIOSK
RECEPTION
COMPUTER SUITE
DATA PROCESSING

3

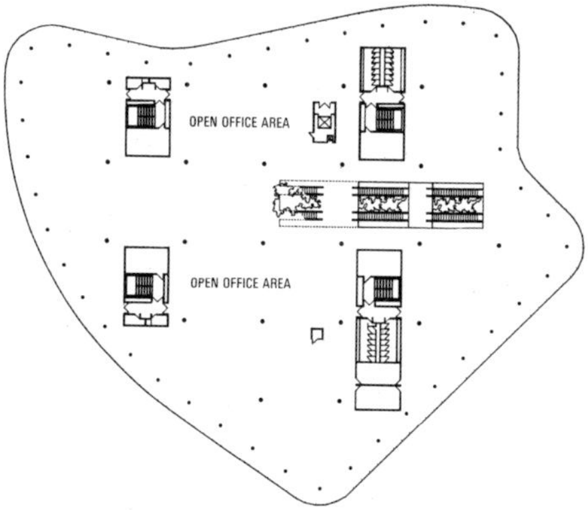

OPEN OFFICE AREA

OPEN OFFICE AREA

4

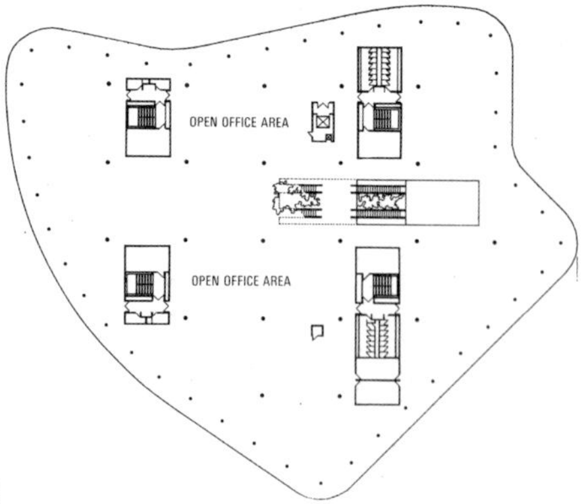

OPEN OFFICE AREA

OPEN OFFICE AREA

5

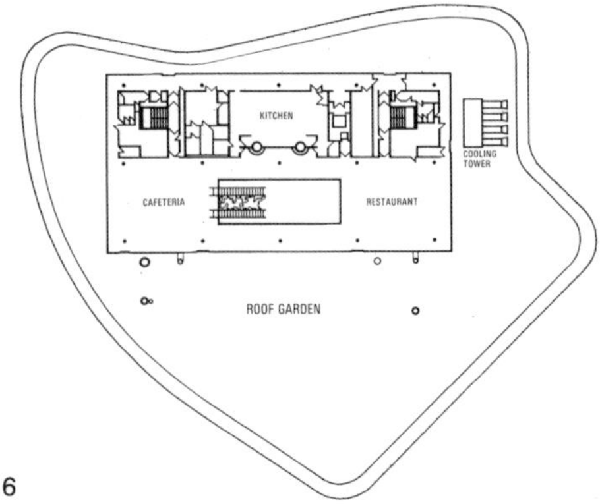

KITCHEN
COOLING TOWER
CAFETERIA
RESTAURANT
ROOF GARDEN

6

refleja la imagen del ambiente circundante, fragmentándola. Por la noche la pared desaparece desvelando el edificio y su estructura. La habilidad ya demostrada por Foster en reducir a lo esencial los elementos constructivos ha dado lugar, pues, a un asombroso volumen minimalista. Aprovechando las propiedades mecánicas de resistencia a la tracción del cristal, ha podido eliminar bastidores o montantes y ha fijado los paneles al borde del forjado de la cubierta, colgándolos. La fijación de los paneles de cristal inferiores consiste en una sencilla pequeña placa de metal y en cuatro tornillos. Todas las juntas están selladas con silicona transparente y la rigidez está asegurada por las mismas aletas de cristal utilizadas en el estudio de Fitzroy Street en Londres.

En sintonía con las investigaciones emprendidas sobre el tema de las instalaciones constructivas compactas (como el Climatroffice), la Willis, Faber & Dumas desarrolla una relación bastante baja entre la superficie total y la exterior. Relación favorable a la reducción del consumo energético. Aspectos importantes en este sentido son: la reducida altura del conjunto, la cobertura vegetal de alto poder aislante y las cualidades de prestación del

interior organization and structure. Foster's already proven skill in reducing the elements of construction to the essentials has here resulted in the creation of an astounding minimalist volume. Exploiting the mechanical properties of resistance to tension which glass possesses, he dispenses with frames and glazing bars, hangng the panels directly from the edge of the roof slab. The fixing of the lower glass panels simply consists of small metal plates with four screws. All of the joints are sealed with transparent silicone, and the necessary rigidity is ensured by means of the same type of glass flanges used in with Foster Associates office in London's Fitzroy Street.

In consonance with the studies carried out into compact construction installations (such as the Climatroffice project), in the Willis, Faber & Dumas building the relationship between total surface area and exterior surface area is fairly low, thus favouring reduced energy consumption. Some of the significant elements in achieving this are the relatively low height of the construction, the considerable heat-insulating properties of the roof garden and the contribution made by the type of glass used, screening out certain

91

cristal, que está en condiciones de seleccionar las radiaciones luminosas evitando los fenómenos de sobrecalentamiento o de excesiva dispersión. Los dos niveles de las oficinas están comprendidos entre el tejado-jardín (sobre el que también se ha dispuesto el restaurante) y la planta baja, destinada a acoger el vestíbulo de entrada, los equipamientos para el personal (entre los cuales hay también una piscina) y varias instalaciones técnicas. El conjunto está atravesado en el centro por un gran hueco diagonal, iluminado desde arriba y recorrido por las escaleras mecánicas que comunican todos los niveles. Las oficinas están organizadas según el principio del *open plan* que ofrece un alto grado de flexibilidad. Ésta se hace posible mediante un sistema muy ramificado de distribución de conductos contenidos en la cámara del cielo raso y del pavimento flotante.

La estructura regular de los pilares y de los forjados aligerados con casetones es de hormigón armado. Los pilares de sección circular están dispuestos en los vértices de una retícula cuadrada de 14x14 m de lado, mientras un segundo sistema de pilares (separados

frequencies of solar radiation to avoid overheating and excessive dispersion. The two floors of offices are situated between the roof garden (on which the restaurant volume is also set) and the ground floor accommodating the entrance vestibule, staff facilities (including a swimming pool) and various technical services. The diagonal void running through the centre of the complex is lit from above, and contains the escalators which communicate all of the different levels. The offices are organized on the basis of an open-plan layout which gives a considerable degree of flexibility. This is made possible by the highly sophisticated system of service conduits routed through the suspended ceiling and floor.

The regularly spaced structural pillars and the lightweight coffered roof slabs are of reinforced concrete. The circular-section pillars are distributed on a square grid measuring 14 x 14 m, while a second system of pillars (set at 7 m intervals) follows the curving perimeter of the building.

One of the distinctive characteristics of this building was the involvement of the users in

8

8 La pared ondulada a lo largo de Princess Street
9 Estudio en perspectiva
10 Sección longitudinal en perspectiva

8 The undulating wall running along Princess Street
9 Perspective study
10 Longitudinal section in perspective

9

10

7 m entre sí) sigue el recorrido perimetral cur-vilíneo.
Una de las características significativas del proyecto ha sido la participación de los usuarios según un método ya experimentado en el Centro Olsen. De los numerosos encuentros efectuados con el equipo directivo y con los representantes de los empleados, surgió la idea definitiva del organigrama. El nuevo lugar de trabajo parece haber cosechado tal éxito que pone en tela de juicio la opinión de Kenneth Frampton, quien ve en el edificio la materialización de un sistema de orden y control totales.

the design process, repeating the approach adopted for the Fred Olsen Line recreation centre. The numerous meetings with management and staff representatives helped shape the definitive idea for the complex and its organigram. The working environment thus produced seems to have proved so successful that it must cast doubt on Kenneth Frampton's judgement that the building is the materialization of a system of total order and control.

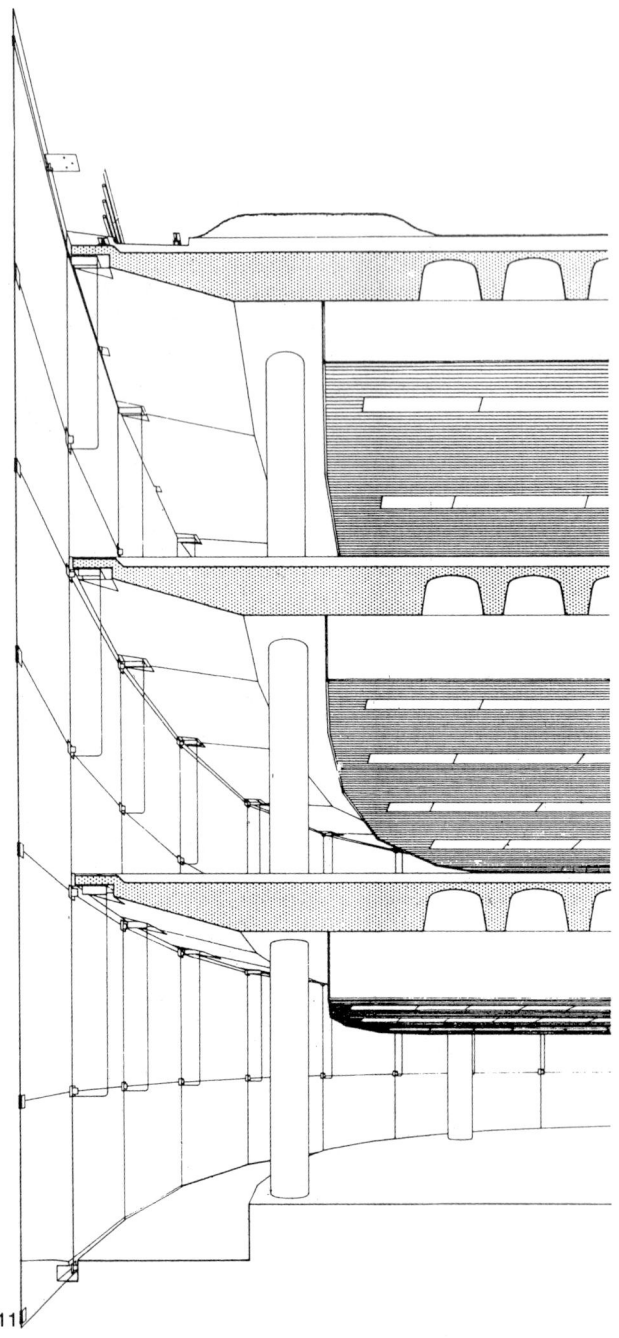

11 Sección transversal en
perspectiva
12 Vista de las escaleras
mecánicas y de la re-
cepción en el gran vestí-
bulo

11 Transverse section in
perspective
12 View of the escalators
and the reception in the
large vestibule

En las páginas siguientes:
13 La pared de espejo refleja el paisaje urbano

Following pages:
13 The mirror wall reflects
the urban landscape

11

13

14

15

14 El *roof-garden*
15 El jardín-restaurante en
    la cubierta
16 La piscina

14 The roof garden
15 The garden restaurant
    on the roof
16 The swimming pool

1974 Edificio para oficinas en Vestby (Noruega). Proyecto. Foster Associates

En el proyecto de una serie de pabellones para oficinas situados en un claro del bosque al sur de Oslo, el estudio Foster Associates procedió con una actitud *soft* y de mínima alteración del paisaje natural. Las peculiaridades del entorno sugirieron la adopción de sistemas de prefabricación para evitar perjuicios debido a la presencia de una obra voluminosa y destructiva. El transporte de los componentes ligeros se planteó por vía aérea con helicóptero. Las construcciones están levantadas del suelo sobre *pilotis* y se configuran como prismas acristalados en los cuatro lados.

La luminosidad está controlada a través de persianas automáticas y de espejos situados en la cubierta sobre soportes especiales para captar los bajos rayos solares invernales desviándolos hacia el interior a través de lucernarios. Los pabellones constituyen un sistema ambiental de bajo consumo de energía no contaminante. La ventilación es natural y la distribución del aire se produce a través de los vacíos presurizados del techo y del suelo. También se han previsto instalaciones de reciclaje del agua y de los desechos.

1974 Project for an office building in Vestby (Norway). Project. Foster Associates

In this project for a series of pavilions for offices in a clearing in the woods to the south of Oslo, the Foster Associates team adopted a «soft» approach based on minumum interference with the natural environment. The particular characteristics of the setting suggested the adoption of industrialized construction methods in order to avoid the environmental destruction resulting from a large-scale traditional building site. The transportation of the lightweight prefabricated components was thus carried out by helicopter. The constructions, lifted up off the ground on pilotis, take the form of cuboids with four glazed facades.

The intensity of the light in the interior is controlled by automatically operated blinds, with mirrors mounted on the roof to reflect the rays of the low winter sun into the interior by way of skylights. The pavilions in fact constitute an environmentally friendly system, consuming little energy and producing virtually no pollution. The ventilation is entirely natural, the movement of air being achieved by the pressure differentials of the roof and floor spaces. Provision has also been made for the recycling of water and waste.

1/2 Bocetos para la definición del proyecto
3 Estudios para la integración del edificio en el bosque

1/2 Preparatory sketches of the project
3 Studies for the integration of the building into the woodland

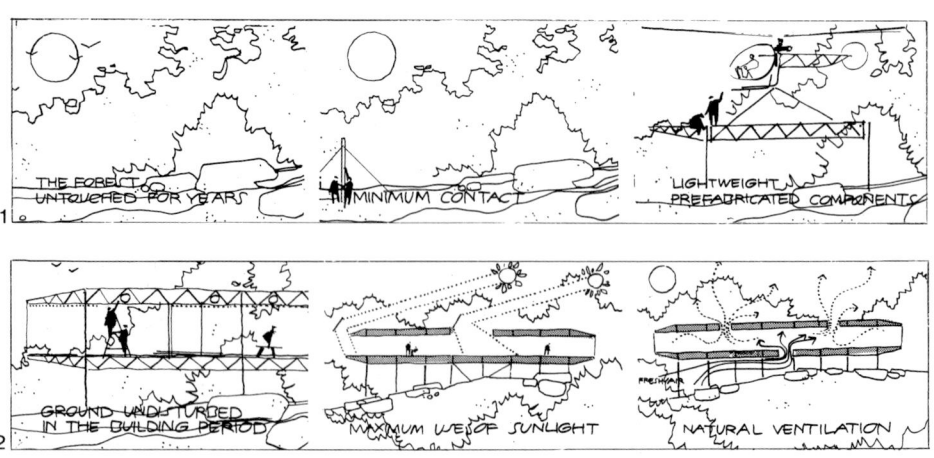

3

4

5

4/5 Estudios para la integración del edificio en el bosque

4/5 Studies for the integration of the building into the woodland

6 Maqueta de estudio

6 Study model

6

1974/1975 Escuela especial para niños discapacitados en Palmerston, Liverpool. Foster Associates

1974/1975 Special school for handicapped children in Palmerston, Liverpool. Foster Associates

El complejo, construido sobre las bases de las nuevas teorías educativas para la recuperación de los niños discapacitados, representa la natural evolución de la escuela de Hackney (Londres). Análogas exigencias de flexibilidad, de simples relaciones espaciales y de claridad en la distribución han originado el edificio de 36x37,5 m.
La disposición de la estructura consiste en cinco naves de 7,5 m de luz con pequeños pilares metálicos de sección cuadrada de 12,5x12,5 cm. El revestimiento exterior es de placas corrugadas y onduladas de cemento-amianto impermeabilizadas con pintura de color amarillo verdoso. Los frentes norte y sur están reculados respecto a la línea de la cubierta y determinan un espacio resguardado para las actividades al aire libre.
El ambiente interior, organizado con divisiones móviles, recibe una iluminación natural a través de lucernarios situados en la cubierta. Los únicos equipamientos fijos son los servicios higiénicos y los dispuestos en el frente norte.

The complex, constructed in accordance with the latest thinking concerning the education of handicapped children, represents a natural evolution from the school in Hackney in London. Analogous requirements in terms of flexibility, simplicity of spatial relationships and clarity in the distribution gave rise to this 36 x 37.5 m building.
The organization of the structure is based on five bays with a 7.5 m span, constituted by slender metal pillars with a 12.5 cm square section. The external cladding is of corrugated undulating panels of asbestos cement protected from the elements by a coat of yellow-green paint. The north and south facades are set back beneath the overhang of the roof to provide sheltered areas for outdoor activities.
The interior space is divided by movable partitions, and receives natural illumination through the skylights in the roof. The only fixed elements are the sanitary appliances and the services located along the north facade.

1 Sección transversal en perspectiva
2 Vista nocturna de la escuela

1 Transverse section in perspective
2 View of the school by night

1
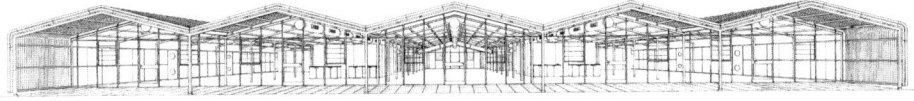

2

3

4

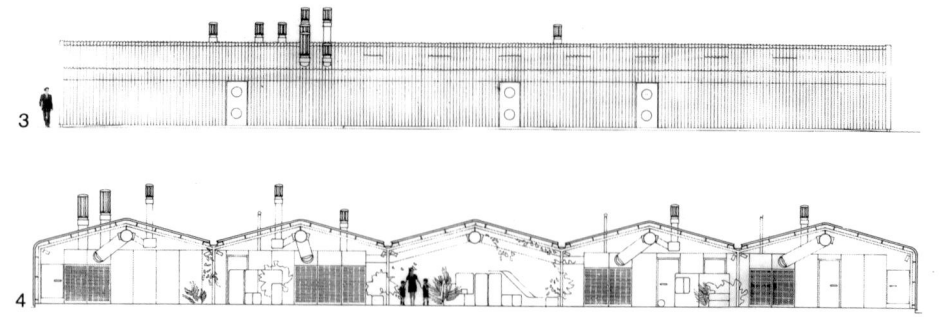

3/5 Alzado, sección y plano de la escuela

3/5 Elevation, section and plan of the school

5

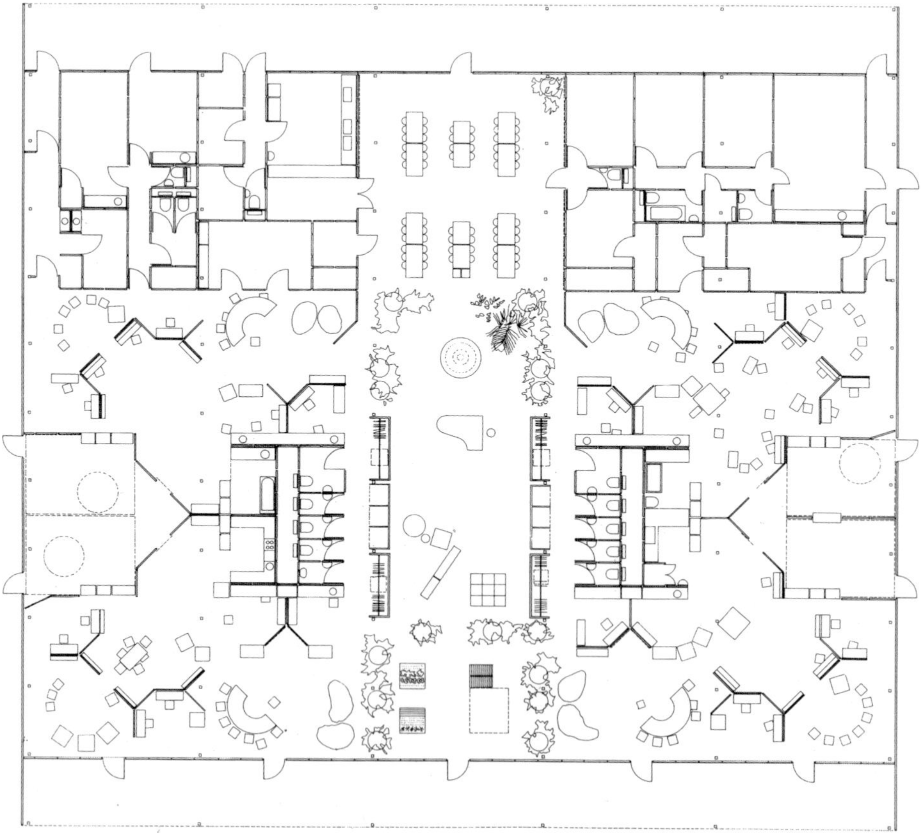

1974/1978 Sainsbury Centre for the Visual Arts, Norwich (Norfolk). Foster Associates: N. Foster, W. Foster, A. Branthwaite, L. Butt, J. Calvert, C. Chabhra, I. Dowsett, H. Filbey, R. Fleetwood, B. Haward, R. Horden, C. Lawin, D. Nelson, T. Nyhuus, J. Yates

La iconografía de la civilización de las máquinas y la memoria histórica de las grandes construcciones de la ingeniería ochocentista se subliman heroicamente en el Sainsbury Centre, situado al final de la brutalista y zigzagueante composición lasduniana del campus de la Universidad de East Anglia. Utilizando todavía matrices expresivas minimalistas, Foster, sin embargo, parece volver a interesarse por el valor figurativo de la estructura visible desde el exterior como en el caso de la Reliance Controls. Pero en Norwich la composición del edificio tiende a disimular el arma-

1974/1978 Sainsbury Centre for the Visual Arts, Norwich (Norfolk). Foster Associates: N. Foster, W. Foster, A. Branthwaite, L. Butt, J. Calvert, C. Chabhra, I. Dowsett, H. Filbey, R. Fleetwood, B. Haward, R. Horden, C. Lawin, D. Nelson, T. Nyhuus, J. Yates

The iconography of machine civilization and the historical remembrance of the great constructions of nineteenth century engineering are heroically sublimated in the Sainsbury Centre, standing at the end of the zigzagging brutalist composition of Lasdun's University of East Anglia campus. Although still employing minimalist expressive moulds, Foster nevertheless seems to return here to an interest in the figurative value of the structure visible on the exterior, as in the factory for Reliance Controls. However, the composition of the Norwich building tends to

1 Vista aérea del conjunto universitario y del museo

1 Aerial view of the university campus and the museum

zón metálico a lo largo de los frentes más largos y a hacerlo explícito sólo en las cabeceras.

El gran contenedor de unos 6.200 m² ha sido construido para albergar la donación Sainsbury a la Universidad así como la Escuela de Bellas Artes, un restaurante, salas de exposición, pequeños estudios y laboratorios. La estructura metálica, de tubos de acero soldados, está formada por vigas y pilares reticulares que originan un sistema de 37 pórticos de 35 m de luz libre. La serie de pórticos da lugar a un edificio de 132 m de longitud con una altura interior neta de 7,5 m. El grosor del elemento tridimensional viga/pilares (2,4 m) permite su utilización. En efecto en su interior se ha instalado una amplia variedad de funciones fijas que, de esta forma, no interrumpen la continuidad total del espacio interior de la galería.

La disposición del programa de desarrollo longitudinal, presenta soluciones de cabecera explicativas de la organización técnica, estructural y compositiva de todo el complejo. Los componentes del juego arquitectónico están claramente evidenciados: las fachadas correspondientes a las dos cabeceras son una viva sección del edificio. Los mismos paneles de cerramiento son partes primarias y decisivas de la arquitectura. Las fachadas libres de

conceal the metal framework along its longer facades, freely revealing it only on the side facades.

The great container, measuring some 6,200 m², was constructed to house the Sainsbury donation to the University, together with the art school, a restaurant, the exhibition rooms, and a number of small studios and laboratories. The metal structure of welded steel tubes takes the form of a reticular grid of 37 portal frames with a span of 35 m. This series of portal frames constitutes a building with a length of 132 m and a net free height of 7.5 m. The 2.4 m thickness of the three-dimensional beam/pillar portal frame elements allows this space to be used for a great variety of fixed functions, thus avoiding interruptions to the overall continuity of the interior of the gallery.

The organization of the programme, developed longitudinally, presents solutions for the end facades which make explicit the technical, structural and compositional ordering of the entire complex. The component parts of the architectonic whole are clearly declared: the two end facades are a vital section through the building. Even the cladding panels are themselves here primary and decisive parts of the architecture. The 7.5 x 2.4 m glass panels on the free end facades

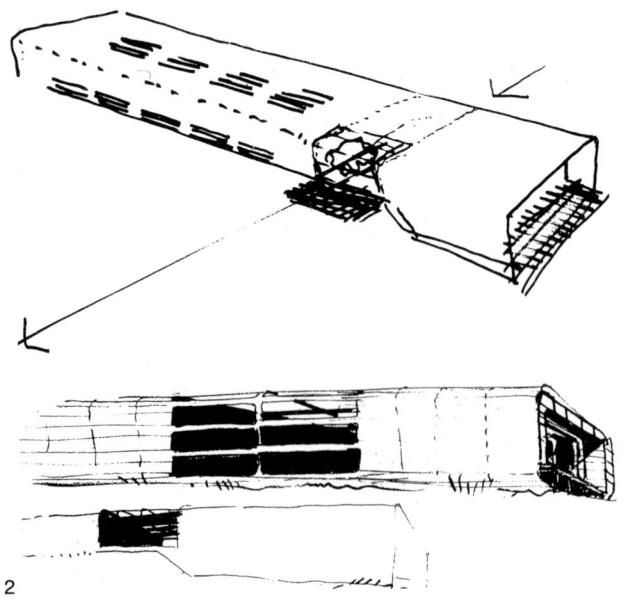

2 Bocetos de proyecto
3 Bocetos de proyecto para la definición tipológica, estructural, funcional y morfológica del edificio

2 Sketches of the project
3 Sketches of the project defining the typological, structural, functional and morpholological character of the building

2

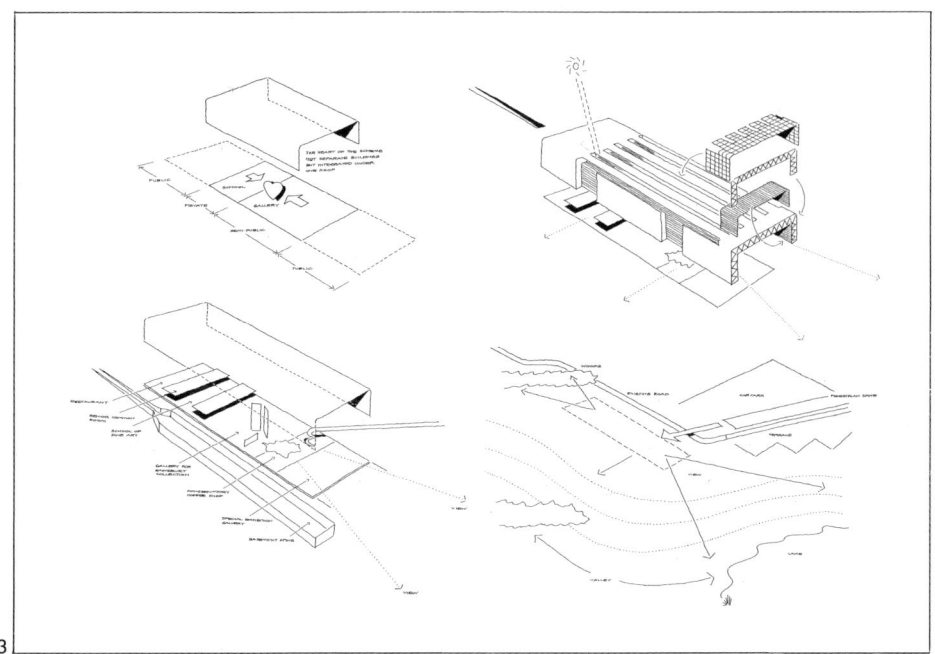

3

las cabeceras están completamente acristaladas con placas (7,5x2,4) selladas con silicona y desprovistas de cualquier soporte vertical que habría podido dificultar la visibilidad completa desde el interior hacia el exterior.

Los flancos laterales y la cubierta, en cambio, tienen paneles de cerramiento del mismo tipo pero de distinta clase: opacos, transparentes y de rejilla, planos o angulares. Sus dimensiones son 2,4x1,2 m. Los opacos, de tipo *sandwich*, tienen un revestimiento reflector externo de aluminio plastificado y en su interior 10 cm de poliuretano de elevado poder aislante.

El proyecto de los componentes responde a la necesidad de reducir el uso de energía. Los paneles están asegurados a una estructura metálica secundaria y unidos por una red continua de guarniciones de neopreno, cuya sección es ondulada a fin de canalizar la evacuación del agua de lluvia. Todos los paneles son desmontables y recolocables rápidamente al estar unidos a los soportes por sólo seis tornillos. La cámara, contenida en el grosor de la estructura, está oculta, dentro de la galería, por un sistema móvil automático de persianas venecianas de aluminio, que permiten regular la luminosidad natural procedente de arriba y

are sealed with silicone, with no vertical supports to obstruct the unimpeded view from the interior.

The panels used on the lateral facades and the roof, on the other hand, are of the same type but with different qualities: opaque or transparent glass or metal grilles, plane or angular, with dimensions of 2.4 x 1.2 m. The opaque sandwich panels have a reflective outer layer of treated aluminium, with a 10 cm interior layer of polyurethane giving a high level of insulation.

The design of the components responds to the need to keep energy consumption to a minimum. The panels are secured to a secondary metal structure and joined to one another by means of a continuous network of neoprene joints with an undulating section to run off rain water. All of the panels can be quickly and easily replaced, since they are fixed to their supports by only six bolts. The plenum, located inside the thickness of the structure, is concealed from the interior of the gallery by a system of automatically operated venetian blinds which allow regulation of the intensity of the natural light entering from above and the two sides. The technical services and lighting also form part of the

de los lados. También las instalaciones técnicas y de iluminación entran a formar parte del complejo sistema de control ambiental que informa la concepción arquitectónica de la obra. El Sainsbury Centre se propone de esta forma como un ejemplo de renovación tipológica del concepto de museo, dirigido a un disfrute más directo y desinhibido de la obra de arte.

complex system of environmental control which informs the whole architectonic conception of the building. The Sainsbury Centre thus constitutes an exemplary proposal for the typological renovation of the museum designed to facilitate a more direct and unimpeded enjoyment of the artworks on show.

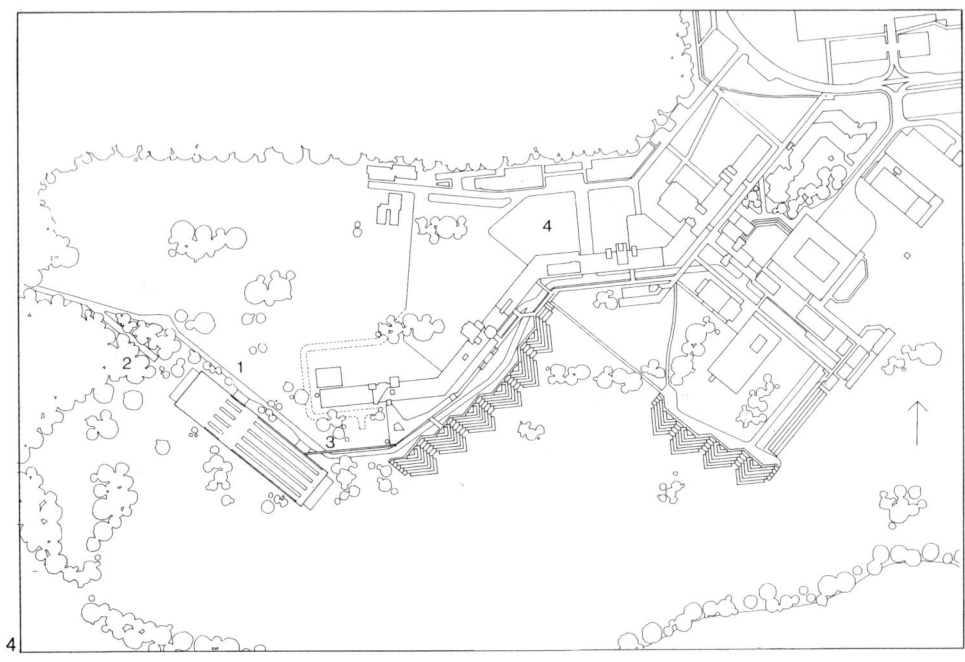

4 Planimetría general	4 General planimetry
5 Plano de la planta baja	5 Ground floor plan
6 Planta del entresuelo	6 First floor plan
7 Plano de la cubierta	7 Roof plan
1 Calle abierta al tráfico	1 Street for vehicular traffic
2 Rampa de acceso	2 Access ramp
3 Pasarela elevada	3 Elevated walkway
4 Universidad	4 University
5 Accesos	5 Accesses
6 Información	6 Information
7 Área para exposiciones especiales	7 Area for special exhibitions
8 Sala de estar	8 Lounge
9 Estudios	9 Studios
10 Escuela de Bellas Artes	10 School of Art
11 Cocina	11 Kitchen
12 Restaurante	12 Restaurant
13 Áreas de estudio	13 Study areas

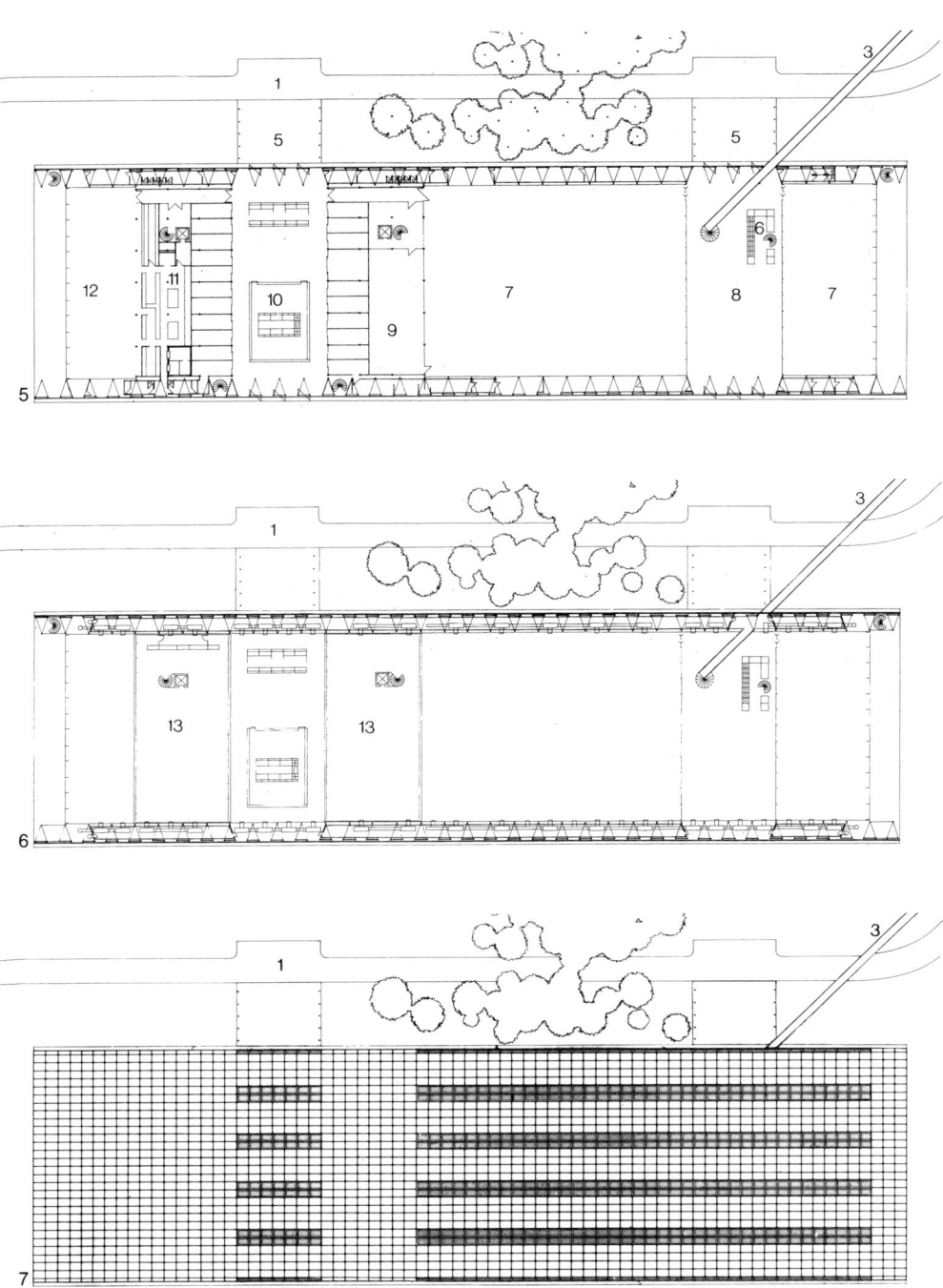

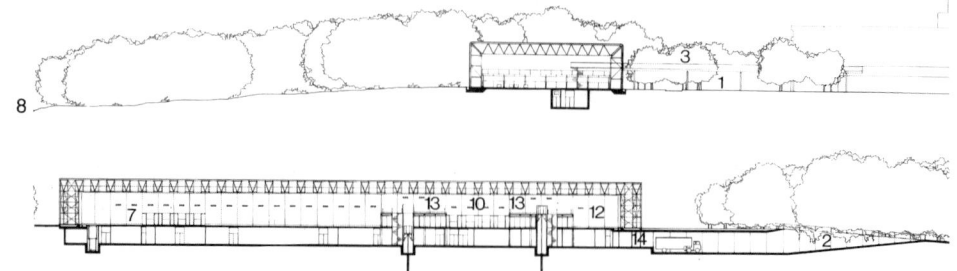

8

9

8 Sección transversal	8 Transverse section
9 Sección longitudinal	9 Longitudinal section
1 Calle abierta al tráfico	1 Street open to traffic
2 Rampa de acceso	2 Access ramp
3 Pasarela elevada	3 Elevated walkway
7 Área para exposiciones especiales	7 Area for special exhibitions
10 Escuela de Bellas Artes	10 School of Art
12 Restaurante	12 Restaurant
13 Áreas de estudio	13 Study areas
14 Zona de carga	14 Loading bay

10 Sección axonométrica

10 Axonometric section

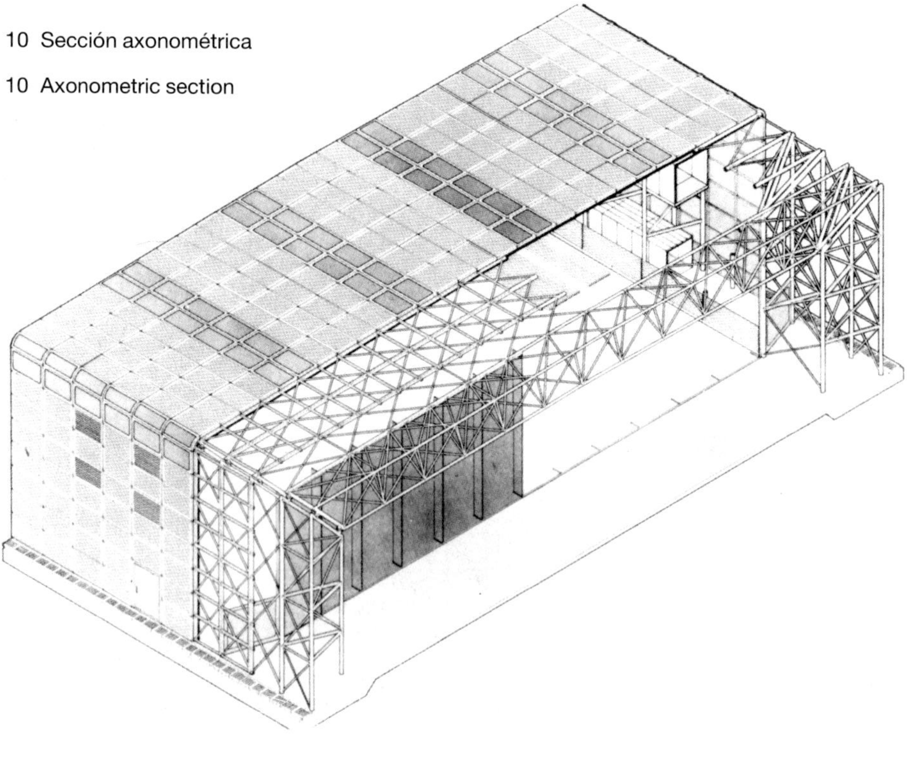

10

11 La fachada acristalada
12 Detalle de una solución
   del ángulo

11 The glazed facade
12 Detail of the solution
   of the corner

111

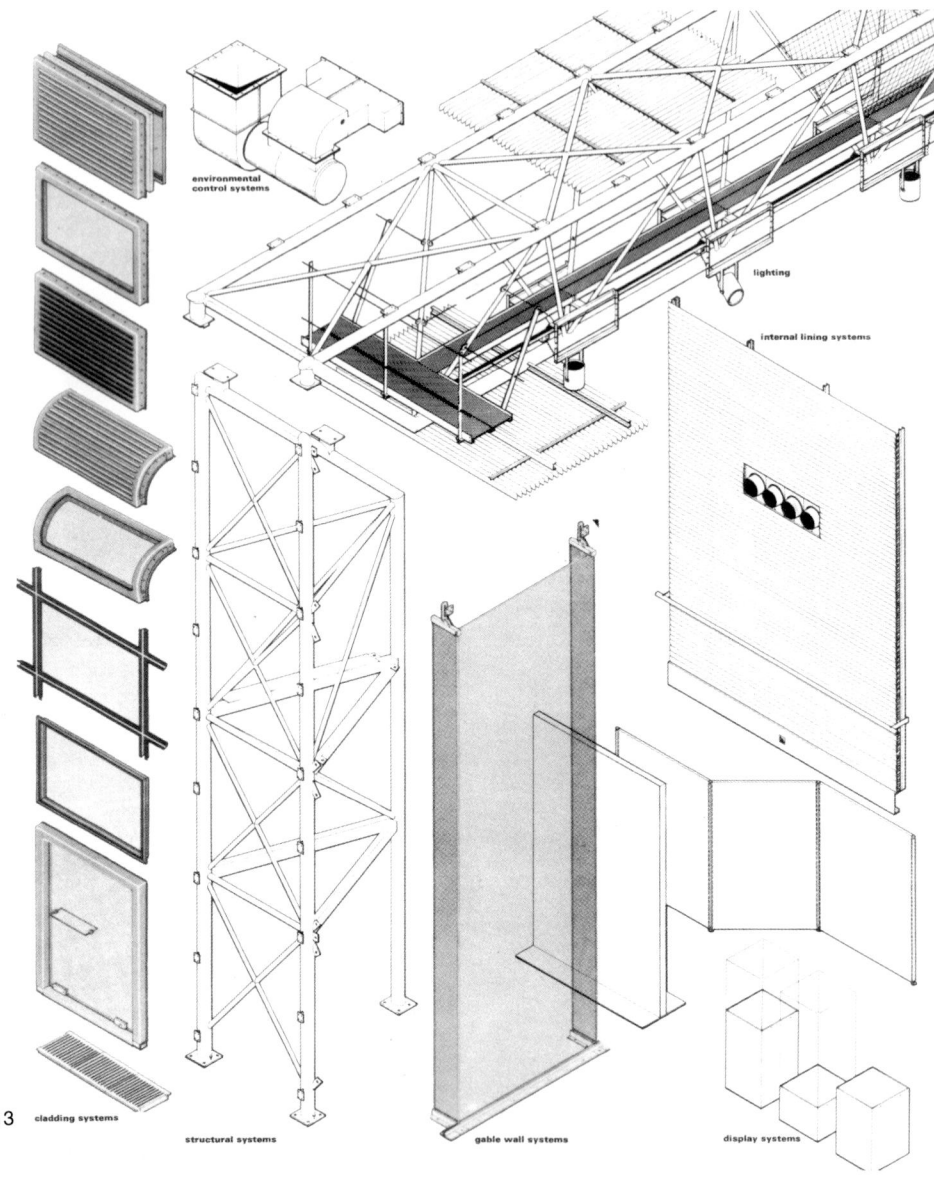

environmental control systems

lighting

internal lining systems

cladding systems

structural systems

gable wall systems

display systems

13

13 Los componentes del sistema arquitectónico y estructural

13 The components of the architectonic and
structural system

14 Detalle del nudo paneles/guarnición/estructura

1 Acabado exterior en aluminio
2 Poliuretano aislante
3 Guarnición de neopreno
4 Estructura tubular de acero
5 Panel de vidrio
6 Estructura secundaria en aluminio extruido esmaltado
7 Acabado interior en aluminio
8 Fijación con tuercas y tornillos
9 Tuercas de acero
10 Tuercas y tornillos de acero
11 Pliegue de rigidización del aluminio

14 Detail of the fixing of panels/joints/structure

1 Exterior aluminium finish
2 Polyurethane insulation
3 Neoprene joint
4 Tubular steel structure
5 Glass panel
6 Secondary structure of enamelled extruded aluminium
7 Interior aluminium finish
8 Fixings with nuts and bolts
9 Steel nuts
10 Steel nuts and bolts
11 Folded aluminium reinforcement

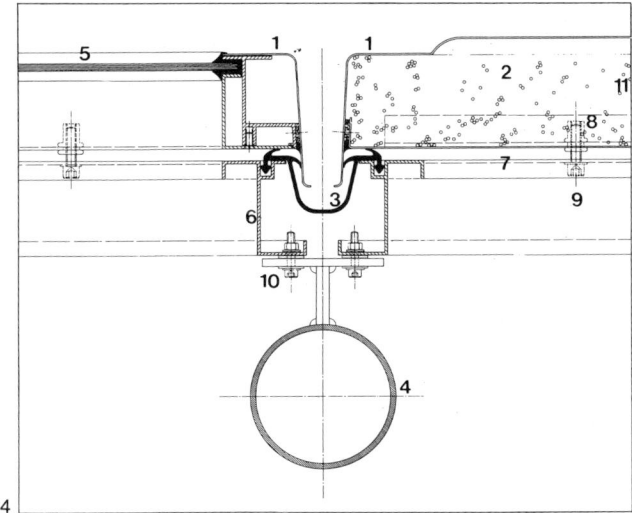

14

15 La estructura metálica en construcción · 15 The metallic structure under construction

15

16 El montaje de los paneles
y de las juntas de neo-
preno en la estructura
17 Detalle de los paneles
opacos y traslúcidos

16 The fixing of the panels
and the neoprene joints
on the structure
17 Detail of the opaque and
translucent panels

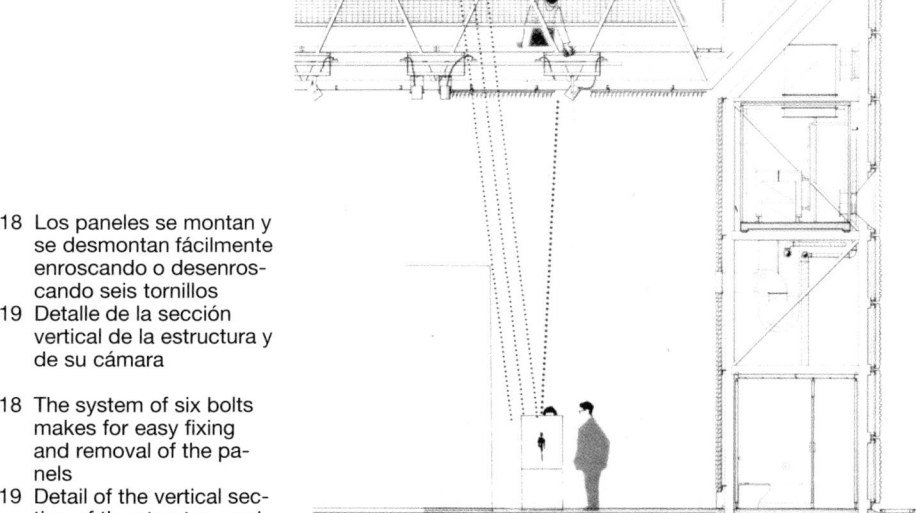

18 Los paneles se montan y
se desmontan fácilmente
enroscando o desenros-
cando seis tornillos
19 Detalle de la sección
vertical de la estructura y
de su cámara

18 The system of six bolts
makes for easy fixing
and removal of the pa-
nels
19 Detail of the vertical section of the structure and
the plenum

18

19

115

20

20 Un panel de cerramiento en exposición en
la muestra parisina de 1986

20 A cladding panel on display at the exhibition in Paris in 1986

21 Vista en escorzo de una cabecera del
Sainsbury Centre

21 Foreshortened view of one of the end
walls of the Sainsbury Centre

21

22 El alto acceso a través
de la pasarela de comu-
nicación con el conjunto
universitario

En las páginas siguientes:
23 El lado suroeste del museo

22 The high-level access by
way of the walkway
communicating with the
university complex

Following pages:
23 The south-west side of
the museum

23

24

24 La cámara de la estructura correspondiente a un acceso
25 Vista del interior del museo
26 Una de las zonas de salida correspondiente a las franjas de cerramiento transparente

24 The air chamber in the structure corresponding to one of the accesses
25 View of the interior of the museum
26 One of the exit zones corresponding to the strips of transparent cladding

25

1976 Remodelación general del puerto de St. Helier (Isla de Jersey). Proyecto. Foster Associates

El estudio de la reestructuración del área portuaria se ha basado en algunas hipótesis de selección de los niveles de tráfico (naval, por carretera y peatonal) ya experimentadas en el proyecto para la compañía Olsen en los Docks londinenses.

El nuevo puerto turístico está organizado a dos alturas. La más alta y peatonal comunica el embarcadero con el centro de St. Helier, mientras que la inferior está destinada al movimiento de mercancías, a los aparcamientos y a otras operaciones técnicas.

1976 General remodelling of the port of St Helier (Jersey). Project. Foster Associates

The study for the restructuring of the harbour area was based on a number of hypotheses for determining the volumes of traffic (maritime, vehicular and pedestrian) already experimented with in the project for the Fred Olsen Line in the London Docks.

The new pleasure port is organized on two different levels, with the higher, pedestrian level communicating the landing stage with the centre of the town of St Helier, while the lower level accommodates cargo handling, car parking and other technical functions.

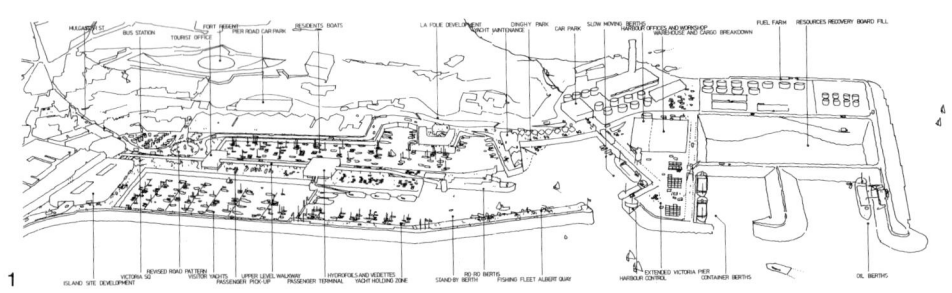

1

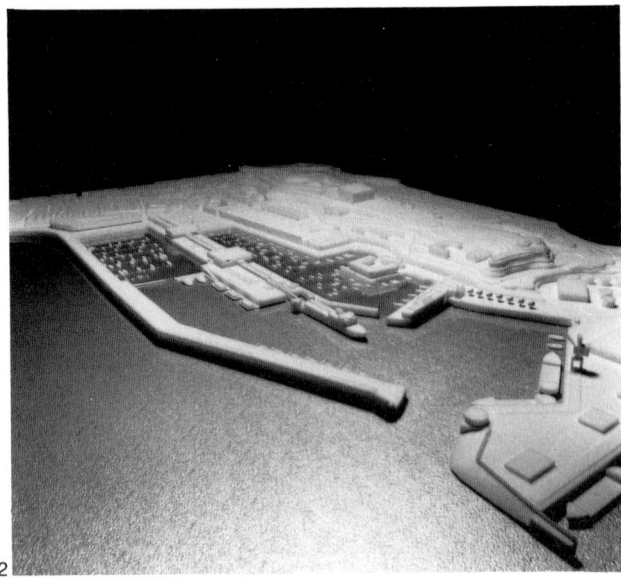

1 Perspectiva aérea
2 Vista desde arriba de la maqueta

1 Aerial perspective
2 View of the model from above

2

122

3 Perspectiva desde el interior de la terminal

3 Perspective from the interior of the terminal

4 El paseo bajo la terminal

4 The promenade beneath the terminal

5　Los almacenes

6　El paseo a lo largo del puerto

5　The stores

6　The promenade running the length of the port

1 Pared acristalada de la sala de exposición de los ordenadores

1 Glass wall of the computer showroom

1977/1980 Centro técnico IBM, Greenford, Londres. Foster Associates

Esta intervención es la primera fase de la realización de un amplio complejo industrial situado en las proximidades del aeropuerto de Heathrow. Los dos grandes contenedores, unidos por una estrecha fábrica en forma de puente, se estructuran sobre un sistema de distribución axial con recorridos para peatones y para vehículos dispuestos a diferentes niveles. La particularidad del proyecto reside en haber reducido los tiempos globales desde la programación hasta la realización a sólo ocho meses de trabajo. En efecto, el programa detallado del cliente llegó a su definición de conjunto cuando ya se iniciaba la fase de construcción del proyecto.

Los edificios, concebidos como *umbrella buildings*, albergan actividades muy diversas: salas de exposición de las calculadoras, centro de formación, servicios administrativos, oficinas de la dirección, estudios, servicios de asistencia, laboratorios, almacenes y depósitos, restaurantes y el área recreativa.

La construcción de menores dimensiones ocupa el sector norte del terreno y está articulada a partir de un espacio a doble altura separado de las dos plantas de oficinas por un eje central de servicios. Toda la disposición es modular: desde la estructura metálica dispuesta en los vértices de una malla de 8,1x9 m a los tabiques formados por paneles de 90 cm de anchura, y a las soluciones de cerramiento exterior de cristal y de plancha acanalada. Las paredes de cristal están formadas por paneles rectangulares de 4x2,5 m. El cuerpo sur, más amplio, tiene 12 m de altura y está dividido en dos partes: la de los al-

1977/1980 IBM technical centre, Greenford, London. Foster Associates

This intervention was the first phase in the construction of a major industrial complex in the vicinity of Heathrow airport. The two large containers, communicated by a narrow volume in the form of a bridge, are structured on the basis of an axial distribution system with separate pedestrian and vehicle routes on different levels. What makes this project particularly interesting is the way the timescales were reduced to a total of only eight months from sketch design to completed construction. In fact the client's detailed programme was not finally established until work had already started on site.

The built volumes, conceived as umbrella buildings, house a great diversity of activities: showrooms, training centre, administrative services, management offices, customer services, research laboratories, storerooms and warehouses, staff restaurant and recreation area.

The smaller construction occupies the north sector of the site and is articulated on the basis of a double-height space separated from the two floors of offices by a central services axis. The entire layout is modular: from the metal structure, composed in the form of a grid measuring 8.1 x 9 m, to the 90 cm-wide partition panels and the solutions employed in the exterior skin of glass and corrugated iron. The rectangular glass panels of the curtain wall measure 4 x 2.5 m. The larger southern volume has a height of 12 m and is divided into two parts: the storage area has a steel structure on an 8.1 x 27 m

125

macenes tiene una estructura en acero sobre una malla de 8,1x27 m, mientras que la de las oficinas adopta una estructura en hormigón armado para los primeros dos pisos y en acero para el último. Como la mayor parte de las obras de este tipo estudiadas por Foster, también en ésta es posible detectar los rasgos fundamentales que conducen a la atenta integración de estructuras, servicios e instalaciones como partes de un sistema ambiental de dimensiones más amplias que abarca el contexto circundante.

grid, while the office area has a structure of reinforced concrete for the first two floors and steel for the top floor.
As in most of Foster's schemes of this type, it is not difficult to discern here the fundamental features which result in the attentive integration of structures, services and facilities as parts of a wider environmental system which takes in the surrounding context.

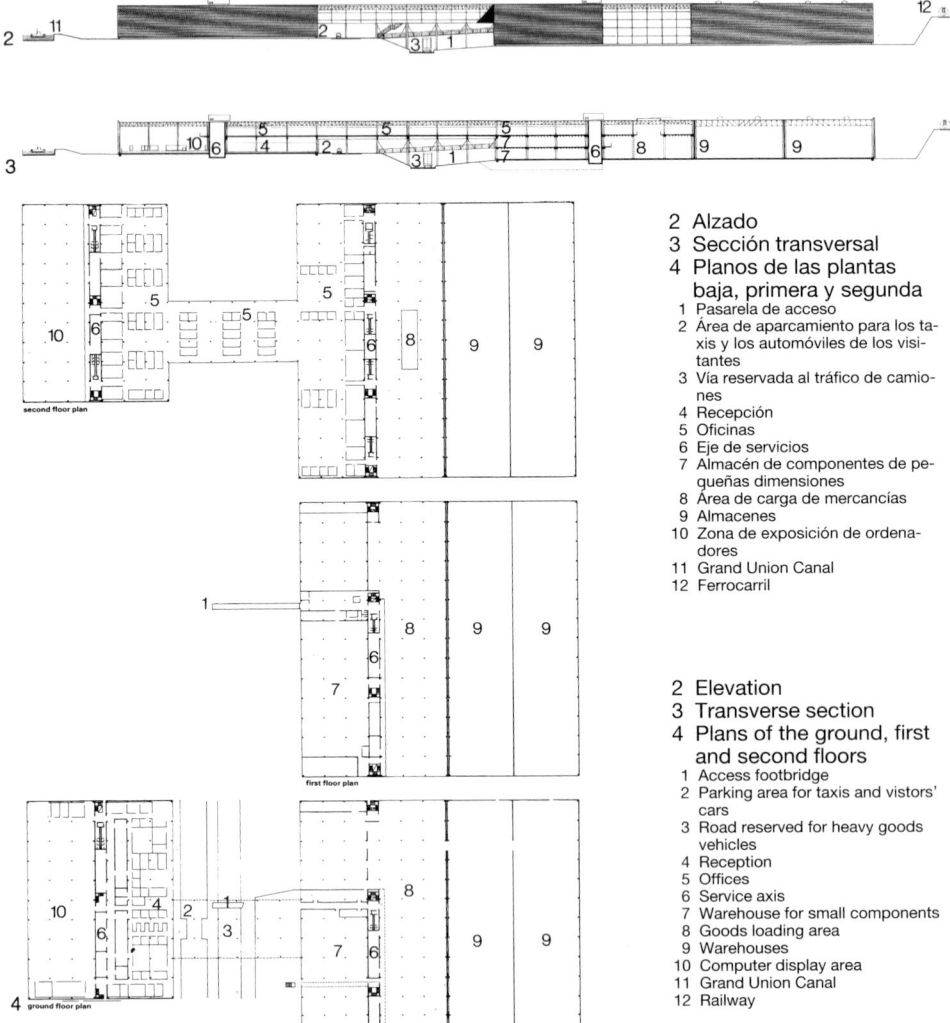

2 Alzado
3 Sección transversal
4 Planos de las plantas baja, primera y segunda
1 Pasarela de acceso
2 Área de aparcamiento para los taxis y los automóviles de los visitantes
3 Vía reservada al tráfico de camiones
4 Recepción
5 Oficinas
6 Eje de servicios
7 Almacén de componentes de pequeñas dimensiones
8 Área de carga de mercancías
9 Almacenes
10 Zona de exposición de ordenadores
11 Grand Union Canal
12 Ferrocarril

2 Elevation
3 Transverse section
4 Plans of the ground, first and second floors
1 Access footbridge
2 Parking area for taxis and vistors' cars
3 Road reserved for heavy goods vehicles
4 Reception
5 Offices
6 Service axis
7 Warehouse for small components
8 Goods loading area
9 Warehouses
10 Computer display area
11 Grand Union Canal
12 Railway

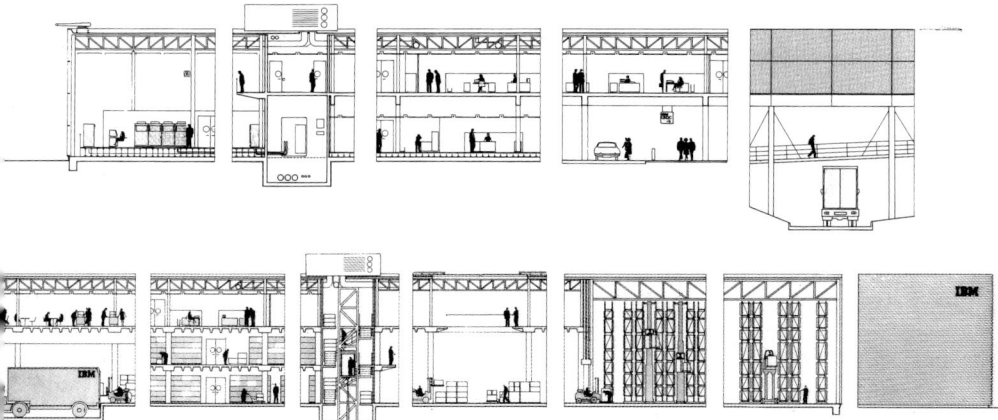

5/6 Secciones por los distintos ambientes   5/6 Sections through the different areas

7 Perspectiva aérea desde el oeste
1 Ferrocarril metropolitano
2 Grand Union Canal
3 Control
4 Aparcamiento
5 Recorrido peatonal
6 Calle abierta al tráfico
7 Sala de ordenadores
8 Eje central de servicio
9 Oficinas
10 Pasarela
11 Área de carga de mercancías
12 Restaurante
13 Oficinas
14 Laboratorios
15 Almacenes
16 Zona verde privada

7 Aerial perspective from the west
1 Local railway
2 Gran Union Canal
3 Control
4 Car park
5 Pedestrian walkway
6 Street open to traffic
7 Computer room
8 Central service axis
9 Offices
10 Footbridge
11 Goods loading area
12 Restaurant
13 Offices
14 Laboratories
15 Storerooms
16 Private landscaped area

7

127

8

9

8 El cuerpo del puente
9 El engarce del cuerpo del
   puente con la pared acristalada

8 The bridge volume
9 The connection of the
   bridge volume with the
   glass wall

10

10 Detalle del cuerpo del
   puente
11 Los reflejos de la pared-
   espejo

10 Detail of the bridge volume
11 Reflections in the mirror
   wall

11

1977/1980   Hammersmith Centre, Londres.
Proyecto. Foster Associates: N. Foster,
W. Foster, L. Butt, R. Fleetwood, S. De Grey,
B. Haward, D. Morley, C. Maxwell, D. Nelson,
K. Shuttlewoth

El proyecto ocupa un área de 2,5 hectáreas
aproximadamente en un nudo de tráfico del
borough de Hammersmith entre el West End y
el aeropuerto de Heathrow. La operación se
basa en el nuevo diseño y desarrollo del centro intermodal de transportes por carretera y
por ferrocarril, ubicado en este punto del área
metropolitana y al que están destinados los
niveles inferiores del complejo constructivo.
Un podio, situado encima del centro intermodal, da origen a una plaza cerrada por los
cuatro lados por un cinturón de ocho plantas
de oficinas y de espacios para el sector ter-
ciario. El volumen de la plaza, que está destinada a actividades comerciales y recreativas,
está cubierto por una membrana de teflón
translúcido suspendida, con cables, a las cuatro torres reticulares y gemelas situadas en

1977/1980   Hammersmith Centre, London.
Project. Foster Associates: N. Foster,
W. Foster, L. Butt, R. Fleetwood, S. De Grey,
B. Haward, D. Morley, C. Maxwell, D. Nelson,
K. Shuttleworth

The project occupies an area of some
2.5 hectares on a traffic intersection in the
borough of Hammersmith, between the West
End and Heathrow airport. The operation is
based on a new approach to the design and
development of the central road and rail trafic
interchange situated in this part of the
metropolitan area, to be located on the lower
levels of the new complex. A podium, set
above the transport interchange, gives rise to
a square enclosed on all four sides by eight
storeys of offices and tertiary spaces. The
volume of the square, intended for
commercial and recreational uses, is roofed
by a membrane of translucent teflon
suspended by cables from the four paired
towers at the corners. The design of the roof
and the choice of materials and form were

1 Vista de la maqueta desde arriba

1 View of the model from above

1

130

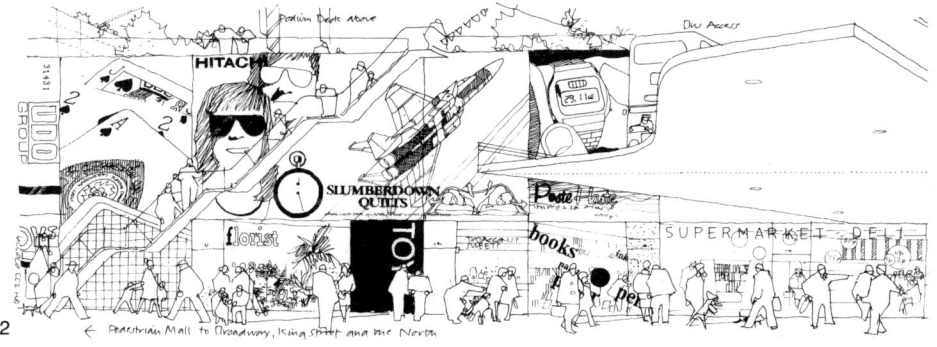

2

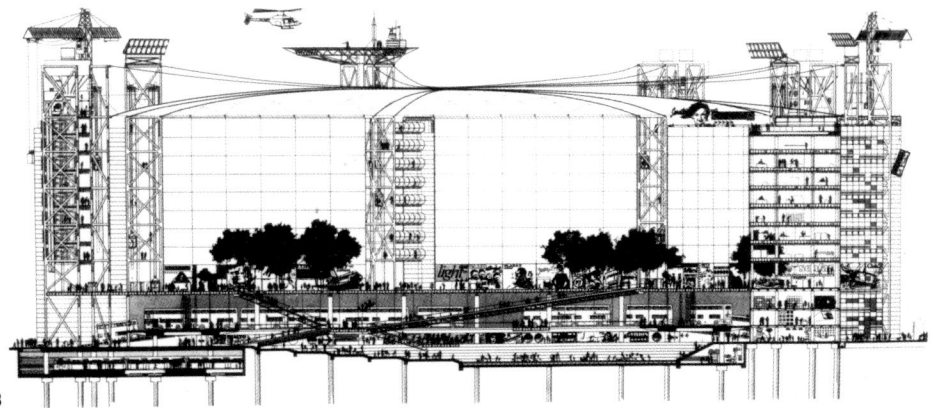

3

2 Boceto en perspectiva desde el nivel de los aparcamientos
3 Sección del edificio

2 Perspective sketch from the car park level
3 Section through the building

los vértices del cuadrilátero. Consideraciones de carácter energético determinaron la elección de la cubierta y la forma de la instalación. El centro, concebido como un enorme condensador urbano, se sitúa en la tradición cultural de los grandes espacios abovedados del otro lado del Canal de la Mancha, y sugiere una feliz reinterpretación del efecto ciudad. Una *Instant City* menos efímera pero igualmente vital y dinámica donde las imágenes publicitarias, los ascensores vistos, las escaleras mecánicas, los mismos medios de circulación (los autobuses) aparecen como objetos en exposición, pero sobre todo la excitante presencia de la gente, confieren a esta arquitectura un fuerte valor civil.

governed by considerations of energy efficiency.
The centre, conceived as an enormous urban condenser, in the tradition of the great domed cultural spaces of the other side of the Channel, suggests a felicitous reinterpretation of the city effect. A less ephemeral, but equally vital and dynamic «Instant City» in which the advertising images, the exposed lifts, the escalators, even the means of transport themselves (the buses), parked as if they were pieces in an exhibition, but above all the exciting sense of human presence, give this architecture a strong civic value.

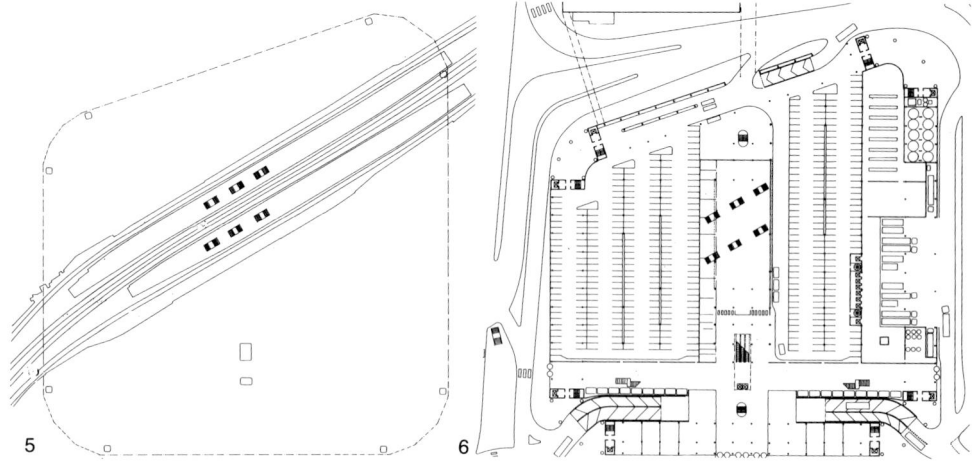

4

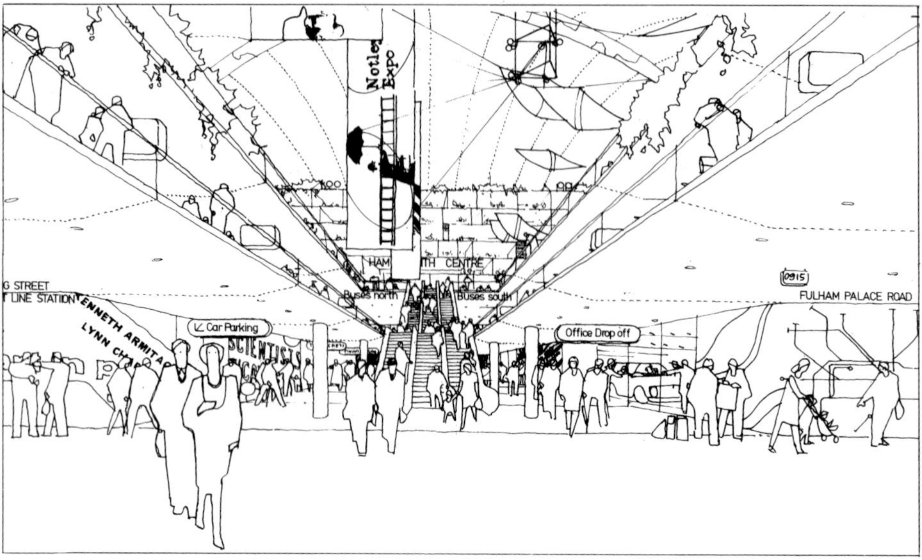

4 Perspectiva desde el interior hacia la plaza cubierta

4 Perspective from the interior looking towards the roofed square

5 Plano a nivel del metro
6 Plano a nivel de los aparcamientos

5 Plan at underground railway level
6 Plan at car park level

5

6

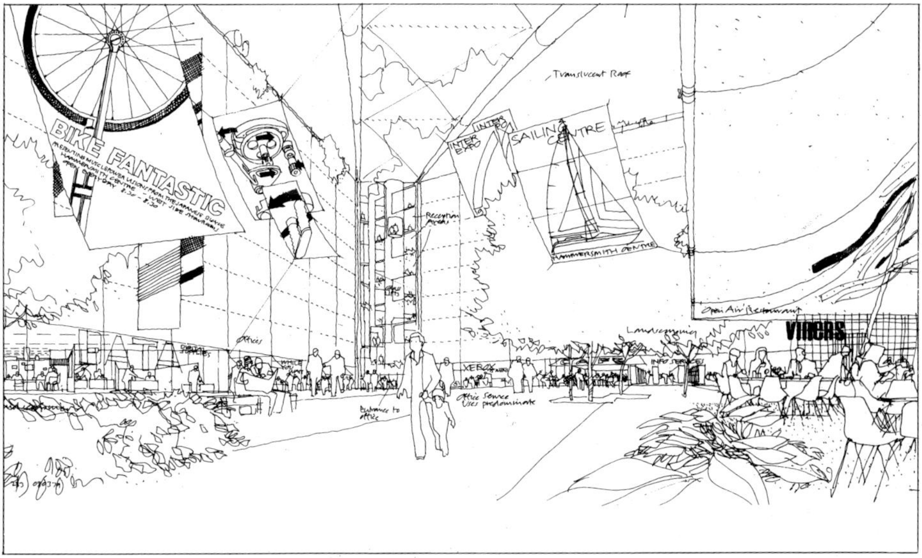

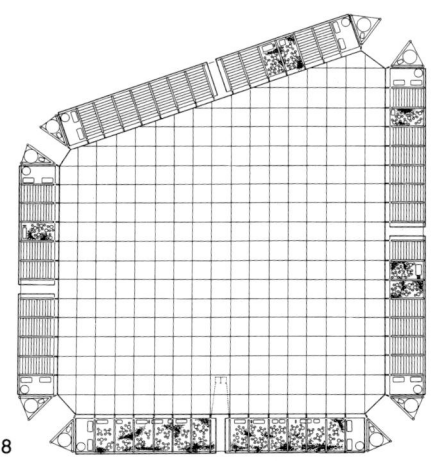

7 Perspectiva de la plaza cubierta

7 Perspective of the roofed square

8 Plano de la plaza cubierta
9 Plano de la planta tipo con oficinas

8 Plan of the roofed square
9 Typical floor plan with offices

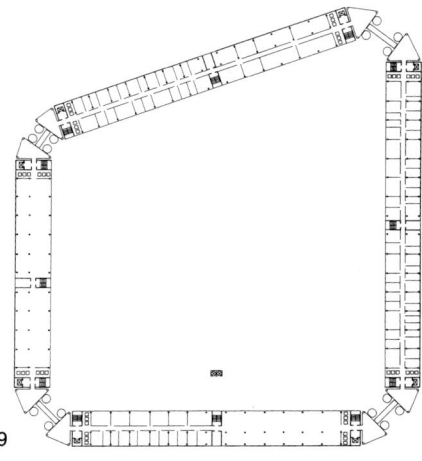

8

9

1978 Ampliación del Whitney Museum, Nueva York. Proyecto. Foster Associates en colaboración con Derek Walker Associates

La propuesta para la ampliación del Whitney Museum consiste en un rascacielos adyacente al edificio construido en 1966 por Marcel Breuer en la Madison Avenue. El rascacielos previsto presenta un basamento similar a un contrafuerte de la misma altura que el museo y que constituye su ampliación efectiva. Los niveles superiores están articulados en tres plantas comerciales, veinticinco residenciales y las dos últimas reservadas a espacios recreativos (con piscina, gimnasio, restaurante). El sistema estructural es una precisa respuesta a las exigencias del cliente: plantas flexibles y desprovistas de una estructura fija por lo que se refiere a la ampliación del museo; esqueleto en acero laminado como elemento más económico por lo que se refiere a las células residenciales concebidas todas ellas de planta libre. Las dos últimas plantas están cubiertas con una gran estructura reticular. El diseño de los paneles metálicos de cerramiento (opacos y transparentes) evidencia el sistema de riostras diagonales de rigidización de la torre.

1 Plano a nivel de la calle
2 Plano de la planta tipo destinada a usos comerciales

1978 Extension to the Whitney Museum, New York. Foster Associates with Derek Walker Associates

The proposed scheme for the extension to the Whitney Museum consists of a skyscraper adjacent to the original 1966 building by Marcel Breuer on Madison Avenue. This skyscraper presents a base very much in the manner of a buttress of the same height as the original museum which effectively constitutes its extension. The upper part of the skyscraper is articulated as three floors of shops and twenty-five floors of apartments, with the top two floors occupied by recreational facilities (with swimming pool, gymnasium, sauna, etc.).
The structural system is a precise response to the client's expressed needs: flexible floor plans free of fixed structural elements in the museum extension; a laminated steel structure in the interests of economy for the residential floors, again with a free floor plan throughout. The top two floors are convered by a great structural grid, while the design of the cladding panels (both opaque and transparent) reveals the system of diagonal braces which give the tower its rigidity.

1 Plan at street level
2 Plan of typical floor for commercial uses

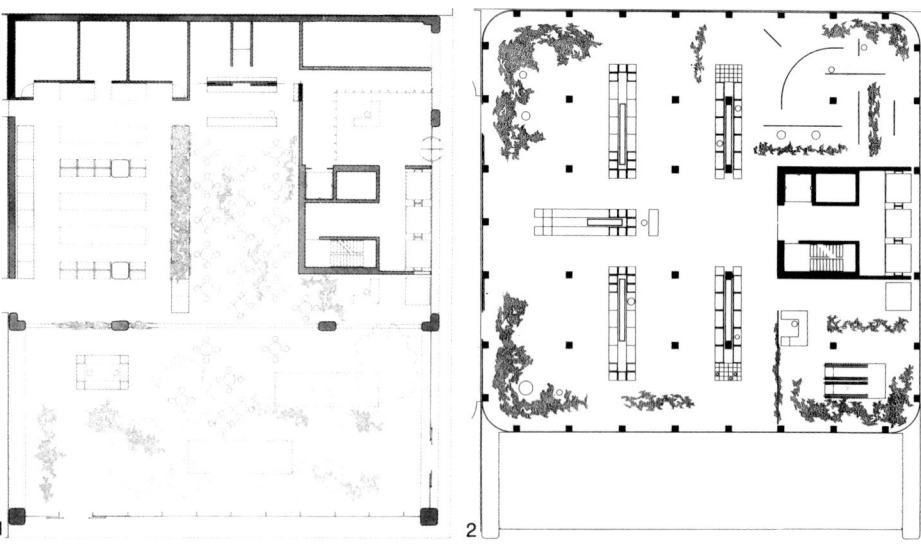

3 La maqueta del nuevo rascacielos junto al
  museo de Breuer
4 Plano de la planta tipo destinada a viviendas
5 Plano de la última planta con la piscina

En la página siguiente:
6 Perspectiva desde Madison Avenue, hacia
  el museo

3 The model showing the new skyscraper
  alongside Breuer's museum
4 Plan of typical residential floor
5 Plan of the top floor with the swimming
  pool

Following page:
6 Perspective looking towards the museum
  from Madison Avenue

3

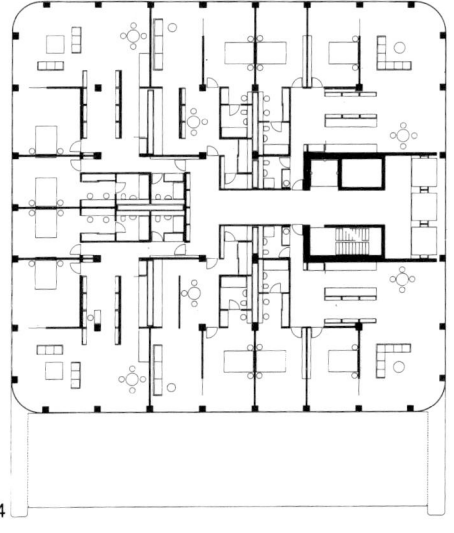

4

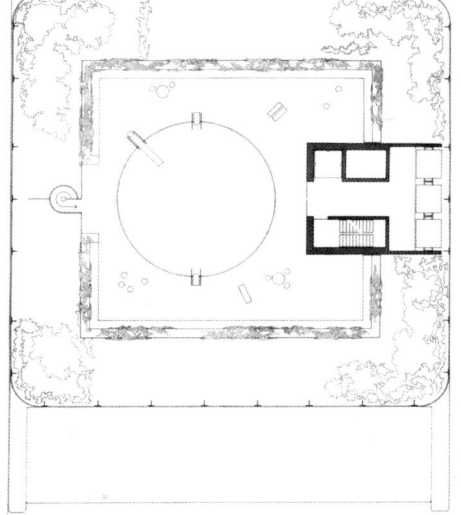

5

6

1978 Open House, Cwmbran, Gales.
Proyecto. Foster Associates

Se trata del proyecto de un centro comunitario y recreativo en la *new-town* galesa de Cwmbran concebido como parte de un programa dirigido a contrarrestar los preocupantes fenómenos de disgregación social causados por la crisis económica y ocupacional de mediados de los años setenta.
El edificio está situado en el centro de la ciudad. Es un prisma rectangular que mide 72x68 m de lado y tiene 14 m de altura. El volumen contenido por la estructura metálica alberga una gran diversidad de funciones, de las que destaca en cuanto a espacio destinado, la deportiva. Una pista de patinaje sobre hielo, homologada para las competiciones oficiales, ocupa el centro del conjunto. Pero este mismo espacio también puede ser destinado a otro tipo de manifestaciones. Las demás actividades están situadas en los lados del edificio y a tres niveles que se asoman al amplio vacío central.
El nivel intermedio es aquél al que se accede directamente desde el exterior y se desarrolla como una calle que a un lado da a una pista y al otro a una serie de espacios públicos como el *pub*, las tiendas, los talleres artesanales, los estudios para artistas y una emisora de radio.
En el último nivel se encuentra el restaurante.

1978 Open House, Cwmbran, Wales.
Project. Foster Associates

This project for a community and recreation centre for the new town of Cwmbran in Wales was conceived as part of a programme designed to tackle the disturbing phenomena of social disintegration provoked by the economic crises and escalating unemployment of the mid-seventies.
The building, which stands in the centre of the town, is a cuboid measuring 72 x 68 m in plan with a height of 14 m. The volume contained within the metal structure accommodates a great variety of functions, with sports activities accounting for the greater part of the total space. In fact, an ice rink —equipped to official competition standard— is given central place in the composition of the complex. This space can, however, be readily converted to accommodate other types of activity. The remaining uses are located around the sides of the building and on the three levels overlooking the great central void.
The intermediate level receives direct access from the exterior, and is developed in the form of a street, giving onto a sports hall on one side and, on the other, onto a series of public spaces such as the pub, shops, craft workshops, studios for artists and a local radio station. The restaurant is on the top floor.

1 Vista de la maqueta

1 View of the model

1

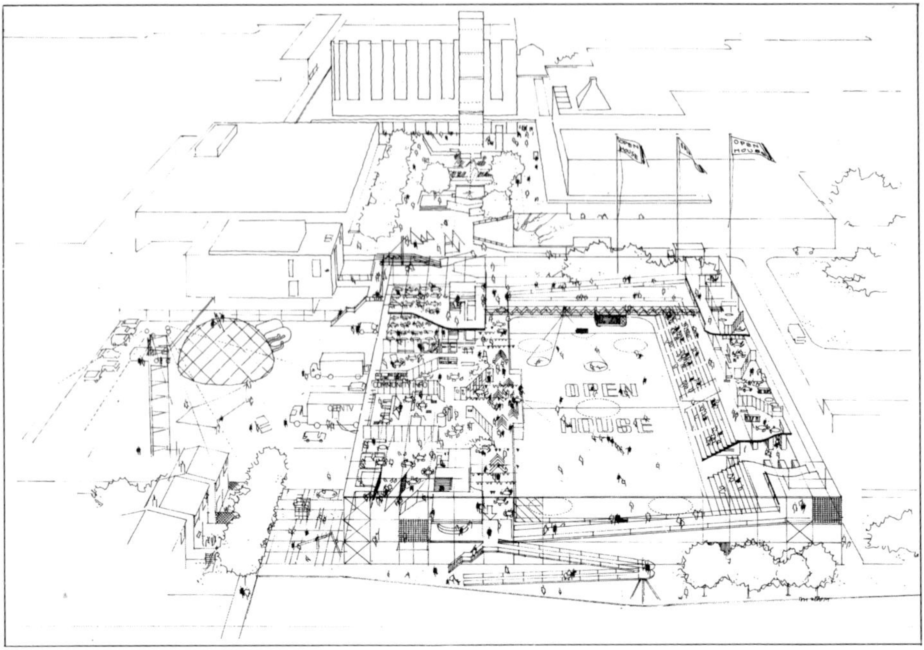

2

Groups And Meetings

CREATIVE OPPO
IN YOUTH & COM

Volunteer Work

● VOLUNTEER, PLAYL
ARTS BASED WORKSH
LOCAL CHILDREN, 2/3 J

Studios And Workshops

Discos

Rock 'n' Roll, Pop 'n' Soul, mixed with a
blast from the
DR SCREWLOOS   ND THE
BEDLAM DISCO   F SHOW
ITS A MO   OUSE

Books Ai
Print

OPEN HOUSE

MIME COURSE,
Eurhm

Exhibitions

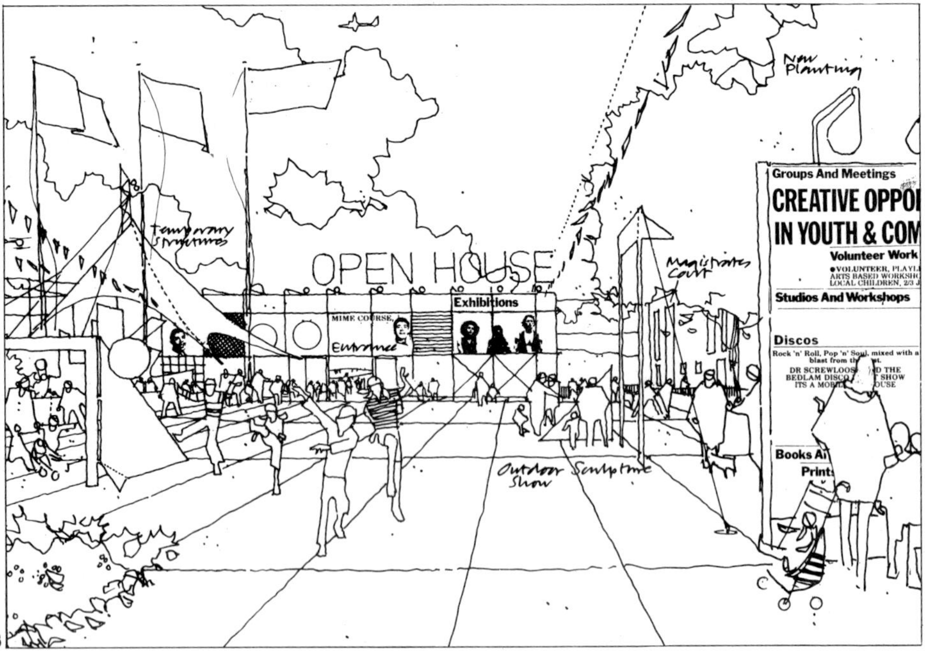

New
Planting

Temporary
structures

Magistrates
Court

Outdoor Sculpture
Show

3

Concebida como una estructura modificable añadiéndole unidades constructivas prefabricadas, la Open House asume una disposición expresiva directamente influida por las hipótesis de flexibilidad, ampliación y mutabilidad a las que se adapta muy bien la estructura metálica.

Conceived as a structure capable of modification through the addition of prefabricated units, the Open House adopts an expressive disposition directly influenced by the criteria of flexibility, extension and adaptability to which its metal structure responds so well.

2 Perspectiva aérea
3 Boceto en perspectiva hacia uno de los accesos
4 Sección
5 Foto de la maqueta con el sistema estructural y las instalaciones

2 Aerial perspective
3 Perspective sketch looking towards one of the accesses
4 Section
5 Photograph of the model showing the structural system and services

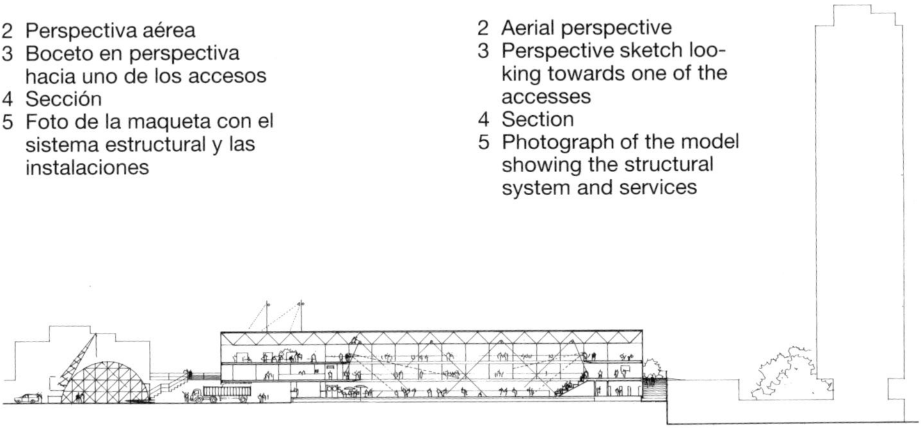

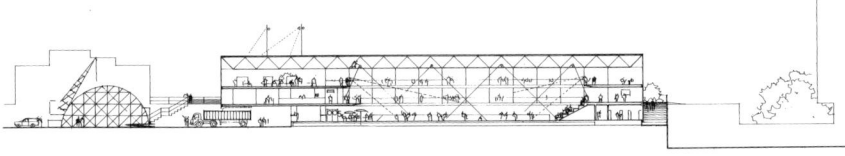

4

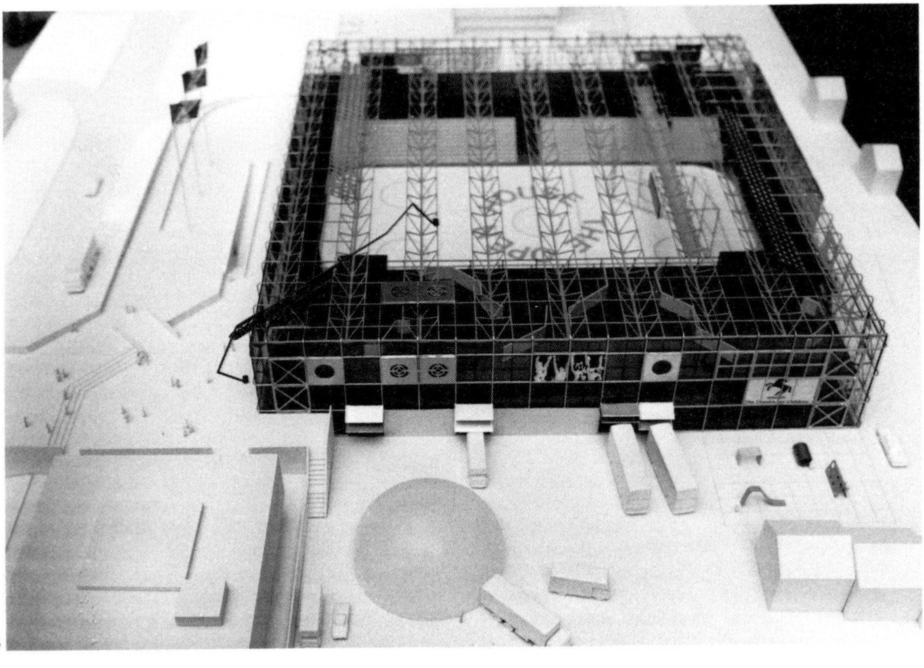

5

1979   Centro recreativo para la Granada Ltd., Milton Keynes, Buckinghamshire. Proyecto. Foster Associates

Una cubierta ligera y transparente está suspendida a la estructura de acero exterior dispuesta según una planta rectangular (75 x 50 m). El espacio cubierto por el envase está destinado a equipamientos para el tiempo libre y contiene: restaurante, cine, discoteca, pistas para el *squash* y el *bingo club*. La zona comprendida entre el perímetro de la cubierta y el de la estructura exterior (de 15 m de altura) puede ser decorada con quioscos. La propia estructura, dadas sus dimensiones, se convierte en un enorme soporte para anuncios publicitarios y *performances* de Supergráfica.

1979   Project for a leisure centre for Granada Ltd., Milton Keynes, Buckinghamshire. Project. Foster Associates

A lightweight transparent roof is suspended from the exterior steel structure forming a 75 x 50 m rectangular floor plan. The space covered by this lightweight roof is occupied by leisure facilities, and contains a restaurant, a cinema, a discotheque, squash courts and a bingo club. The area between the perimeter of the roof and that of the exterior structure (15 m high) can be dotted with kiosks. The structure itself, given its dimensions, can be used as an enormous billboard screen for advertising or Supergraphics performances.

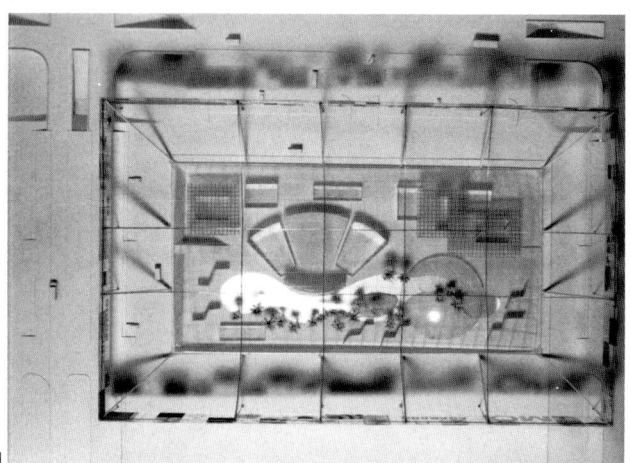

1/2 Vistas cenital y lateral de la maqueta

1/2 Aerial and side views of the model

1979 Foster House, Londres. Proyecto.
Foster Associates: N. Foster, W. Foster,
P. Busby, R. Horden, T. Pritchard

En el ámbito del espacio residencial, los arquitectos experimentan los conceptos de intercambio de los sistemas de cerramiento vertical y de utilización de tecnologías apropiadas para un organismo flexible. Las vigas y los pilares en aluminio, aligerados por una serie de agujeros, forman una estructura anclada en el suelo. La estructura primaria está asegurada por un esqueleto secundario de rigidización en tubos de aluminio de sección circular y elíptica. El cruce de las dos estructuras da lugar a una parrilla (1,20x1,20 m) sobre la que están fijados (a presión o atornillados) los componentes de cerramiento, de distinto tipo según las necesidades funcionales de los diferentes espacios de la vivienda. Se han estudiado paneles opacos, traslúcidos y transparentes tanto para las paredes verticales como para la cubierta. Algunos paneles contienen las instalaciones de iluminación y de captación de la energía solar. El piso transitable está levantado sobre el forjado y en la cámara están alojadas las diversas instalaciones técnicas.
Para este proyecto se experimentó previamente con maquetas de la estructura, incluso con algunos componentes a su escala real.

Vista de la maqueta

1979 Foster house, London. Project. Foster Associates: N. Foster, W. Foster, P. Busby, R. Horden, T. Pritchard

In the context here of the residential space, the architects have experimented with the concepts of interchangeability of the systems of verical cladding and utilization of technologies appropriate for a flexible organism. The pillars and beams of aluminium, lightened by series of perforations, compose a structure anchored to the ground. The primary structure is secured and given the necessary rigidity by a secondary skeleton of circular— and elliptical— sectioned aluminium tubes. The overlapping of these two structures creates a mesh (1.20 x 1.20 m) onto which are fixed the cladding elements of different types according to the functional requirements of the different spaces in the interior of the house. Opaque, translucent and transparent panels were studied, for use on the roof as well as the walls. Some of the panels contain the services for lighting and for converting solar energy. The various technical services are routed through the cavity between the suspended floor and the floor slab.
The scheme was worked out using models to test the structural elements, some of them full size.

View of the model

141

1979/1986   Sede de la Hong Kong & Shanghai Banking Corporation, Hong Kong (Statue Square). Foster Associates

1979/1986   Headquarters for the Hong Kong & Shanghai Banking Corporation, Statue Square, Hong Kong. Foster Associates

Con el proyecto de la Hong Kong Bank, Norman Foster parece dar ese giro decisivo, ya preanunciado en el Sainsbury Centre, y que representa una superación, aunque no definitiva, del período minimalista. La atribución al esqueleto estructural, libremente expuesto a la vista, de un fuerte valor figurativo va acompañada de una orgánica y exuberante composición, síntesis de las imágenes de las vanguardias históricas (desde los futuristas a los constructivistas) y de las archigramistas. Imágenes mediadas por una extraordinaria capacidad de actuación.

La búsqueda de tecnologías constructivas y de control ambiental altamente sofisticadas va acompañada de la inveterada voluntad experimentadora e innovadora que constantemente se extiende a través de toda la obra fosteriana haciéndola original y coherente en todas sus etapas.

Y no cabe duda de que el banco de Hong Kong representa un paso fundamental en la evolución del rascacielos. Todas las certezas

With the project for the Hong Kong & Shanghai Bank, Norman Foster seems to make that decisive turn already announced in the Sainsbury Centre, amounting to a move on from his minimalist period, albeit not definitively. The endowment of the structural skeleton, freely exposed to view, with a pronounced figurative value, is accompanied by the organicism and exuberance of the composition, a synthesis of the images of the historic avant-gardes (from the Futurists to the constructivists) and of the Archigram group; images mediated by an extraordinary capacity for actuation.

The pursuit of highly sophisticated technologies of construction and environmental control goes hand in hand with a permanent concern with experimentation and innovation that is a constant throughout the whole of Foster's work, contributing to the originality and coherence of each of its successive phases.

And there can be no doubt that the bank in

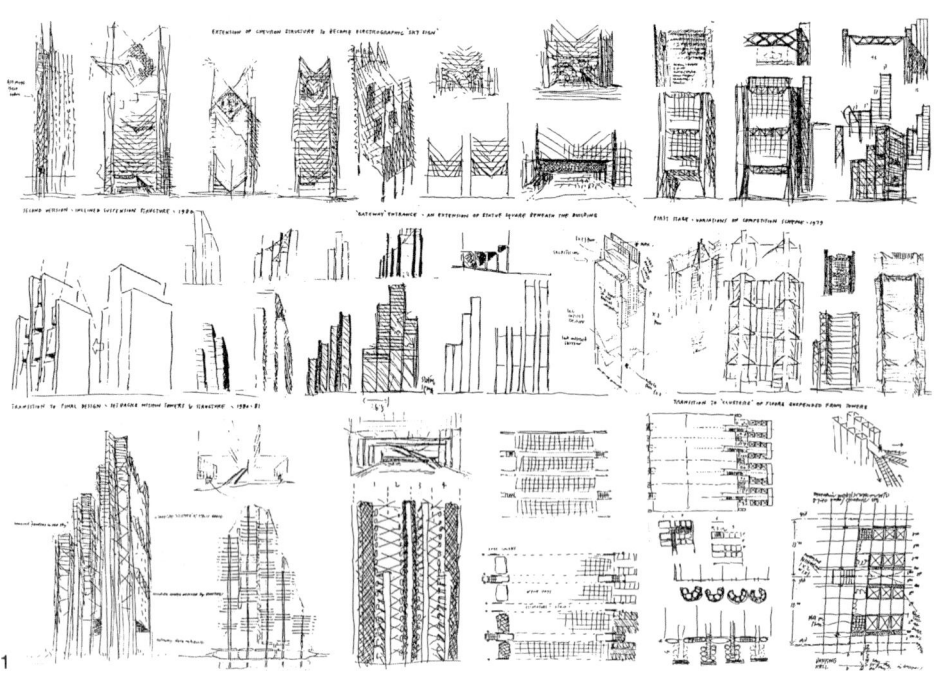

1

1 Bocetos del proyecto
2 Vista de la maqueta
3/4 Fotomontajes

1 Sketches of the project
2 View of the model
3/4 Photomontages

adquiridas sobre este tipo constructivo se ponen de nuevo en discusión: si en el centro de la planta estaba el «núcleo ciego» de alimentación de la torre, aquí desaparece para dar lugar a un fantástico vacío iluminado desde arriba mediante un sistema móvil de captación de la luz natural, ya utilizado en el proyecto de las oficinas en Vestby. Todos los servicios están centrifugados hacia fuera. Ya no existe el basamento en su concepción clásica; la construcción se levanta sobre cuatro gigantescos soportes y hace que el espacio de la plaza fluya libremente bajo el edificio condensándose en el alto y dramático vacío del vestíbulo recorrido por escaleras mecánicas y vivificado por las oficinas que se asoman a él.

La complejidad de la obra está gobernada por

Hong Kong marks a fundamental step forward in the evolution of the skyscraper. All of the certainties and received ideas concerning the type are called once more into question: in the centre of the plan where the «blind core» feeding the tower would have been we find here in its place a fantastic void lit from above by means of a mobile system for directing daylight into the interior, employed earlier in the project for an office building in Vestby. All of the services have been propelled centrifugally outwards. There is no longer a base in the classical sense; the construction rises up on four gigantic supports, leaving the space of the square to flow freely below the building, condensing into the high dramatic void of the vestibule with its escalators and enlivened by the offices looking onto it.

5 Sección general por Statue Square
6 Planimetría
5 General section through Statue Square
6 Planimetry

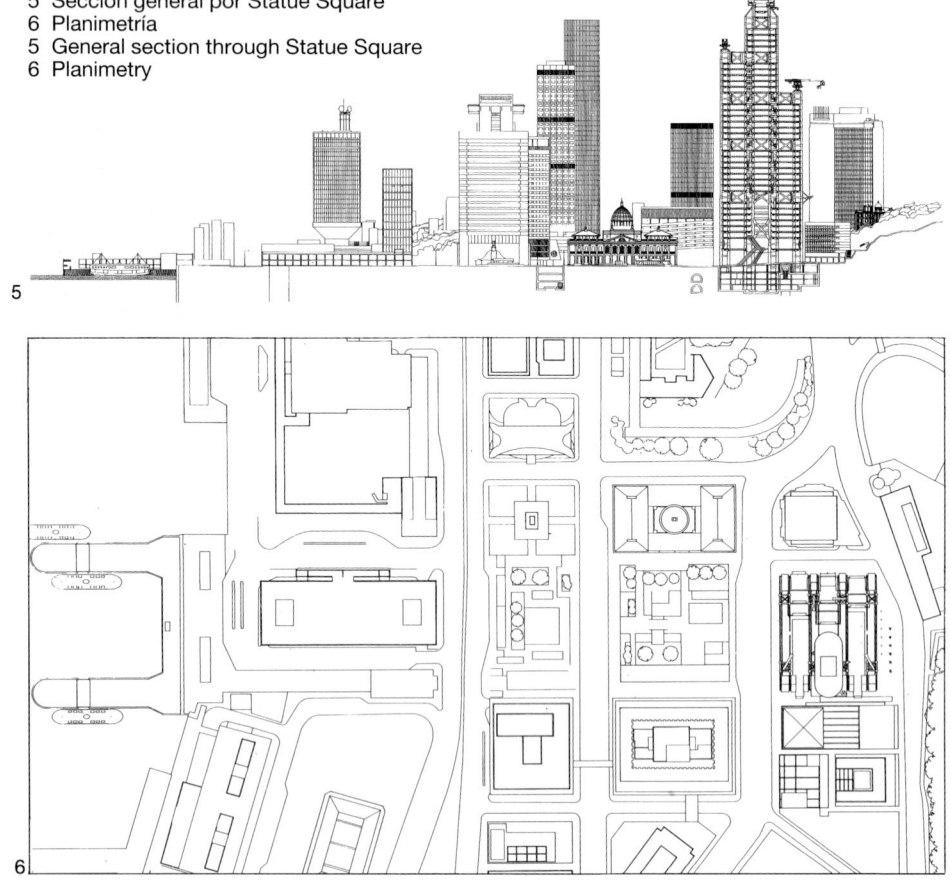

5

6

una extrema claridad distributiva que se enriquece con continuas invenciones. La irrenunciable jerarquía de los espacios principales y auxiliares está pautada por la trama estructural que, a su vez, establece la organización volumétrica del edificio, que surge del acercamiento y de la yuxtaposición de tres capas de diferente altura (28, 41 y 35 plantas respectivamente). Cada capa está constituida por grupos de plantas suspendidas por un sistema de tirantes de los pilares principales; cada grupo está separado del siguiente por un nivel a doble altura donde se ubican los espacios

The complexity of the building as a whole is governed by the extreme clarity of the distribution, enriched by continual invention. The inescapable hierarchy of the principal and auxiliary spaces is determined by the structural framework, which in turn establishes the volumetric organization of the building, deriving from the bringing together and juxtaposition of three layers of different heights (28, 41 and 35 floors respectively). Each layer is made up of groups of floors suspended from the principal pillars by a system of ties; each group is separated from

7 El rascacielos en construcción (marzo 1984)
8 El rascacielos apenas concluido

7 The skyscraper during construction (March 1984)
8 The newly completed skyscraper

7

8

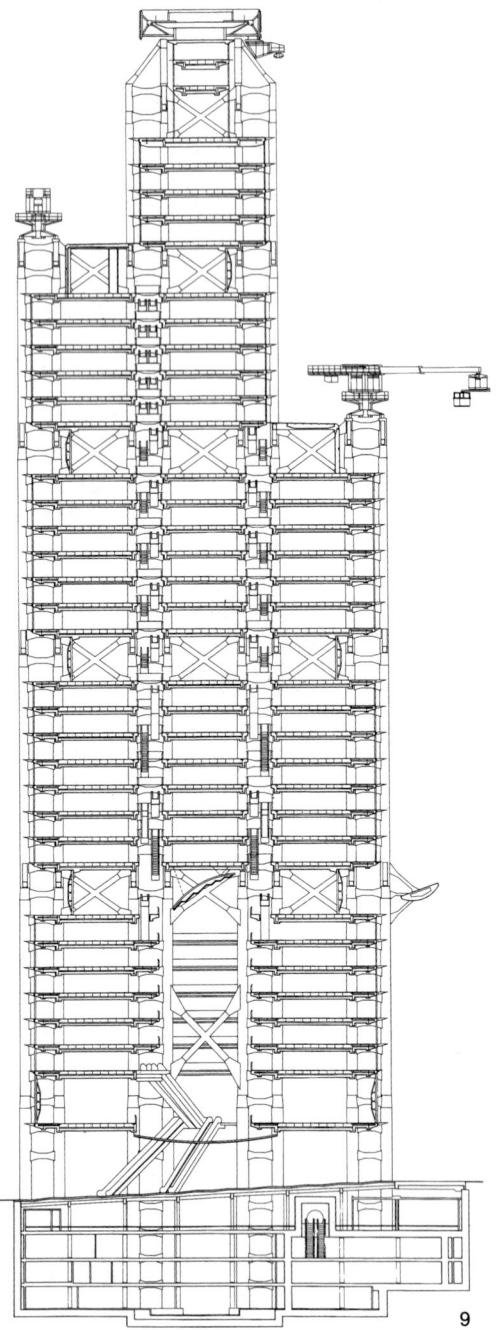

de recepción, de actividades colectivas y las zonas verdes. En la cubierta del cuerpo más alto, se ha instalado una plataforma para helicópteros.

El armazón estructural metálico está construido con componentes prefabricados como cualquier otra parte del edificio.

La particular conformación del lugar y la alta densidad constructiva del entorno han determinado las técnicas de ejecución y la organización general de la obra. Así los pilares, durante la fase de ejecución, han funcionado como ejes de las ocho grúas que han levantado el rascacielos. Toda la estructura, cubierta por un revestimiento inflamable, ha sido recubierta por un caparazón metálico que ha robustecido la original ligereza de esqueleto estructural.

El proyecto de Foster resultó ganador en un concurso restringido entre siete grupos internacionales de arquitectos.

the next by a double-height floor accommodating the spaces for reception, communal activities and garden areas. There is a landing pad for helicopters on the roof of the tallest volume.

The metal structural frame is constructed of industrialized components, just like every other part of the building.

The particular character of the location and the very high density of the surrounding built fabric determined the techniques employed in the construction and the general organization of the work on site. Thus the pillars served during the course of construction as shafts for the eight cranes which raised the skyscraper. The entire structure, with its skin of inflammable material, is clad with a second covering of metal, thus reinforcing the lightweight original structural skeleton.

Foster's project was judged the winner of the international competition in which seven firms of architects were invited to take part.

9 La sección transversal norte-sur pone en evidencia el sistema de captación solar para iluminar el interior del vestíbulo con luz natural
10 Vista del gran vestíbulo

9 The north-south transverse section reveals the system of solar panels used to provide the interior of the vestibule with natural light
10 View of the great vestibule

9

10

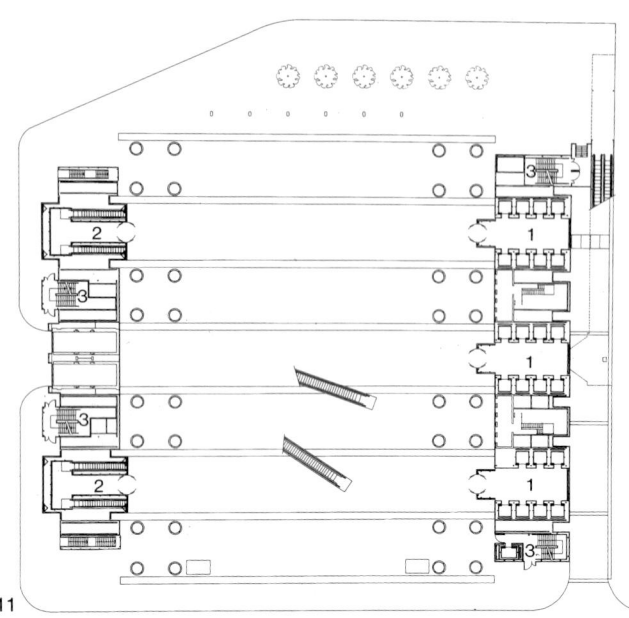

11 Plano a nivel de la plaza
1 Ascensores
2 Escaleras mecánicas
3 Escaleras de seguridad

11 Plan at the level of the square
1 Lifts
2 Escalators
3 Emergency stairs

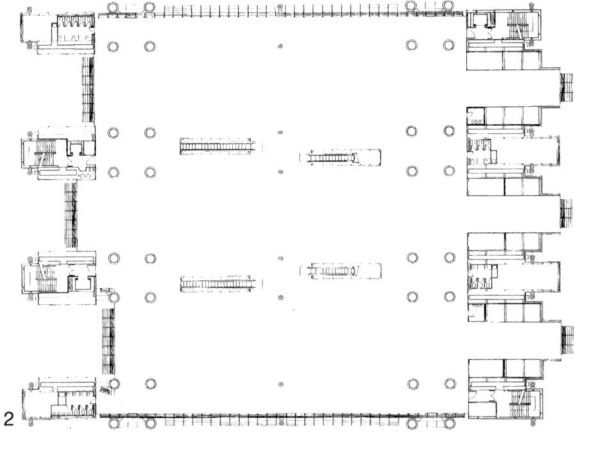

12 Plano tipo en el 15.º nivel

12 Typical floor plan of the 15th storey

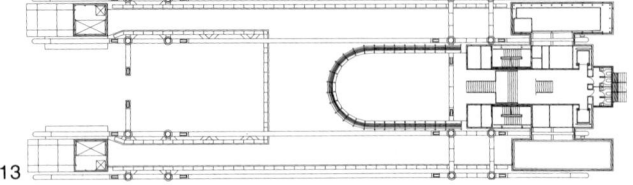

13 Plano del último nivel

13 Typical floor plan of the top storey

14 Plano tipo en el 30.º nivel

14 Typical floor plan of the 30th storey

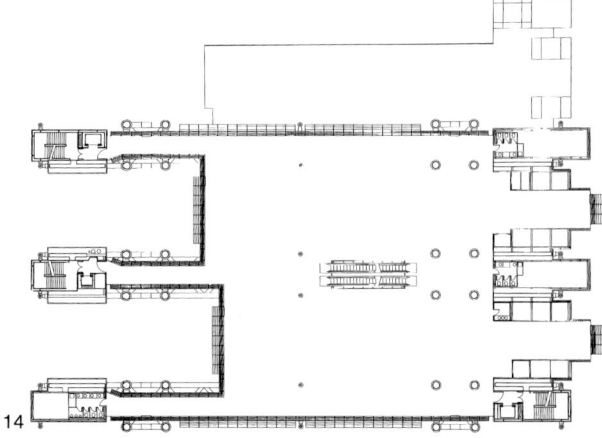

14

15 Plano de las cubiertas

15 Plan of the roofs

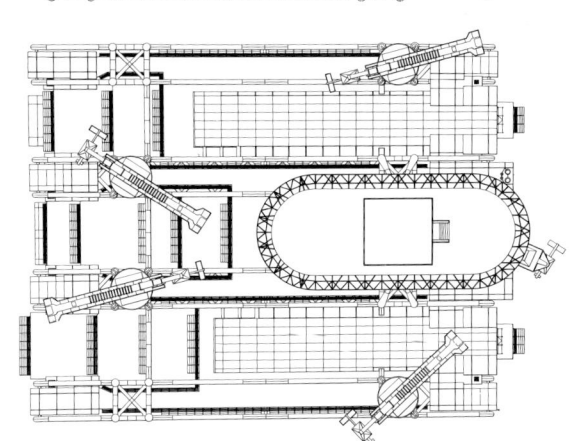

15

16 El edificio en el contexto urbano

16 The building in its urban context

16

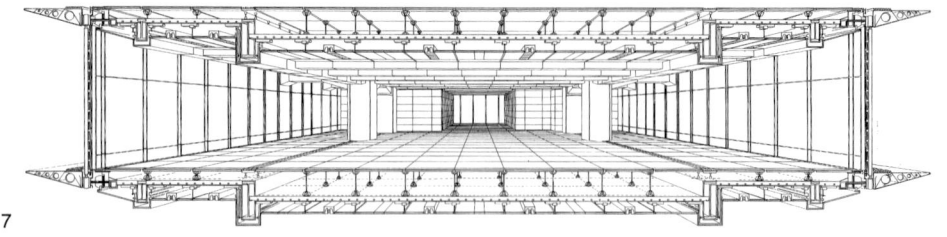

17

17 Sección en perspectiva de un espacio-tipo para oficinas

17 Sectional perspective of a typical space for offices

18 Los componentes de la pared acristalada exterior

18 The components of the glass exterior wall

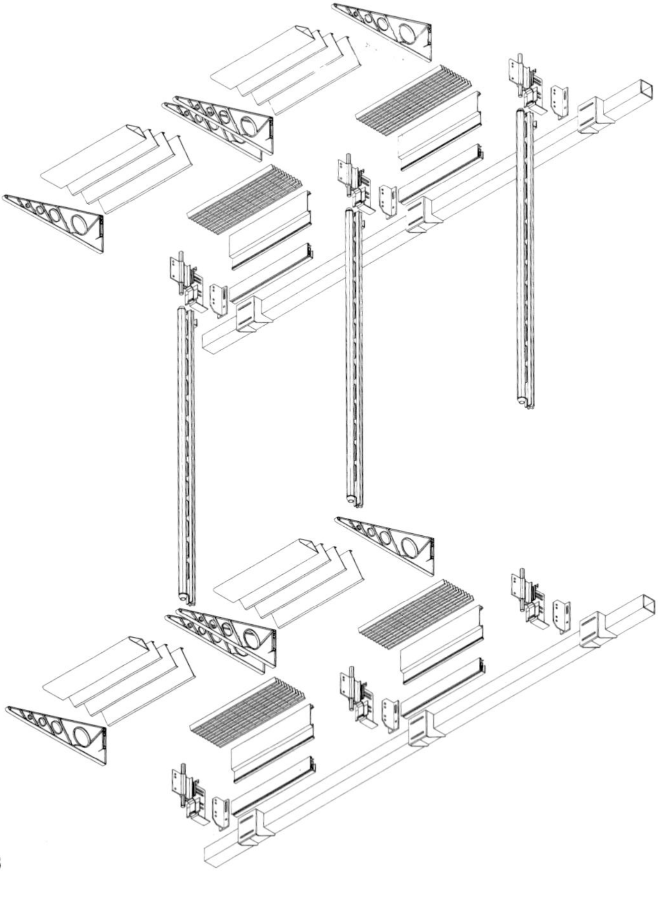

18

19 Sección este-oeste a lo
    largo de la franja central

19 East-west section
    through the central strip

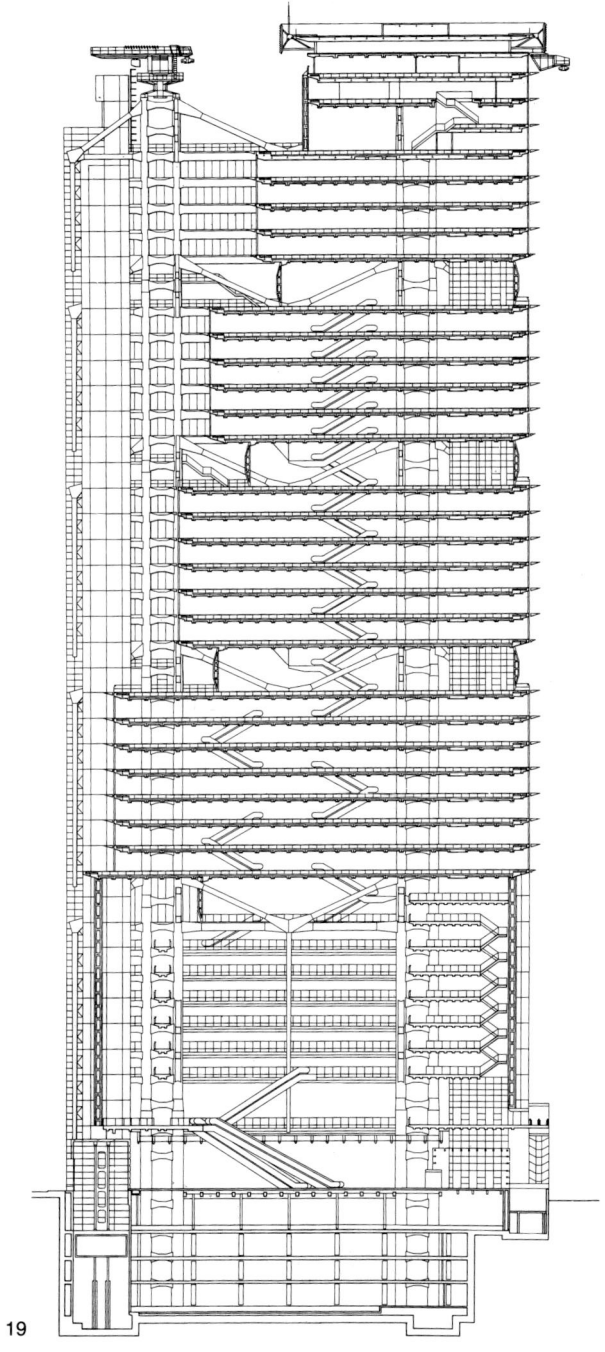

19

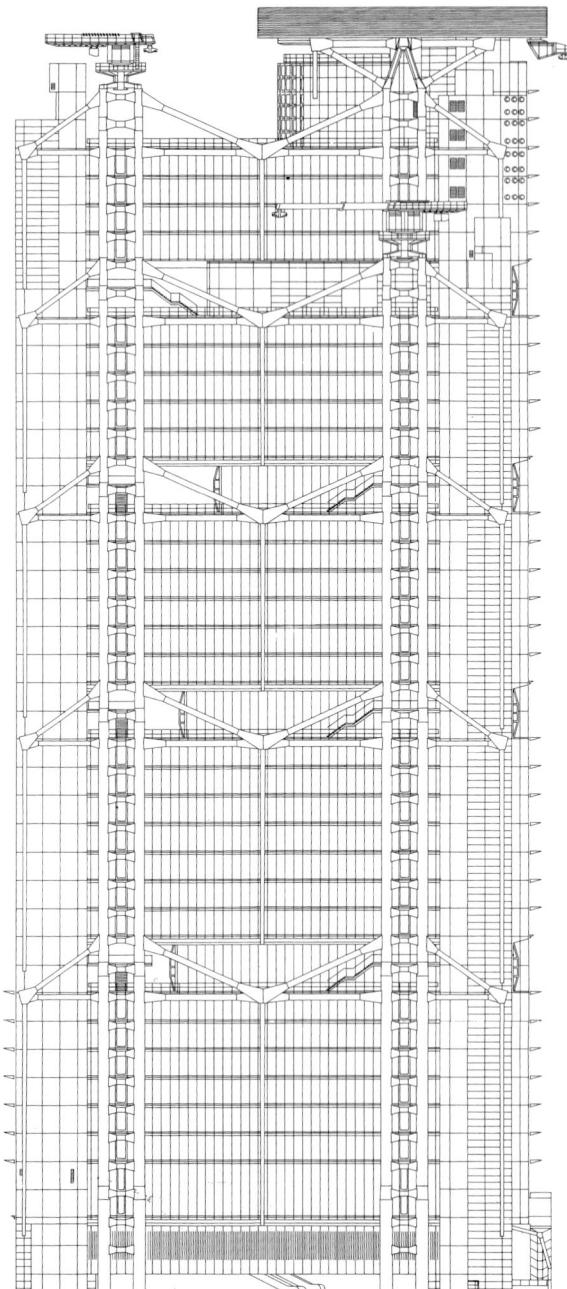

20 Alzado norte a Statue
Square

20 North elevation of Statue
Square

21 Alzado oeste

21 West elevation

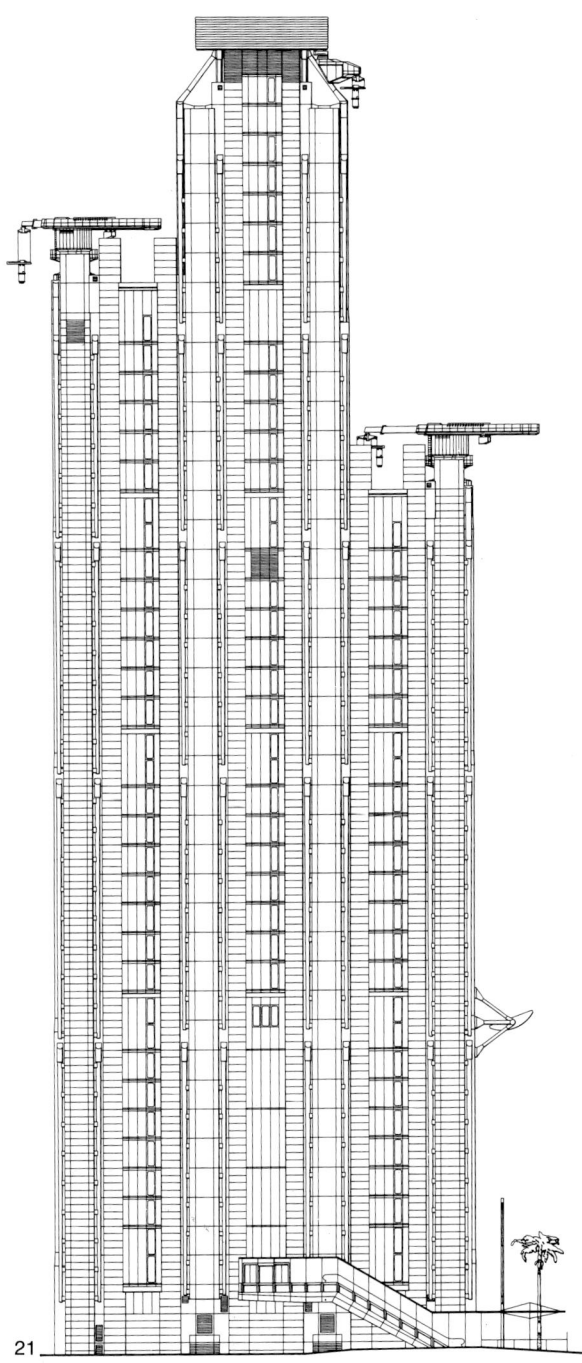

21

1981 Estadio cubierto, Frankfurt am Main. Proyecto de concurso (1er premio). Foster Associates

1981 Covered stadium, Frankfurt am Main, Competition project (1st prize). Foster Associates

Elegido ganador en un concurso restringido, el proyecto del estadio parece proseguir el proceso evolutivo de la poética fosteriana iniciado con el Sainsbury Centre. Ambos tienen en común la disposición tecnológica a través de estructura, servicios, instalaciones y forma integrados para definir la disposición expresiva del conjunto. El edificio está cubierto por una estructura metálica reticular en bóveda rebajada de 70 m de luz neta frente a una longitud de 140 m. La gran galería, asentada sobre un basamento de hormigón enterrado y recubierto de un manto de hierba, está concebida como un sistema de elementos tridimensionales de base triangular. El doble estrato (interior y exterior) de la bóveda está revestido con paneles de cerramiento intercambiables y

Judged the winner of the restricted competition, the project for the stadium seems to follow that process of evolution in Foster's poetics initiated with the Sainsbury Centre. Both schemes adopt a similar approach to the disposition of technology through the integration of structure, services, facilities and form in order to define the expressive attitude of the organism. The roof covering the stadium is a reticular metal structure in the form of a flattened vault with a free span of 70 m and a length of 140 m. The great spectators' stand, set on a sunken concrete base planted with grass, is conceived as a system of triangular-based three-dimensional elements. The double surface (interior and exterior) of the roof vault

1/3 Secciones
4 Perspectiva del interior
5 La solución de la cabecera con las entradas protegidas por la marquesina

1/3 Sections
4 Perspective of the interior
5 The solution of the end wall with the entrances protected by the canopy

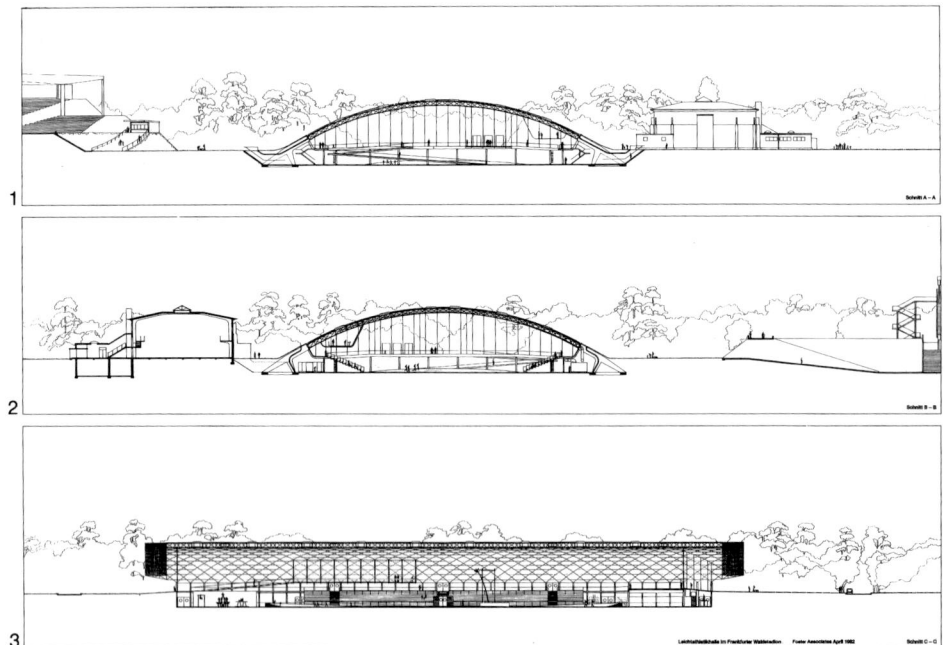

1

2

3

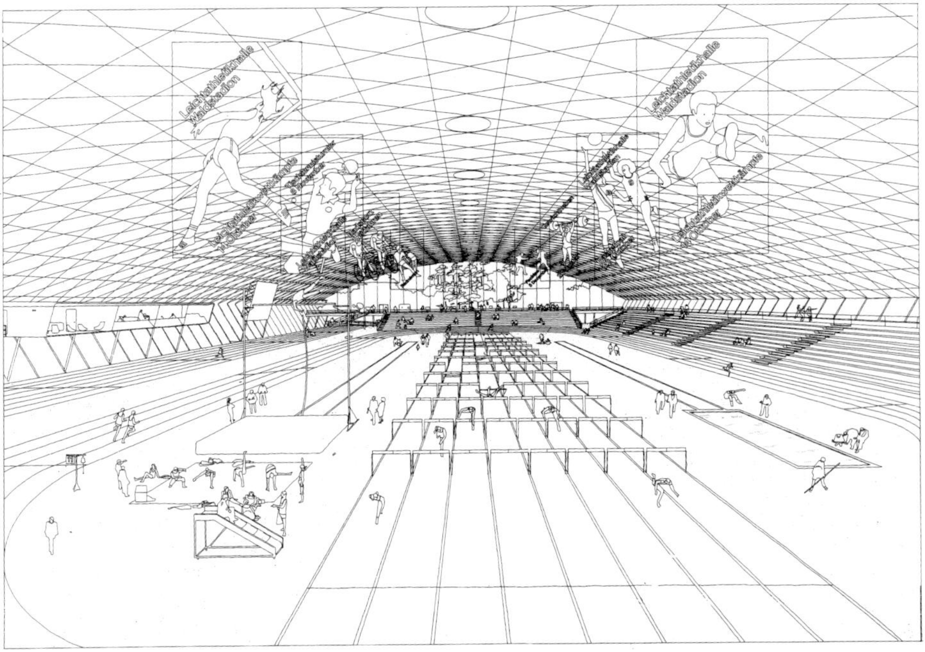
Leichtathletikhalle
Waldstadion
Leichtathletikhalle
Waldstadion

4

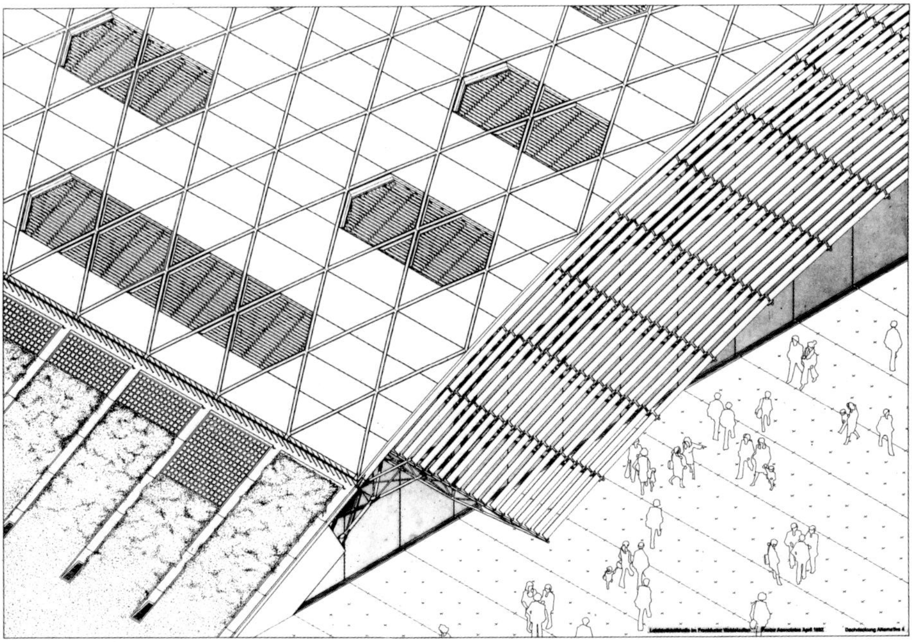

5

6 Vista de la maqueta

6 View of the model

montados de distintas formas para obtener las mejores condiciones de ahorro de energía, a lo que contribuye la configuración volumétrica y el parcial enterramiento del edificio. Cinco son los tipos de paneles previstos y en la cámara dejada por ellos se ha alojado la red de canalizaciones de las distintas instalaciones para el control ambiental. Las fachadas de las dos cabeceras, como en el Sainsbury Centre, están completamente acristaladas y protegidas por profundas marquesinas; en ellas se abren los accesos del público y, en el lado opuesto, de los atletas. La convocatoria del concurso preveía, además de la flexibilidad de uso de la instalación, la oportunidad de alojar a un número variable de espectadores hasta un máximo de 3.000. Con este objeto han sido proyectadas tribunas retráctiles dispuestas a los cuatro lados de la sala.

is clad with interchangeable panels mounted in different ways to achieve the optimum saving of energy, to which the volumetric configuration and the partial sinking of the building below ground also contribute. Five different types of panel are envisaged, and the cavity between them houses the system of services for the control of the environment. The two end facades, as in the Sainsbury Centre, are entirely glazed and sheltered by deep canopies, with the spectators' entrance at one end and the athletes' entrance at the other. In addition to flexibility of use, the competition brief stipulated that the stadium should be capable of accommodating a variable number of spectators up to 3,000. This is provided for here by the retractable stands situated on the four sides of the stadium.

1981 Sistema de decoración y equipamientos integrados para el estudio Foster Associates. Foster Associates

El sistema proyectado por Foster para el nuevo estudio de Great Portland Street recuerda las sugestivas imágenes de un módulo de vehículo lunar, más que un mueble de oficina. La configuración de esta estructura responde a exigencias de uso diferenciado (desde la mesa de dibujo al soporte expositivo) pero, a la vez, es un manifiesto que explicita a todos los que visitan el estudio Foster Associates la naturaleza del trabajo que allí se desarrolla. Realizado primero experimentalmente, luego en serie reducida para el Renault Centre, el sistema ha sido el modelo de base del proyecto Nomos para la Tecno de Milán.

1/4 La mesa en sus distintas configuraciones

1981 Integrated system of decoration and fittings for the Foster Associates office. Foster Associates

The system designed by Foster for the firm's new office in Great Portland Street is more reminiscent of the evocative images of some kind of moon buggy than of office furniture. The configuration of this structure responds to requirements of differentiated use (from the drawing board to the exhibition panel), but it is also at the same time a manifesto which gives the visitor to the Foster Associates office a clear indication of the work done there. Produced first experimentally, then in a small production run for the Renault Centre. the system served as the basis for the subsequent Nomos project for Tecno in Milan.

1/4 The table in its different configurations

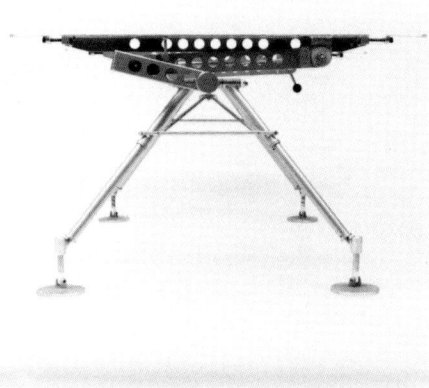

1

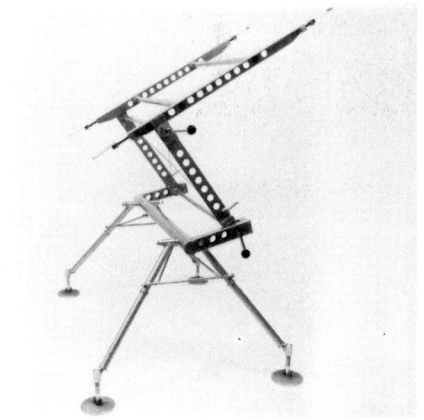

2

3

4

**1981/1991   Terminal de pasajeros e insta-
laciones del aeropuerto, Stansted** (Essex).
Proyecto. Foster Associates

El proyecto de la terminal del tercer aeropuerto londinense de Stansted representa una ulterior y atenta modulación del tema tipológico
y compositivo del *umbrella building*.
El edificio, transparente y compacto, está integrado entre los suaves pliegues del paisaje
de Essex con la misma facilidad que otras
muchas arquitecturas no urbanas de Foster:
productos artificiales por excelencia y en se-
rena relación dialéctica con la naturaleza circundante.
«En el proyecto de un aeropuerto —dice Peter
Davey— parecen expresarse al máximo todas
las connotaciones del proceso creativo de
Foster Associates: la identificación de las exigencias humanas y la invención de los sistemas más apropiados para resolverlas
racionalmente a través de un uso adecuado
de la tecnología contemporánea de los trans-

**1981/1991   Passenger terminal and
facilities for the third London airport at
Stansted** (Essex). Project. Foster Associates

The project for the terminal for the third
London airport at Stansted constitutes a
further and attentive modulation of the
typological and compositional theme of the
umbrella building.
The building, transparent and compact, is
integrated into the gently rolling Essex
landscape with that same easy grace found in
so much of Foster's non-urban architecture:
artificial products *par excellence* in a serene
dialectic with the surrounding nature.
«In the airport project», Peter Davey has
remarked, «all the connotations of the Foster
Associates creative process seem to be
expressed to the full: the identification of
human requirements and the invention of the
most appropriate systems for rationally
resolving them through a fitting use of
contemporary transport technology. Fitting

1 Planta general

1 General plan

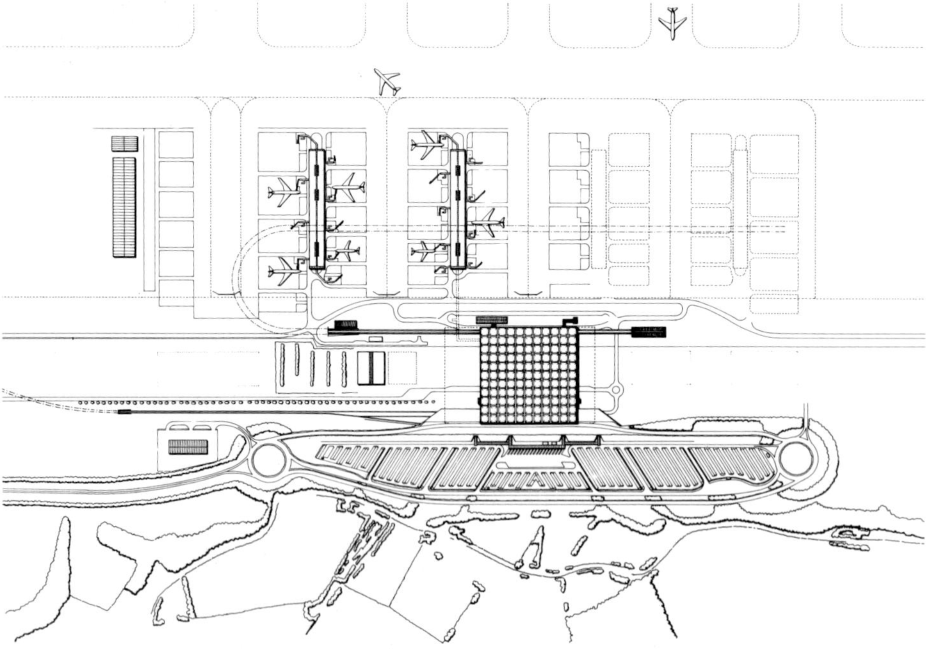

1

2

3

2 El aeropuerto y su entorno paisajístico
3 Fachada frente al aparcamiento

2 The airport in its setting in the landscape
3 The facade looking onto the car park

portes. Adecuado también desde un punto de vista expresivo». Y todo esto ya había sido experimentado en el proyecto del Hammersmith Centre.

En Stansted los distintos tipos de transporte (por carretera, por ferrocarril y por avión) convergen bajo una amplia cubierta ligera, casi flotante sobre un fantasioso sistema estructural.

Foster realiza una división vertical a partir de dos niveles relativos al movimiento de las mercancías (el inferior) y de los pasajeros (el superior). En este último se produce la sepa-

also from an expressive viewpoint». And all of this had already been experimented with in the project for the Hammersmith Centre.
At Stansted the different modes of transport (road, rail and air) converge beneath a spacious lightweight roof which appears almost to float on its ghostly structural system.
Foster has created a vertical division in terms of the two levels relating to the movement of freight (lower) and passengers (higher). On this latter level there is a clear separation of the zones for arrivals and departues, and the

ración de las zonas de llegadas y salidas, y desde cualquier punto es fácil orientarse porque todo el complejo, luminoso y transparente, es visible desde el exterior y desde el interior de la terminal. De esta forma se facilita el goce y, a la vez, se reduce el grosor del diafragma, tanto físico como psicológico, representado por todas las fases operativas de embarque y de desembarque. Estas operaciones, precisamente, han sido sometidas en Stansted a una drástica revisión que las ha hecho más lineales y rápidas.

La terminal es un organismo flexible y de planta libre instalado sobre una red modular (36x36 m) en cuyos vértices están ubicados los elementos de la estructura.

Cada uno de ellos está compuesto por un tronco vertical de cuatro pilares de acero y por un capitel cónico de cabrios y tirantes metálicos sobre el que se apoya una ligera cúpula de mallas triangulares oportunamente estudiada como reflector y como difusor luminoso. En el interior del fuste están contenidas las instalaciones tecnológicas que, integradas con las demás funciones, definen un sistema arquitectónico de considerable interés.

Una estructura secundaria de hormigón armado forma el armazón del suelo del primer nivel del aeropuerto donde todos los servicios que se desarrollan a puerta cerrada (aseos, oficinas, banco, cocinas, etc.) están contenidos en cápsulas móviles o en locales fácilmente desmontables y de fácil recolocación.

issue of orientation is optimally resolved throughout because the entire complex —luminous and transparent— is perfectly visible from the interior and the exterior of the terminal. This effectively aids enjoyment of the airport and at the same time reduces the thickness of the diaphragm, both physical and psychological, constituted by all the different phases of the operation of boarding or disembarking. Indeed, at Stansted these operations have been subjected to a radical and drastic review that has made them more linear and faster.

The terminal is a flexible organism with an open floor plan installed on a modular framework (36 x 36 m) with the elements of structural support located on its vertices. Each of these structural elements consists of a vertical shaft of four steel pillars and a conical capital with metal cables and braces supporting a lightweight cupola made up of a triangular mesh designed to act as a reflector and diffuser of light. In the interior of the shafts are the technical services, and these, integrated with the other functions, constitute an architectonic system of considerable interest.

A secondary structure of reinforced concrete provides the framework for the floor of the upper level of the airport terminal, where all those facilities and services conducted behind closed doors (toilets, offices, bank, kitchens, etc.) are contained within movable capsules or in kiosks that can be easily dismantled and reassembled.

4 Perspectiva aérea
5 Planta del nivel de servicios y de la terminal
   ferroviaria
6 Planta del nivel de llegadas y salidas

4 Aerial perspective
5 Plan of the service level and the railway
   station
6 Plan of the arrivals and departures level

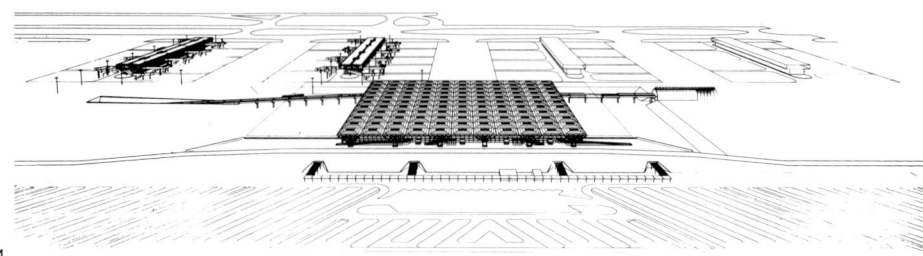

4

5

6

En las páginas siguientes:
7 Sección transversal de la terminal
8 Sección transversal del satélite
9 La marquesina del acceso
10 Vista lateral de la marquesina del acceso

Following pages:
7 Transverse section of the terminal
8 Transverse section of the satellite
9 The entrance canopy
10 Side view of the entrance canopy

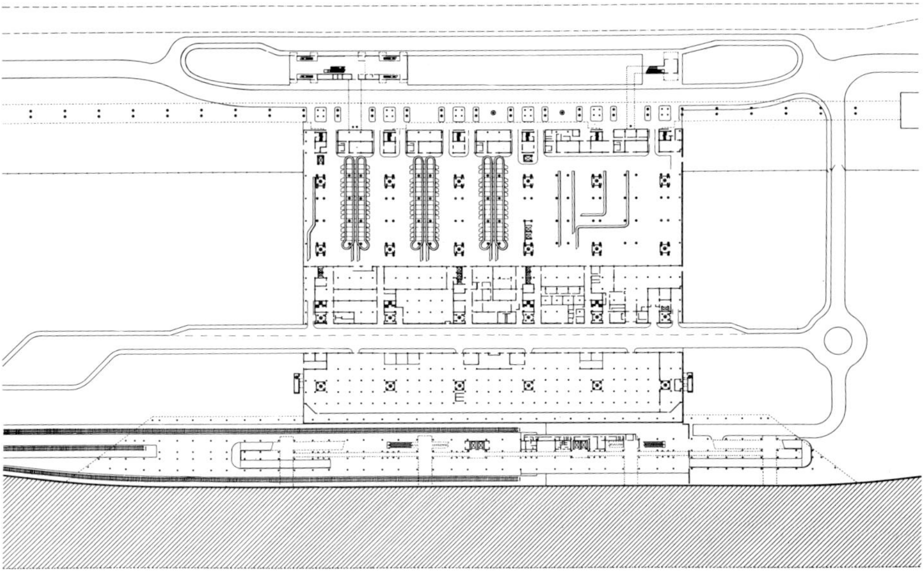

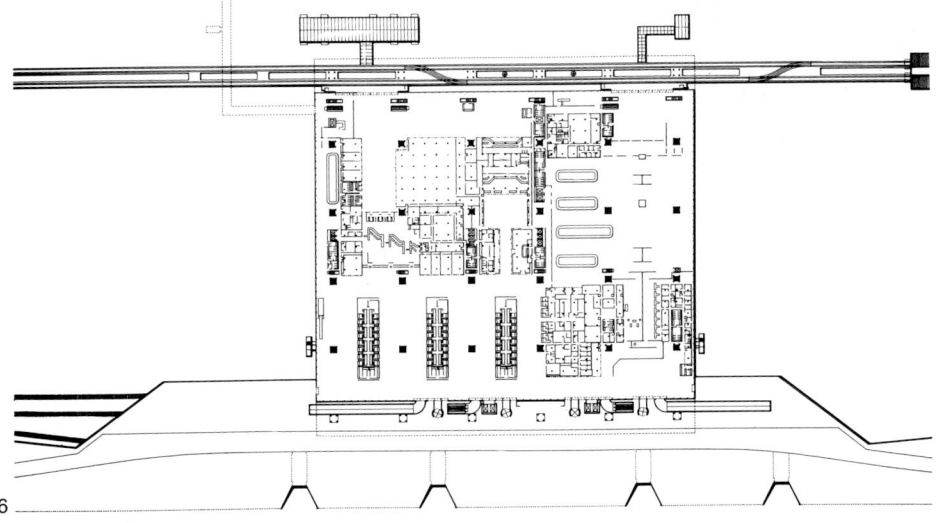

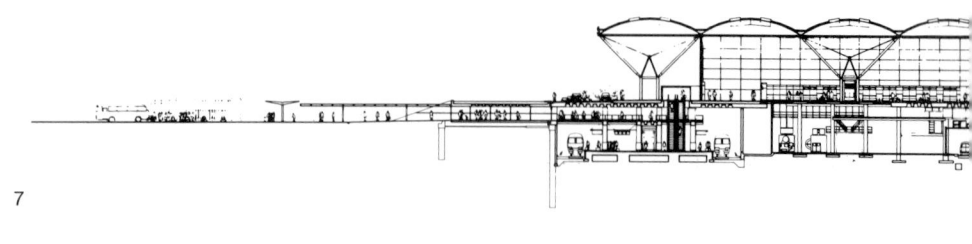

7

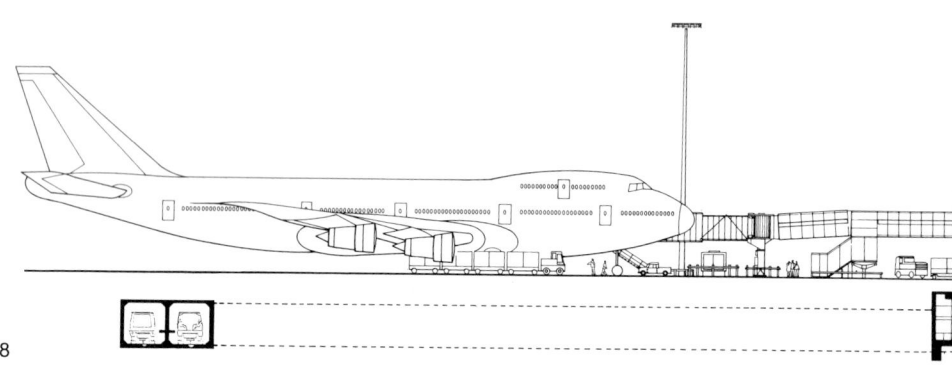

8

9

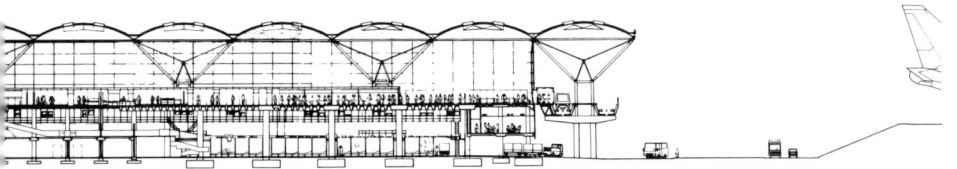

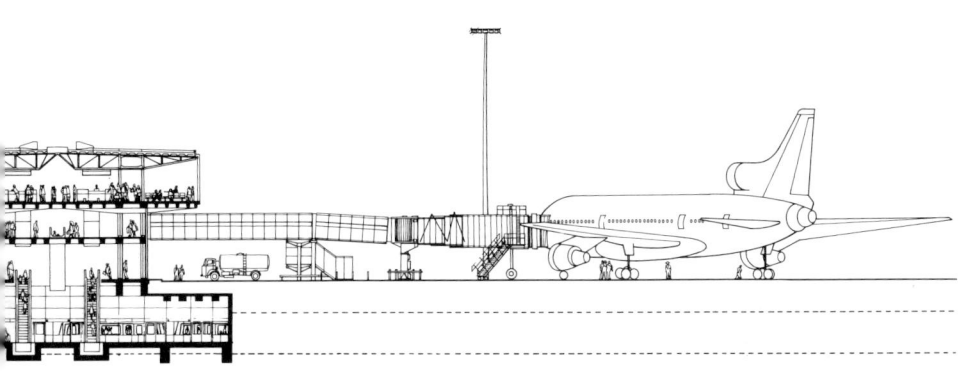

10

11

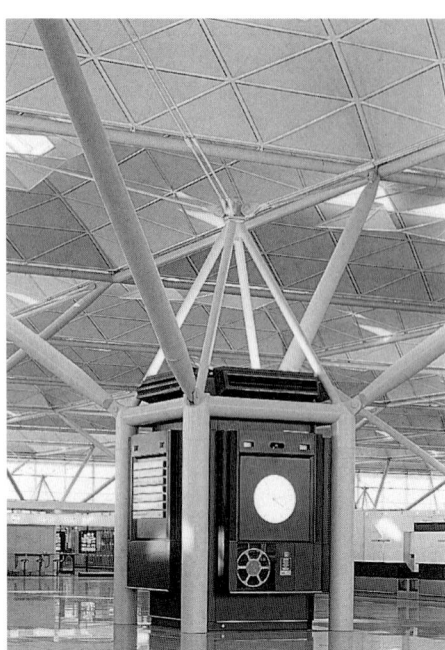

11 Módulo con estructura arbórea

11 Modules with tree structure

12 Área de recogida del equipaje

12 The baggage reclaim area

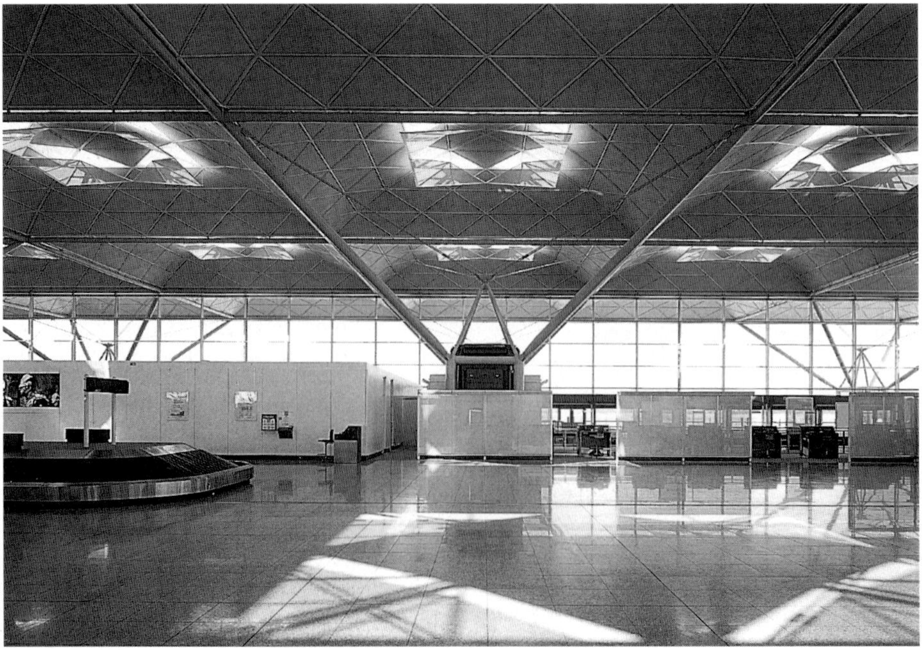

12

13

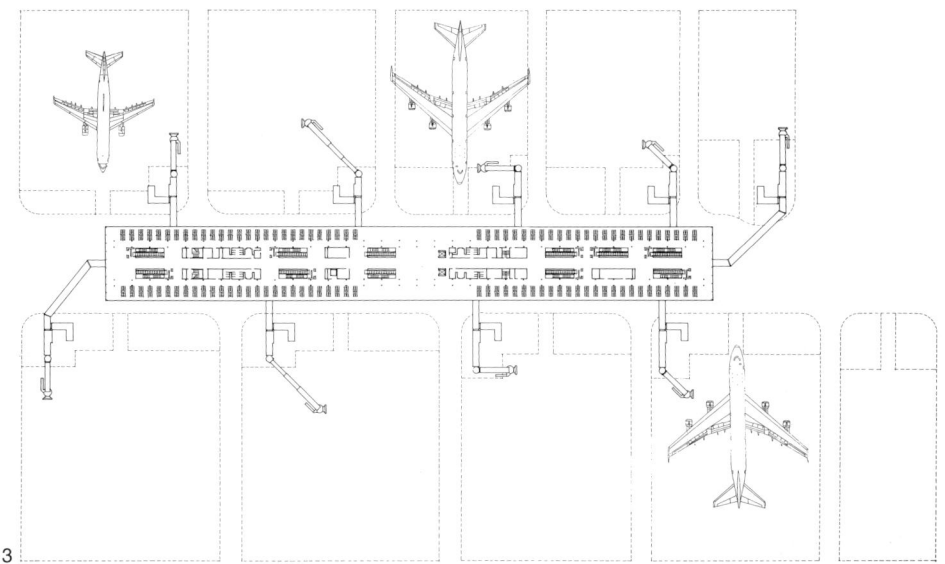

13 Plano de la planta segunda del satélite
14 Área de facturación del equipaje

13 Plan of the second floor of the satellite
14 Baggage check-in area

14

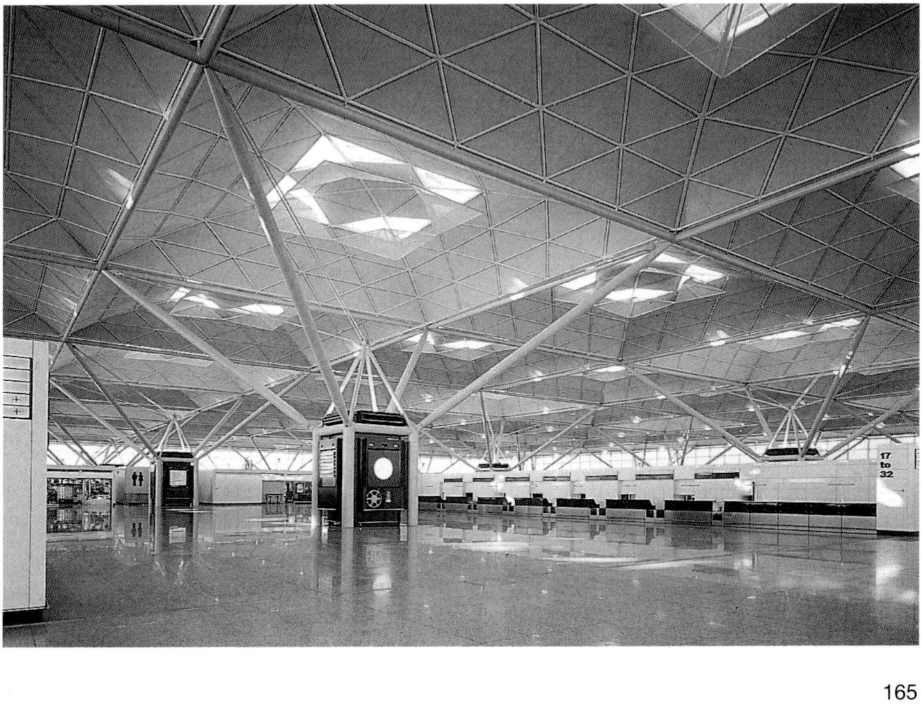

1982 Sede de la Humana Inc., Louisville
(USA). Proyecto de concurso. Foster
Associates: N. Foster, W. Foster, B. Haward,
L. Butt, R. Fleetwood, R. Horden, J. Kaplicky,
A. Le Cuyer, W. Shu, D. Chipperfield,
V. Hadjikyriacou

**1982 Headquarters for Humana Inc.,
Louisville** (USA). Competition project. Foster
Associates: N. Foster, W. Foster, B. Haward,
L. Butt, R. Fleetwood, R. Horden, J. Kaplicky,
A. Le Cuyer, W. Shu, D. Chipperfield,
V. Hadjikyriacou

En esta tercera experiencia proyectual sobre
el tema del rascacielos, Foster avanza en su
trabajo de innovación emprendido con el edificio de Hong Kong.
La torre de 32 plantas para la Humana Inc.
concentra en el exterior los cuerpos de los
servicios y de las comunicaciones verticales.
El volumen cilíndrico marca el cruce de dos
importantes calles de Louisville y está concebido como parte de un sistema de comunicaciones de pequeñas, medianas y grandes
distancias. En efecto, la torre más alta de los
servicios sustenta en su cima una compleja
instalación de antenas-radio de microondas y
radar para transmisiones vía satélite, indica-

This third experience in the design of a
skyscraper sees Foster moving forward again
from the innovation of the bank in Hong Kong.
The 32-storey tower for Humana Inc.
concentrates the service nuclei and vertical
communications on the exterior. The
cylindrical volume stands on the intersection
of two of Louisville's main streets, and is
conceived as part of a system of short-,
medium- and long-distance communications.
In fact, the roof of the taller service tower
supports a complex system of microwave
radio and radar antennae for satellite
communications, laser spots, electronic
screens and the indispensable helicopter

1 El rascacielos en el horizonte de Louisville
2 Sección general

1 The skyscraper against the Louisville
   skyline
2 General section

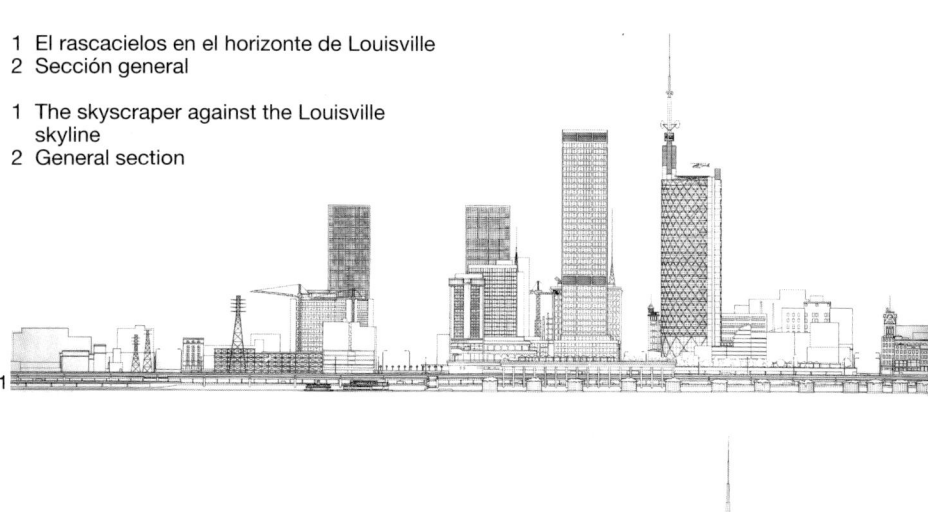

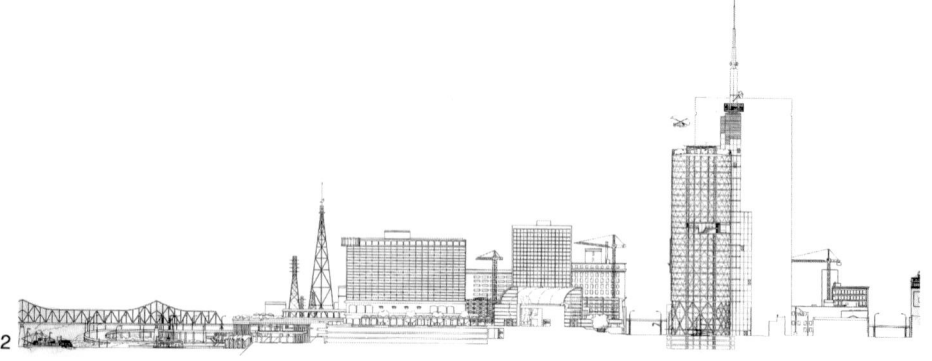

3 Planimetría a nivel de la calle

3 Planimetry at street level

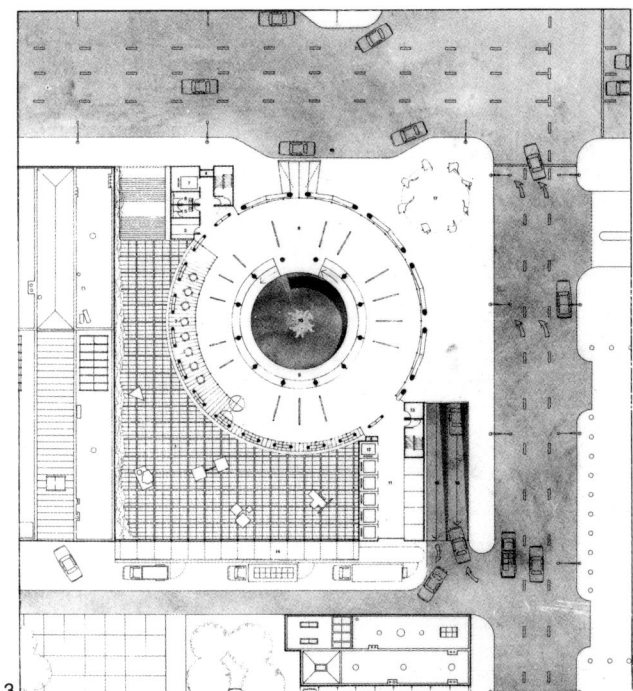

4 Planos a distintos niveles: plano tipo; club, auditorio y restaurante en el nivel 19; centro de representación y club en el nivel 20; *roof-garden* en el nivel 33

4 Plans of different levels: typical floor plan. club, auditorium and restaurant on the 19th floor; public relations centre and club on the 20th floor; roof garden on the 30th floor

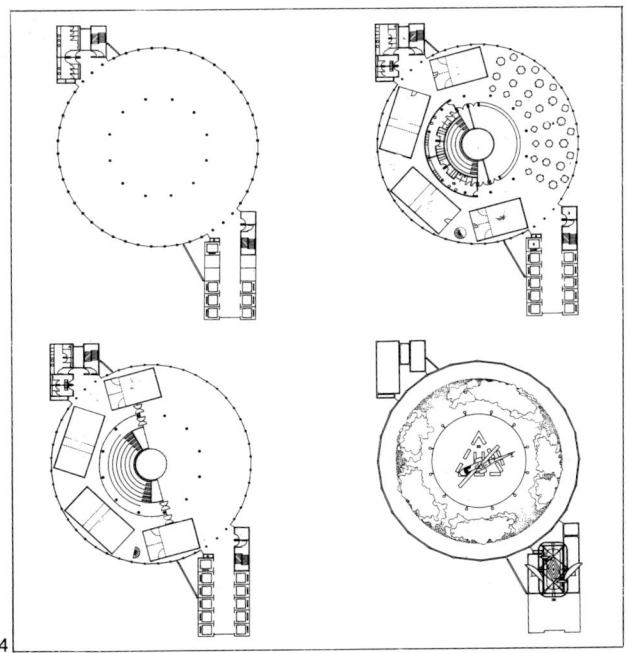

dores láser, pantallas electrónicas y la infalible plataforma para helicópteros.

El esquema cilíndrico adoptado para este rascacielos permite un índice de ocupación del suelo equivalente al ochenta por ciento de la superficie total, una favorable relación entre volumen y superficie con la finalidad de obtener un menor consumo de energía, una mayor eficiencia en el funcionamiento de la estructura a la que también contribuyen los paneles externos de cerramiento. La estructura exterior está constituida por una retícula de acero de mallas diagonales más espaciadas en los primeros cuatro niveles (correspondientes a la parte pública del edificio).

En la parte del basamento, dentro de un único volumen, sobresalen las cuatro plantas de la galería de arte, del vestíbulo y de las oficinas de la dirección. Las plantas superiores —sostenidas por una estructura intermedia de pilares dispuestos en corona— están pensadas como *open spaces* para oficinas. Entre los niveles 19.º y 20.º están situados los ambientes comunitarios, mientras que en la terraza se ha emplazado un *roof-garden* y una pista para actividades al aire libre.

landing pad.
The cylindrical form adopted for this skyscraper gives a usable floor area of 80 % of the total, a favourable volume-to-surface area ratio serving to reduce energy consumption and making the functioning of the structure more efficient, the cladding panels also contributing to this. The external structure is constituted of a diagonal steel mesh, more widely spaced on the first four floors (the public part of the building).
The four floors which constitute the base of the building —although the whole is very much a single volume— are marked by the presence of the art gallery, the vestibule and the management offices. The upper floors —supported by an intermediate structure of pillars set in a crown— are open spaces intended for use as offices. The 19th and 20th floors accommodate the communal areas, while the terrace provides a roof garden and a court for outdoor activities.

5 Alzado
6 Vista de la maqueta

5 Elevation
6 View of the model

5

6

1982/1983 Centro de distribución de la Renault en Swindon (Wiltshire). Foster Associates: N. Foster, W. Foster, S. Allen, N. Bailey, R. Ball, J. Barfield, L. Butt, C. Chabhra, N. Eldridge, R. Fleetwood, P. Heritage, P. Jones, D. Morley, I. Simpson, M. Stacey, A. Wozniak

Quince años después de la construcción de la Reliance Controls, primer trabajo de Foster conocido a nivel internacional, el arquitecto vuelve a Swindon con otro edificio del mismo tipo para la Renault británica. Aunque alejadas en el tiempo, las dos construcciones comparten muchas características: la flexibilidad, el tipo modular de la instalación, los sistemas constructivos prefabricados, las posibilidades de futuras ampliaciones.
Pero también puede advertirse otra singular analogía en las motivaciones expresivas concedidas a la estructura: sobria y elegante en la Reliance Controls, vistosamente mostrada en el Renault Centre.
La búsqueda de la expresividad estructural es un tema recuperado recientemente, tras un largo período en el que el esqueleto se ha minimizado en el interior. En este caso el amarillo armazón portante se extrovierte denunciando la precisión caligráfica, a veces

1982/1983 Distribution centre for Renault in Swindon (Wiltshire). Foster Associates: N. Foster, W. Foster, S. Allen, N. Bailey, R. Ball, J. Barfield, L. Butt, C. Chabhra, N. Eldridge, R. Fleetwood, P. Heritage, P. Jones, D. Morley, I. Simpson, M. Stacey, A. Wozniak

Fifteen years after the construction of the Reliance Controls factory, Foster's first work to gain international recognition, the architect returned to Swindon with another building of the same type, for the British division of Renault. Although distant in time, the two constructions have a number of characteristics in common: their flexibility, the modular composition, the use of industrialized construction systems, and their potential for future extension.
There is also, however, another particular point of analogy in the expressive motives assigned to the structure: soberly elegant in the Reliance Controls factory, attractively apparent in the Renault Centre.
The pursuit of structural expressiveness is a recently rediscovered concern in architecture, following a long period in which the structural skeleton was minimized in the interior. In the present case the yellow load-bearing frame is

1

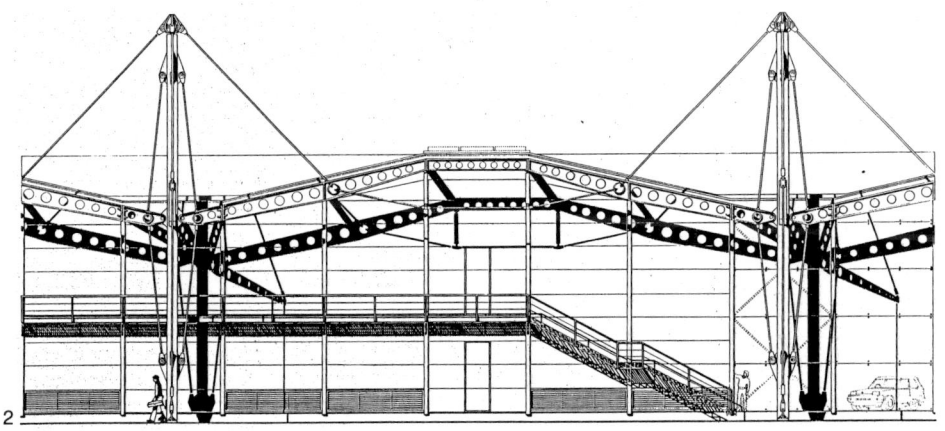

2

1 Detalle de la fachada
2 Detalle de uno de los
   frentes con la escalera de
   emergencia
3 Boceto axonométrico

1 Detail of the facade
2 Detail of one of the
   facades with the
   emergency stairs
3 Axonometric drawing

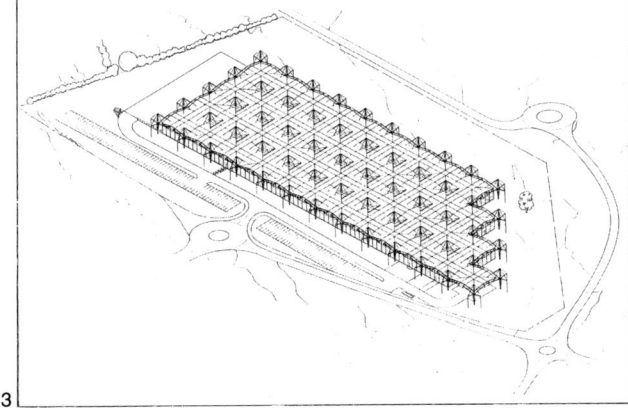

3

4 Axonometría de los
   componentes de uno de
   los módulos

4 Axonometric drawing of
   the components of one of
   the modules

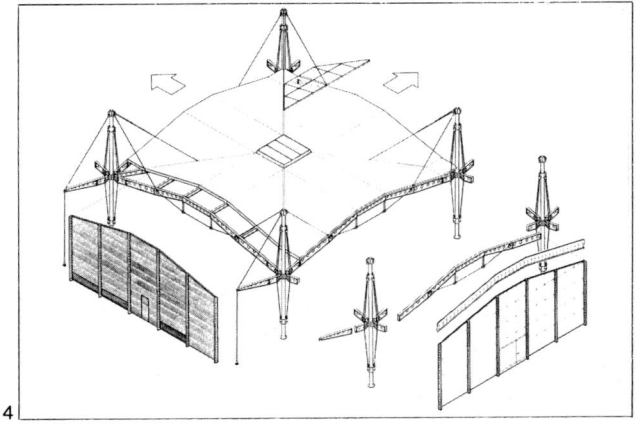

4

incluso redundante, de lo que Heinrich Klotz llama *das Prinzip Konstruktion* y que, en cualquier caso, no habla sobre la persistente búsqueda de integración en relación con el paisaje. Al contrario, el perfil más bien bajo y articulado del conjunto parece fundirse orgánicamente con la morfología del lugar, coherente con el planteamiento conceptual del programa. Éste se basa en una disposición modular cuyas mallas cuadradas (24x24 m) definen el elemento base repetible. Se trata de cuatro pilares de 16 m de altura unidos por vigas que, suspendidas por cables, dibujan el trazado no rectilíneo de su eje, que se eleva al alejarse de los pilares para volver a descender al acercarse a ellos. La cubierta del elemento modular repetido sigue la forma de las vigas

made explicit, proclaiming the calligraphic and at times even superfluous precision of what Heinrich Klotz has called *das Prinzip Konstruktion*; and which does not, in any case, reflect the persistent search for integration with the landscape. On the contrary, the profile here —low, if anything, and articulated— seems to merge organically with the morphology of the setting, in keeping with the conceptual premiss of the programme. This is based on a modular layout whose square grid (24 x 24 m) defines the element of repetition. Four pillars, 16 m in height, are united by beams which, suspended from cables, mark out the non-rectilinear line of an axis that rises away from the pillars to descend again as it approaches

5 Sección del *show-room* y del centro de formación
6 Perspectiva del interior del *show-room*

5 Section through the showroom and the training centre
6 Perspective of the interior of the showroom

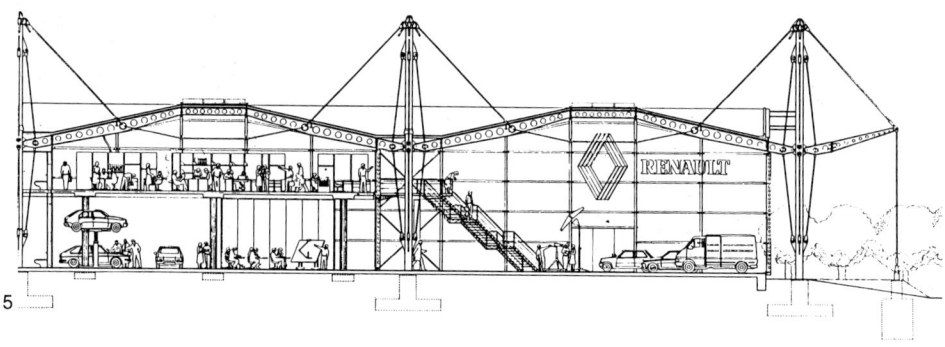

5

6

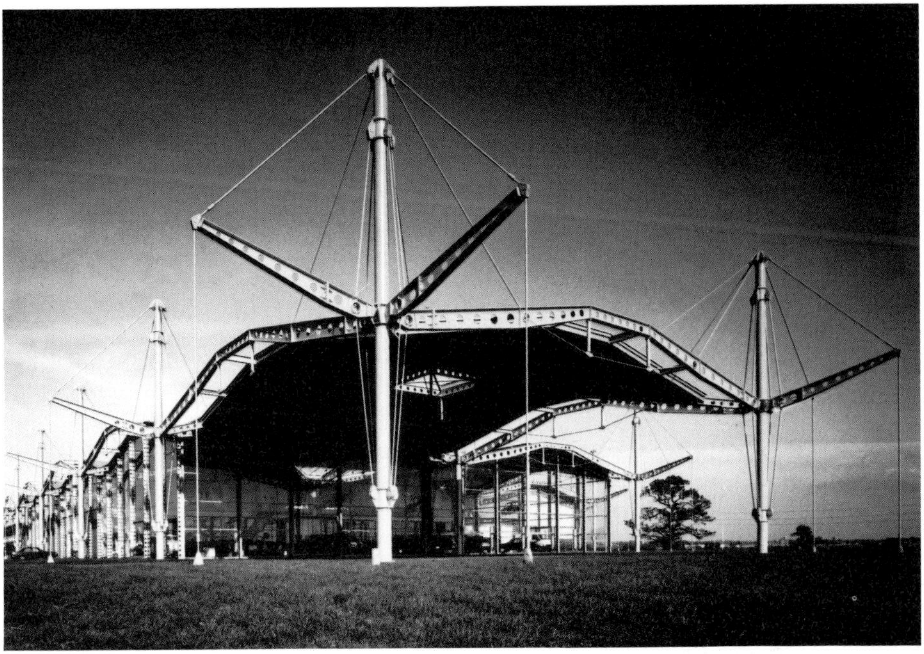

7

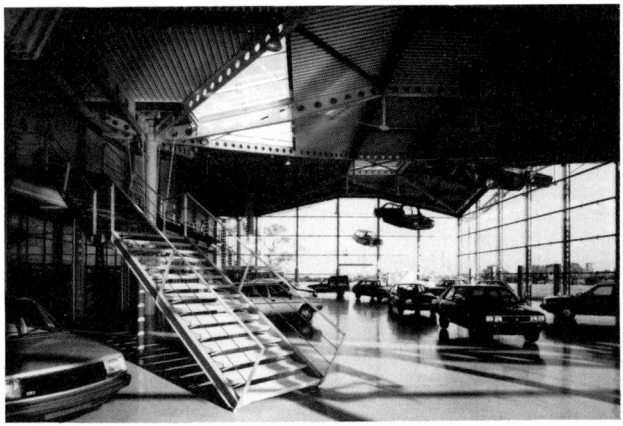

7 El acceso al público

7 Public access

8 Vista del *show-room*

8 View of the showroom

8

9 Detalle de la cubierta

9 Detail of the roof

10 Vista del comedor

10 View of the dining room

11 Detalle de los paneles de cerramiento exteriores

11 Detail of the exterior cladding panels

11

dando lugar a una superficie quebrada según las precisas geometrías que gobiernan todo el proyecto.

En la actual composición, el edificio sigue el perímetro del terreno que se configura como un trapecio rectangular con el lado oblicuo escalonado. En aquella zona se han concentrado las oficinas, el *show room*, el centro de formación del personal y los comedores.

Este edificio se configura como una ulterior e importante etapa en la experimentación de técnicas constructivas procedentes de otros campos que no son el de la construcción como es el caso de la solución adoptada en las juntas entre cerramientos exteriores verticales y en la de la cubierta.

them. The roof of the repeated modular element follows the form of the beams, creating a surface that is fractured according to the exact geometries which govern the entire project.

In its actual configuration, the building follows the perimeter of the plot: a rectangular trapezium with the oblique side stepped up; this zone is occupied by the offices, the show room, the staff training section and the dining rooms.

The building represents a further and significant phase in Foster's experimentation with fabrication techniques borrowed from fields other than that of construction proper, this being the case here with the treatment of the vertical joints in the exterior envelope and the resolution of the roof.

12 La fuga de los elementos
   tensoestructurales
13 El pilar visto desde el interior a través de un lu-
   cernario

12 The sweep of the structural tension elements
13 The pillar seen from the
   interior by way of a sky-
   light

14 Detalle de los ensambla-
   jes
15 Detalle del nudo viga-pilar

14 Detail of the fixings
15 Detail of the beam-pillar
   connection

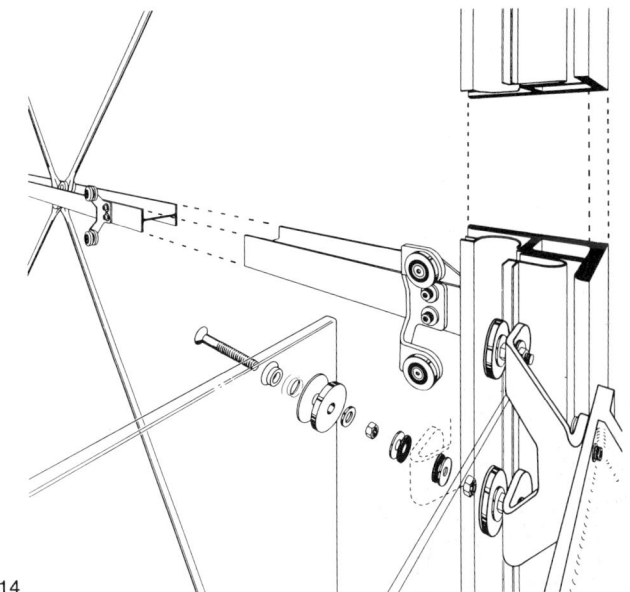

14

15

1983/1985   Nuevas oficinas y estudios de la BBC en Londres (Portland Place). Proyecto. Foster Associates

1983/1985   New offices and studios for the BBC in Portland Place, London. Project. Foster Associates

Con los proyectos para la nueva sede de la BBC en Londres y de la Mediateca de Nîmes, Foster se enfrenta por primera vez a fragmentos de tejido urbano con un fuerte carácter monumental.

En ambos casos, las propuestas resultan elegidas en las respectivas consultas internacionales y se distinguen por una renovada sensibilidad hacia los rasgos morfológicos de la trama de la ciudad. Éstos dejan profundas huellas en la disposición de los nuevos organismos, a diferencia de precedentes ocasiones donde el diálogo con lo preexistente —realmente menos importante— se producía

With the projects for the new premises for the BBC in London and the Mediatheque in Nîmes, Foster was faced for the first time with fragments of urban fabric with a pronounced monumental character.

In both cases, the resulting schemes were selected in the respective international consultations, and are distinguished by a heightened sensitivity to the morphological features of the part of the city they occupy. These elements in turn have left profound impressions on the organization of the new organisms, in contrast to previous schemes in which the dialogue with the existing

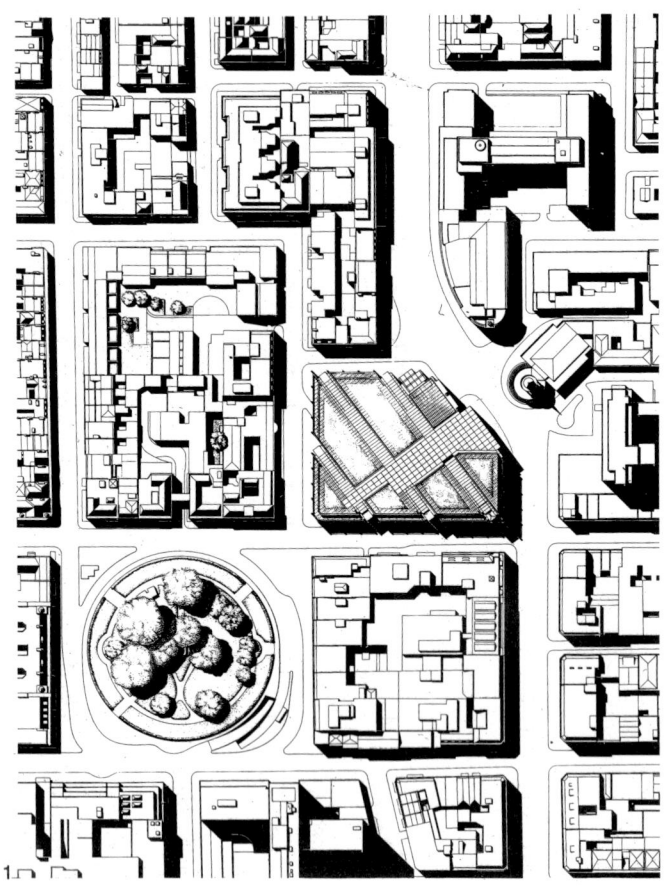

1   Planimetría volumétrica del proyecto

1   Volumetric layout of the project

a niveles de mayor distanciamiento emocional y mediación intelectual.

La nueva sede de la BBC está situada en la zona del actual edificio victoriano del Langham Hotel y muy cerca de la sede de los viejos estudios. Es decir, en un punto de notable importancia histórica, urbanística y ambiental, consolidada a través de las intervenciones de finales del siglo XVIII de los hermanos Adam, y de principios del XIX de John Nash.

El mismo Foster admite que éste ha sido el «proyecto más complejo y estimulante que ha abordado hasta entonces: el más complejo tanto desde el punto de vista técnico como urbanístico».

El nuevo edificio se halla en una zona bisagra en la que la recta avenida de Regent Street se tuerce originando el eje de Portland Place. En

environment —genuinely less important— was conducted with a greater emotional distancing and intellectual mediation.

The new BBC premises are situated in the vicinity of a noted Victorian building, the Langham Hotel, and very close to the old studios: an area of considerable historical, urbanistic and environmental significance marked by works from the 18th century by the Adam brothers and from the early 19th century by John Nash.

Foster himself admits that this is «the most complex and stimulating project I have tackled so far: the most complex from both the technical and the urbanistic points of view».

The new building stands in the fork created by the curve in the straight line of Regent Street as it passes into Portland Place, adjacent to

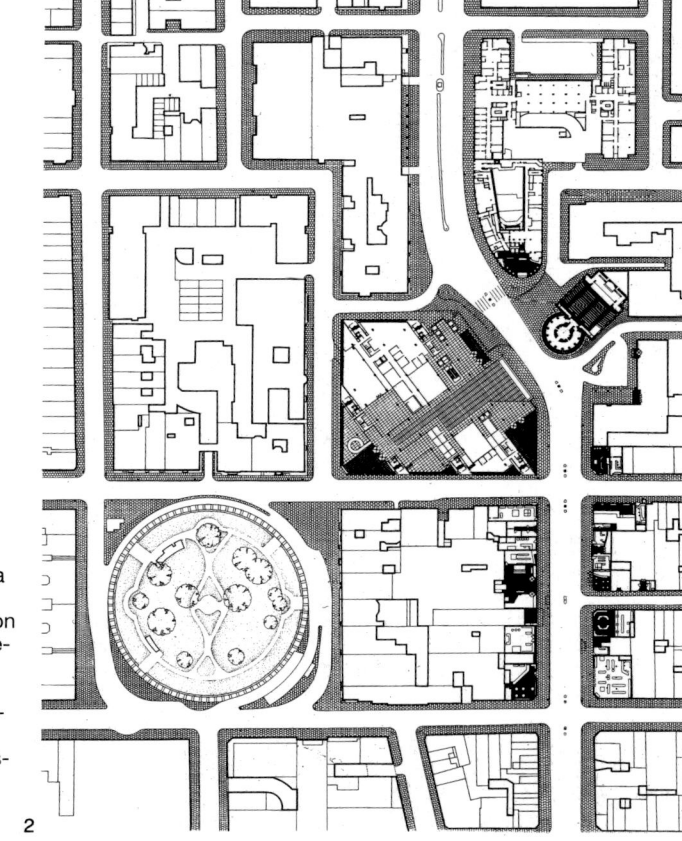

2 El plano de la planta baja establece la relación del edificio arquitectónico con las construcciones sobresalientes del entorno

2 The ground floor plan establishes the building in its architectonic relationship with the outstanding neighbouring constructions

2

aquel punto surge también el núcleo arquitectónico y urbano constituido por la iglesia de All Souls de Nash.

Respecto a la malla ortogonal de las manzanas circundantes, una rotación de unos 30° viene dictada por el eje principal de la iglesia que pivota sobre el alto antecuerpo de columnas y planta circular. De ahí surge una dirección precisa a escala de la ciudad que reúne algunas siluetas sobresalientes con vacíos espaciales: la lejana torre de Correos, el pináculo de Nash y Cavendish Square.

Sobre estas indicaciones importantes se configura el proyecto de Foster que, tras establecer un trazado regulador ideal, define una malla estructural ortogonal con una rotación de 30° respecto a la dirección de Regent Street. El trabajo, continuo y simultáneo, sobre la doble geometría ordenadora, determina dos formas distintas de intervención en el edificio.

Por un lado, a través de la rotación de la malla se han organizado y diferenciado los espacios interiores, claramente legibles en principales y auxiliares. Por otro, trabajando sobre la malla original, se define la disposición exterior y pública del edificio.

Los momentos de colisión de las dos familias geométricas se producen en correspondencia con el perímetro del edificio y están gobernados con sabia maestría. En efecto, mientras que en la mayoría de los lados cerrados las huellas de la diversidad de la trama interna apenas afectan la continuidad de las fachadas, en el punto donde se tuerce Regent Street tiene lugar el episodio de máxima tensión arquitectónica. En ese punto excepcional la dirección de la fachada coincide con la de la nueva malla que, conviene repetirlo, es la ordenadora de la organización espacial interna. Aquí la disposición del edificio se abre a la visión de la calle a través de una asombrosa galería acristalada pública, reminiscencia de las grandes *arcades* ochocentistas.

Espacio chocante y, a la vez, unificador que atraviesa en diagonal toda la construcción induciendo una fuerte tensión dinámica. La galería responde con extraordinaria eficacia a la presencia catalizadora del monumento de Nash, así como una cristalina torre de ascensores, en el vértice norte del edificio, hace de contrapunto al pináculo de la iglesia, a la vez que de telón de fondo de Portland Place.

the architectural and urban nucleus of Nash's All Souls' church.

With regard to the orthogonal grid of the surrounding blocks, there is a 30 % rotation in the main axis of Nash's church, pivoting on top of the tall porch with its columns and circular plan. This determines a precise line of direction on the urban scale, linking up the outstanding silhouettes and voids of the distant Post Office Tower, Nash's spire and Cavendish Square.

Foster's project is worked out on the basis of these major reference points: after first establishing an ideal organizing layout it then defines an orthogonal structural grid set at an angle of 30 % to the line of Regent Street, with the continuous and simultaneous development of the twin ordering geometries resulting in two different forms of intervention in the building.

On the one hand, the rotation of the grid gives rise to the organization and differentiation of the interior spaces, clearly legible in their quality as principal and auxiliary. On the other hand, the exterior and public disposition of the building is derived from the original grid. The moments of collision between the two geometries are skilfully staged at specific points around the perimeter of the building. In fact, while on most of the closed sides this diversity barely leaves a trace on the continuity of the facades, the point where Regent Street twists is marked by the episode of maximum architectonic drama. At this exceptional point the direction of the facade coincides with that of the new grid which, it is worth recalling, is the one that orders the interior layout. Here the disposition of the organism opens up to give a view of the street by way of a spectacular glazed public gallery reminiscent of the great *arcades* of the nineteenth century.

A shocking and at the same time unifying space that cuts diagonally through the entire construction, creating a powerful dynamic tension, the gallery responds with astonishing effectiveness to the catalyzing presence of Nash's monument, in the same way that the crystalline glass lift shaft on the north corner of the building finds its counterpoint in the church spire while acting as backdrop to Portland Place.

3/4 Plano del primer nivel y de la planta tipo

3/4 Plan of the first floor and typical floor plan

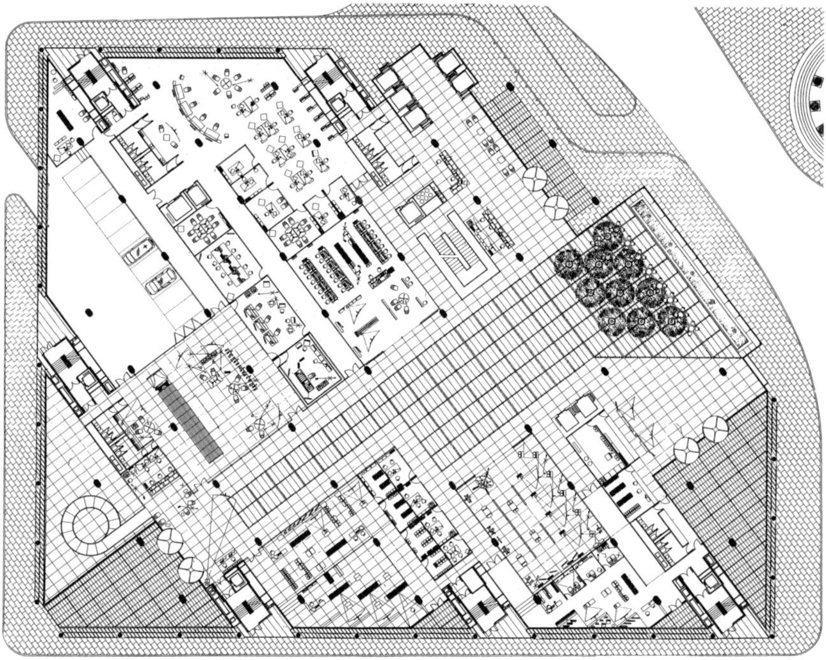

3

4

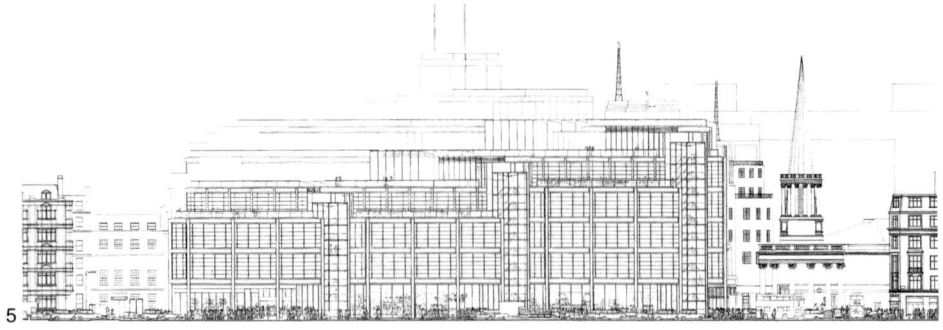

5 Alzado a Cavendish Square

5 Elevation of Cavendish Square

6 Sección longitudinal por el vestíbulo

6 Longitudinal section through the vestibule

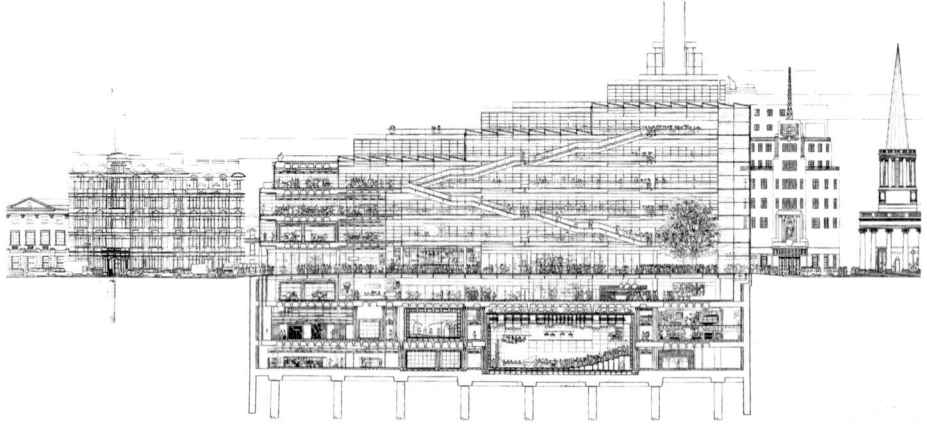

6

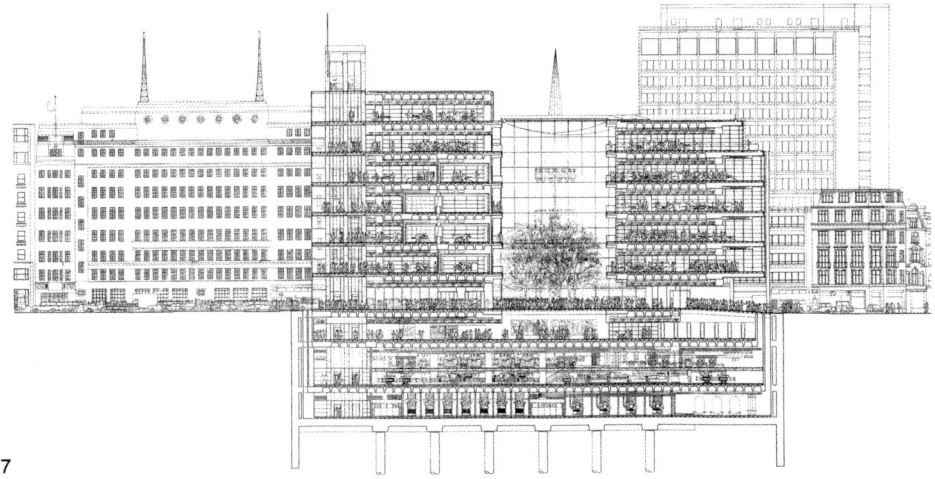

7

7/8 Secciones transversales por el vestíbulo 7/8 Transverse sections through the vestibule

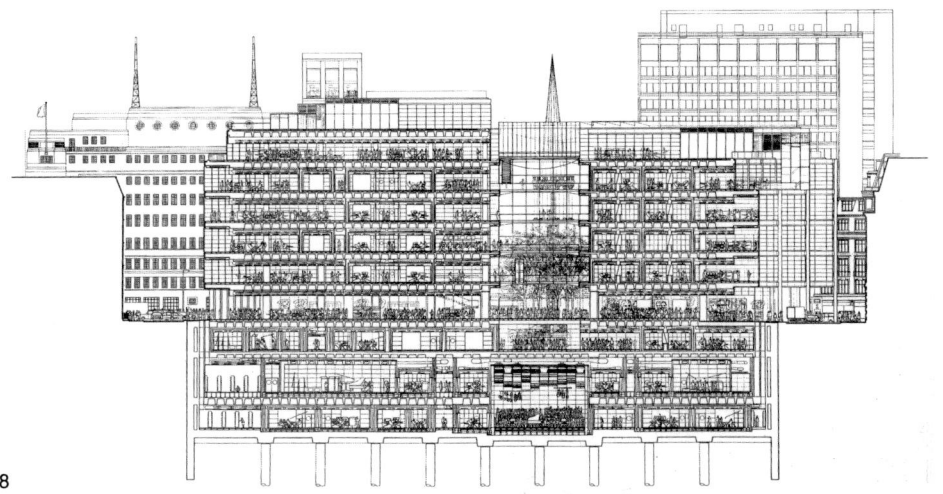

8

1984-1993   Carré d'Art, Nîmes (Place de la Comédie). Sir Norman Foster & Partners

Casi diez años después de ganar el concurso sobre un restringido número de competidores, Norman Foster consigue acabar, tras superar numerosas dificultades, el edificio nacido para ser «el Beaubourg de la Francia del Sur». Este proyecto fue para el arquitecto británico el primer banco de prueba real para valorar sus propias capacidades en el tema de la incorporación e integración de una nueva arquitectura en un contexto histórico fuertemente caracterizado por la presencia de la Maison Carrée: el templo romano hexástilo pseudoperíptero del siglo I a. C. atribuido a Agripa. El laborioso proceso de los bocetos y de los proyectos que siguieron al proyecto inicial del concurso refleja los problemas surgidos con el cliente y con el meticuloso trabajo de puesta a punto para la realización. Todas las propuestas reflejan sin embargo una aproximación al tema muy similar a la que inspira el proyecto para la BBC. Como en aquel caso, algunas direcciones, derivadas de la escala más amplia de la trama urbana, determinan unas líneas de fuerza convergentes en el área del nuevo edificio, ocupada con anterioridad por un teatro neoclásico destruido por un incendio. Recogiendo y valorando los efectos de dichas tensiones en el prisma virtual que lo configura, el Carré d'Art establece una relación mediatizada por el entorno. Sin superar la altura de los edificios adyacentes,

1984/1993   Carré d'Art, Nîmes (Place de la Comédie). Sir Norman Foster & Partners

Almost ten years after coming first in the international limited competition, Norman Foster finally completed, after overcoming numerous difficulties, the building always intended to be «the Beaubourg of the South of France». This project provided the British architect with the first real test of his capabilities in the matter of the incorporation and integration of a new work of architecture into a historic context with a strong character, here determined by the presence of the Maison Carrée, the hexastyle Corinthian temple from the 1st century BC atributed to Agrippa. The laborious process of developing the project through the successive sketch designs and versions following on from the original competition project reflects a series of problems with the client and with the painstaking work of preparing the scheme to go on site. All of the different proposals nevertheless reveal an approach very similar to that underlying the Portland Place scheme for the BBC. In both projects, lines of direction derived from the wider scale of the urban fabric define the lines of force which converge on the new building, on a site previously occupied by a neoclassical theatre, destroyed by fire. Gathering together and evaluating the effects of these tensions in a virtual prism, the Carré d'Art establishes a relationship mediated by its setting. Rather

1 Sección longitudinal por la plaza y la Maison Carrée
2 Vista nocturna de la Maison Carrée
3 Detalle de las escaleras que atraviesan el vestíbulo

1 Longitudinal section through the square and the Maison Carrée
2 View of the Maison Carrée by night
3 Detail of the stairs crossing the vestibule

1

2

3

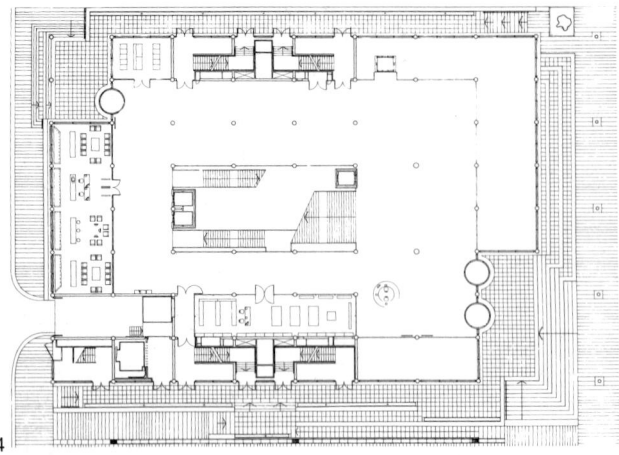

4

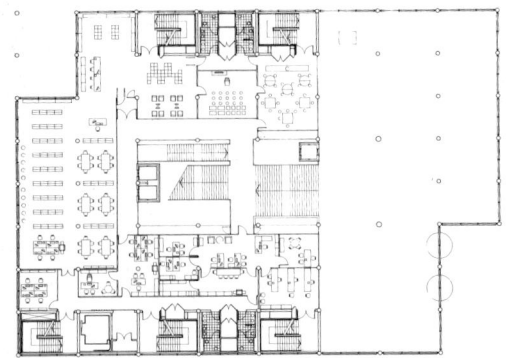

5

4 Plano del vestíbulo con la
  librería y la hemeroteca
5 Plano del primer nivel (biblioteca infantil, oficinas)
6 Plano del tercer nivel (galerías, café, terraza)

4 Plan of the vestibule
  level with the library and
  periodicals room
5 Plan of the first floor
  (children's library,
  offices)
6 Plan of the third floor
  (galleries, cafe, terrace)

7 La fachada a través del
  peristilo de la Maison Carrée

7 The facade seen through
  the peristyle of the
  Maison Carrée

En las páginas siguientes:
8 Sección transversal
9 El vestíbulo con la escalinata de vidrio
10 La plaza está a un nivel
   más bajo que el vestíbulo

Following pages:
8 Transverse section
9 The vestibule with the
  glass stairs
10 The square is on the
   lowest level of the
   vestibule

6

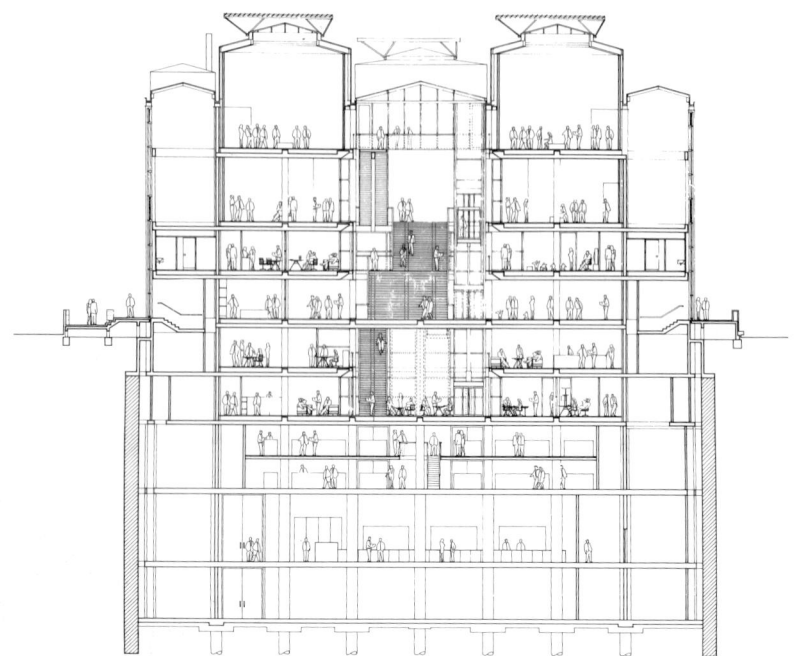

8

9

el Carré d'Art presenta la mitad del propio volumen enterrado, mientras que las restantes cuatro plantas que sobresalen están distribuidas en torno a un gran hueco central, atravesado por los ascensores transparentes y por un articulado sistema de escaleras y pasarelas acristaladas. La fachada de la plaza, cubierta por una profunda marquesina, ha sido atentamente proporcionada a las dimensiones de la Maison Carrée. Las galerías para la exposición ocupan los últimos dos niveles para aprovechar la mejor iluminación natural. Más abajo se encuentran las bibliotecas, entre ellas la infantil que está situada en el primer piso, con la hemeroteca y la librería en la planta baja. En el primer sótano está localizada la biblioteca principal iluminada directamente por los amplios vacíos que se asoman a ella desde el vestíbulo, destinado también a zona de exposiciones temporales.

than exceed the height of the neighbouring buildings, the Carré d'Art buries half of its total volume below ground, with the four floors above ground laid out around the great central void containing the transparent lift shafts and the skilfully articulated system of glazed stairs and walkways. The facade overlooking the square, under its deep canopy, is carefully proportioned to match the dimensions of the Maison Carrée. The exhibition galleries themselves are situated on the top two floors to make the best use of the natural light. Below them are the various libraries, with the children's library on the first floor and the periodicals room and the bookshop on the ground floor. The first basement level contains the main library, lit directly by way of the ample openings in the vestibule above it, which also serves as a space for temporary exhibitions.

11 Escorzo de las galerías
12 La biblioteca está situada bajo el nivel del vestíbulo

11 Foreshortened view of the galleries
12 The library situated below the vestibule level

11

2

1985-1991   Sackler Galleries en la Royal Academy of Arts, Piccadilly, Londres. Foster Associates: N. Foster, S. De Grey, T. Quick, J. Silver, J. Small, J. Barfield, M. Elkan

A partir de un programa de dimensiones limitadas destinado a la recuperación del espacio expositivo de algunos locales situados en la cúspide de la ochocentista Burlington House, Norman Foster lleva a cabo una radical intervención de relectura crítica de la instalación existente. La realización del nuevo vestíbulo, prolongación en la parte trasera de la histórica residencia nobiliar del vestíbulo original, constituye una mejora funcional de la disposición distributiva recalificando, además, la articulación de las distintas partes arquitectónicas del complejo museístico.

Un angosto y oscuro pasadizo, aplastado entre la Burlington House y el sucesivo añadido de las salas ochocentistas, es transformado en un luminoso vano en el que se integran las diáfanas estructuras de los suelos, de las escaleras y del ascensor que presenta un inesperado ascenso arquitectónico hacia las nuevas galerías.

La intervención recupera la fachada posterior del palacio, tapada durante más de un siglo, y la ofrece en una sugestiva puesta en escena en antiperspectiva que fragmenta la percepción global en un continuo desarrollo de elementos. Étimos scarpianos connotan la operación de relectura del «texto antiguo» recontextualizado en un espacio de fuerte valor conceptual. Las acristaladas pantallas opalinas, que concluyen el recorrido vertical antes del acceso a las nuevas galerías, aislan en una luz homogénea el cornisamento de la pa-

1985/1991   The Sackler Galleries, Royal Academy of Arts, Piccadilly, London. Foster Associates: N. Foster, S. De Grey, T. Quick, J. Silver, J. Small, J. Barfield, M. Elkan

Starting out from a programme of very limited scope aimed at recovering for exhibition use the space at the top of Burlington House, Norman Foster carried out a radical intervention in the form of a critical rereading of the existing facility. The creation of the new vestibule and the continuation of the original vestibule out to the rear of the historic noble mansion constitute a functional improvement on the existing layout and distribution scheme, as well as upgrading the articulation of the different architectural components of the museum complex.

A narrow dark passageway running between Burlington House and the later nineteenth-century additions is transformed into a luminous space in which the diaphanous structures of floors, stairs and lift combine to compose an architecturally unexpected ascent to the new galleries.

The intervention recovers the rear facade of the mansion, hidden from view for over a century, and presents it in a suggestive *mise en scène* which fragments the overall perception in a continuously developing sequence of elements. Scarpian details connote the operation of rereading the «historic text», placing it in a new context in a space of marked conceptual value. The opalescent glass screens which conclude the vertical movement up to the access to the new galleries isolate in a uniform homogeneous light the entablature of the

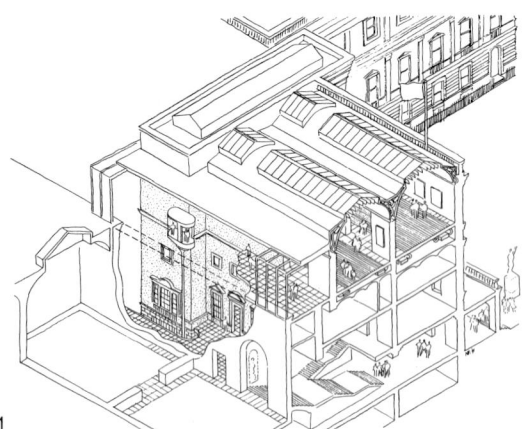

1

1   Sección axonométrica de la nueva intervención

1   Axonometric section of the new intervention

2 El ascensor acristalado y
la fachada de Burlington
House
3 Sección longitudinal por
el atrio después de la intervención de remodela-
ción y restauración

2 The glass lift and the
facade of Burlington
House
3 Longitudinal section
through the atrium after
the remodelling and
restoration work

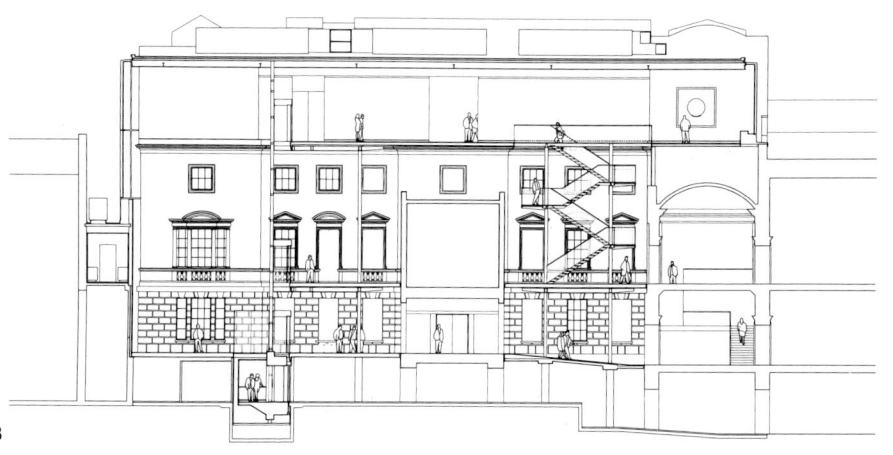

2

3

red de ladrillos del viejo añadido, transformándolo así en la gran repisa de apoyo de las esculturas. Desde este espacio «abstracto» se accede a las galerías configuradas como un ámbito más familiar, con bóvedas semicirculares e iluminado en clave por lucernarios filtrantes.

brick wall of the earlier extension, thus transforming it into the great ledge supporting the sculptures. This «abstract» space then leads in to the galleries, which present a more familiar appearance, with their semi-circular vaults and filtering skylights.

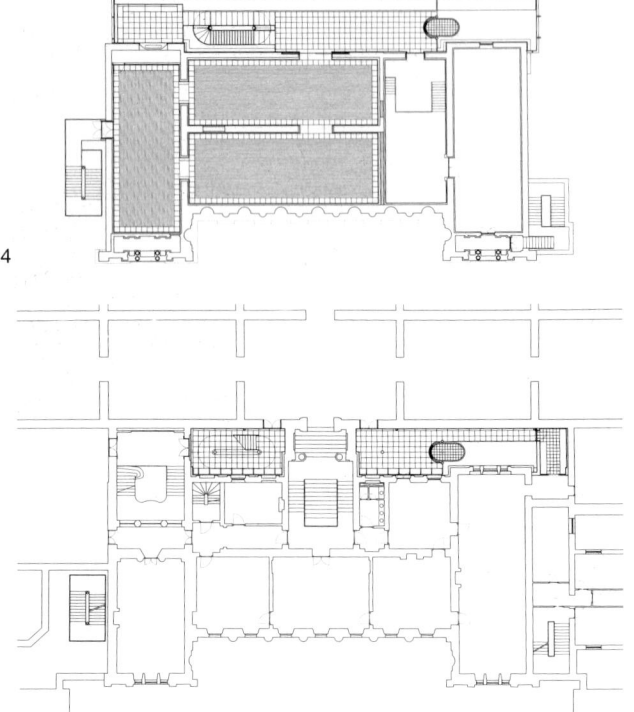

4

4 Plano de la segunda planta (galerías)
5 Plano del primer nivel
6 Plano de la planta baja

4 Plan of the second floor (galleries)
5 Plan of the first floor
6 Plan of the ground floor

5

En las páginas siguientes:
9 La nueva galería de las esculturas
10 Las escaleras transparentes en el vestíbulo
11 La galería de las esculturas con el *Tondo* de Miguel Ángel
12 Detalle de la rampa y de las escaleras vítreas

Following pages:
9 The new sculpture gallery
10 The transparent stairs in the vestibule
11 The sculpture gallery with Michelangelo's «Tondo»
12 Detail of the ramp and the glass stairs

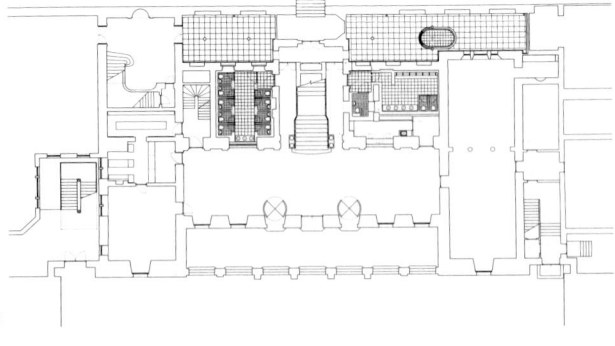

6

194

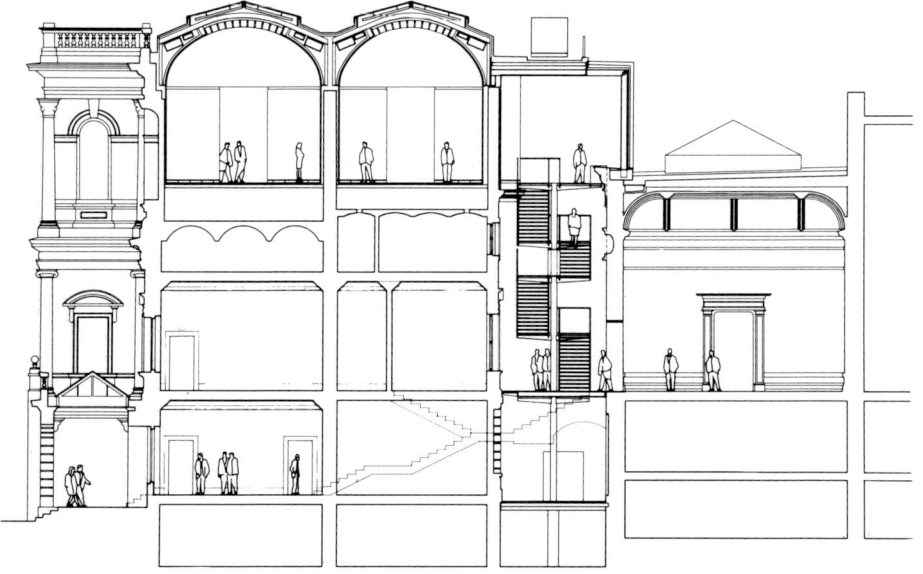

7 Las nuevas salas expositivas
8 Sección transversal por el nuevo vestíbulo
   y las galerías

7 The new exhibition rooms
8 Transverse section through the new
   vestibule and the galleries

9

10

11

2

1987-1989   Oficinas B3 en Stockley Park
(Heathrow). Foster Associates

1987/1989   B3 offices in Stockley Park,
Heathrow. Foster Associates

Una ligera cubierta, que sigue el trazado dictado por la estructura metálica inferior en Y, alberga tres franjas paralelas de oficinas dispuestas en tres plantas en el área del parque tecnológico londinense. La disposición, que se adapta a la configuración planimétrica del terreno, determina un deslizamiento progresivo de los volúmenes y, de esta forma, distintas percepciones del complejo, privilegiando unas veces la unicidad de las partes, otras veces la continuidad del conjunto. Temáticas tipológicas, como la del *umbrella building* ya experimentadas en otros edificios, no sólo industriales, vuelven a encontrarse en Stockley Park junto a la profundización de la solución del espacio del vestíbulo que constituye uno de los intereses fundamentales sobre el que se ejercita la pericia de Foster. Este ámbito que separa las funciones y distribuye los accesos a las mismas se convierte en un elemento de atracción iluminado desde arriba y

A lightweight roof, which follows the line dictated by the underlying Y-shaped metal structure, covers three strips of offices, laid out over three floors in the area of the London technology park. The layout, adapted to the planimetric characteristics of the site, determines the progressive sliding of the volumes, and thus the different perceptions of the complex, at times emphasizing the uniqueness of the individual parts, at others the continuity of the whole. Typological themes such as that of the *umbrella building*, already experimented with in not only industrial constructions, are returned to again here in Stockley Park, alongside a more in-depth investigation of the solution of the vestibule space, which constitutes one of the fundamental concerns on which Foster exercises his skill. This area, which separates the different functions and distributes access to them, is made an element of attraction, lit

1 Planimetría general

1 General planimetry

1

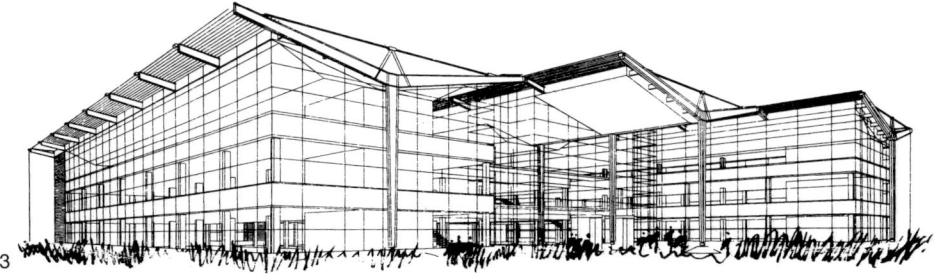

2 La fachada de acceso

2 The access facade

3 Perspectiva

3 Perspective

En la página siguiente:
  4 Vista de la fachada lateral
  5 Plano de la planta baja

Following page:
  4 View of the side facade
  5 Plan of the ground floor

4

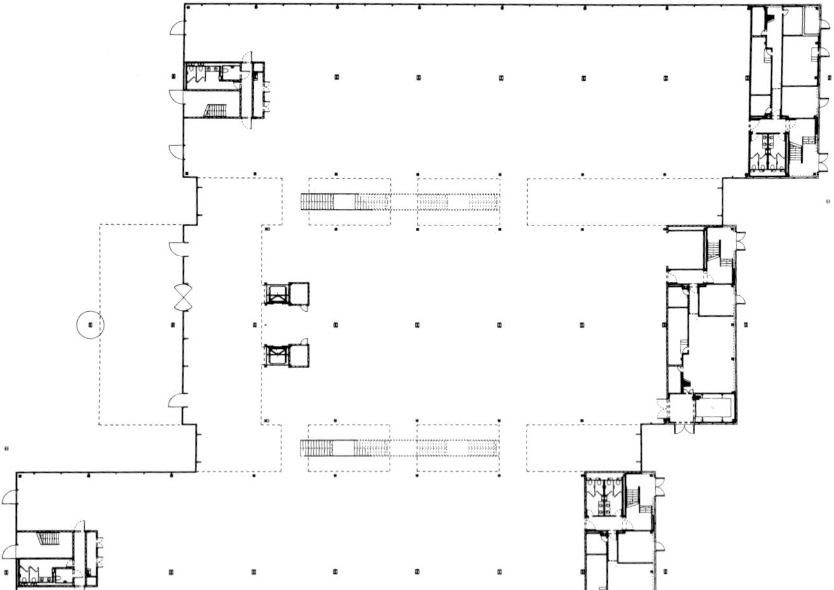

5

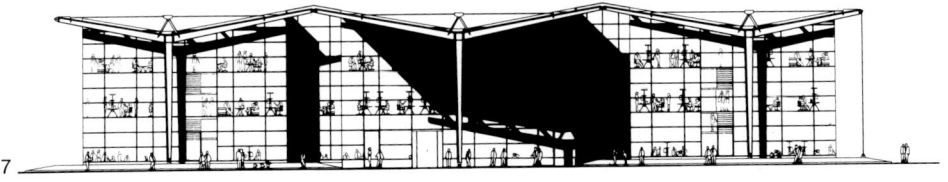

6 El lado meridional de los servicios
7 Fachada de acceso

6 The south side of the services unit
7 Access facade

sobre el que se asoman las oficinas. Una vez más la investigación tecnológica produce en esta ocasión una espectacular fachada acristalada que, a lo largo de los lados mayores del complejo, da lugar a un prodigioso juego de disolución de la pared en un entramado de densidad variable, concebido especialmente para responder mejor a las exigencias de iluminación del espacio de trabajo. La realización de la obra, llevada a cabo en el arco de nueve meses, ha utilizado la metodología del *fast-track* con la estrecha conexión entre el momento de la creación técnico-ejecutiva y de su inmediato traslado a la obra.

from above and overlooked by the offices. Here once again, technological research has produced a spectacular glazed facade, and this, running the length of the longer sides of the complex, gives rise to a prodigious effect in the dissolution of the wall into a framework of varying densities, specifically conceived to respond more fully to the lighting requirements of the work space. Completed in a timescale of only nine months, the project was taken on site using the *fast track* technique, with its immediate translation of each latest design decision into actual construction.

8

9

8 Detalle de la estructura y de los cerramientos en la fachada de los servicios

8 Detail of the structure and the skin of the services facade

9 Detalle de la solución de continuidad entre los cuerpos de los edificios

9 Detail of the solution giving continuity between the different volumes

10 Detalle de la cubierta acristalada del vestíbulo

10 Detail of the glass roof of the vestibule

11 Pasarela de comunicación entre las oficinas en el vestíbulo

11 Catwalk in the vestibule connecting different offices

10

11

12 La estructura en Y en la
   fachada de los servicios

12 The Y-shaped structure
   of the facade of the
   services unit

13 Detalle de la fachada de
   los servicios

13 Detail of the facade of
   the services unit

1987-1991   Century Tower Bunkyo-ku, Tokyo. Foster Associates: N. Foster, D. Nelson, K. Shuttleworth, M. Bramhall, H. Chan, T. Politowicz, A. Seeling, A. Yakubu; Foster Associates Japan: C. Seddon, H. Brouwer, A. Miller, K. Lui, H. Uno

Después de Hong Kong es en Tokyo, con el Century Tower, donde el estudio realiza su segundo rascacielos todavía marcado por el concepto de total flexibilidad. Muchos son los aspectos comunes a las dos obras tanto en los términos de tipología funcional como en la forma: términos estrictamente correspondientes entre sí y relacionados con el dato técnico-constructivo. La peculiar configuración del edificio responde al acercamiento de dos torres de 19 y 21 plantas separadas por un vestíbulo a gran altura que ilumina profundamente la fábrica. La flexibilidad de las plantas de las oficinas, desprovistas de cualquier estructura fija, se ha conseguido desplazando al exterior, a lo largo de dos lados, los servicios y las instalaciones, y, a lo largo de los otros dos, al potente armazón estructural. Este último mo ha sido concebido en términos de seguridad de prestaciones frente a accidentes naturales como terremotos y tifones, pero también de innovación normativa respecto al contexto nipón. El dibujo fuertemente expresivo de los bastidores con riostras, que denota una cierta referencia a la configuración de los tradicionales portales *torii*, caracteriza la disposición arquitectónica de las fachadas y pauta la sucesión de los bloques de los suelos, donde se alternan plantas apoyadas «en puente» y plantas suspendidas y reculadas respecto a la línea de la fachada y del vestíbulo. La entrada en la planta baja, ampliamente iluminada tanto desde arriba como en los frentes, tiene en la parte de atrás una sugestiva apertura hacia una superficie acristalada inclinada y curva sobre la que discurre el agua que refresca el vano inferior de la piscina, cuyo espacio evoca la configuración de los templos japoneses. Una galería de arte está situada en el primer sótano, bajo la entrada, mientras que el centro de telecomunicaciones, que está emplazado en la cúspide de la torre más alta, colabora con la presencia de la sutil antena en señalar el edificio como una silueta destacada en el sector urbano de Bunkyo-ku.

1987/1989   «Century Tower», Bunkyo-ku, Tokyo. Foster Associates: N. Foster, D. Nelson, K. Shuttleworth, M. Bramhall, H. Chan, T. Politowicz, A. Seeling, A. Yakubu; Foster Associates Japan: C. Seddon, H. Brouwer, A. Miller, K. Lui, H. Uno

Following on from Hong Kong, Tokyo provided the site for the firm's second skyscraper, informed once again by the concept of total flexibility. The two works have a number of aspects in common, in terms of both functional typology and form: terms which strictly correspond the one with the other, and in relation to the construction technologies employed. The peculiar configuration of the building derives from the proximity of the two 19- and 21-storey towers separated by an exceptionally tall vestibule which illuminates the built fabric in depth. The flexibility of the office floors, free of all fixed structural elements, has been achieved by removing the services to the exterior of two sides of the building and the potent structural framework to the exterior of the other two sides. This framework is conceived on the basis of its safety and security in the event of natural disasters such as earthquakes and typhoons, but also as a conscious innovation in terms of the Japanese construction context. The strongly expressive pattern of the structural frame, with its wind braces demonstrating a reference to the traditional *torii* gateway, characterizes the architectonic disposition of the facades and regulates the sequence of the blocks of floors, with «bridge» floors alternating with other suspended floors stepped back from the line of the facade and the vestibule. The entrance on the ground floor, generously illuminated from above and front and back, is suggestively open to the rear, giving onto a sloping curved glass surface over which runs the water which refreshes the interior void of the pool, a space which evokes the traditional layout of the Japanese temple. An art gallery occupies the first basement level beneath the entrance, while the telecommunications centre, situated at the top of the taller tower, contributes through the presence of its subtle aerial to the signalling of the building as an outstanding silhouette in the urban district of Bunkyo-ku.

1   El rascacielos en el tejido urbano de Tokyo

1   The skyscraper in the urban fabric of Tokyo

1

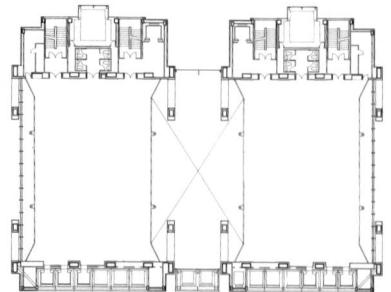

2 Plano del cuarto nivel
3 Plano del nivel de la entrada
4 Plano del tercer sótano (aparcamiento)

2 Plan of the fourth level
3 Plan of the entrance level
4 Plan of the third basement level (car park)

2

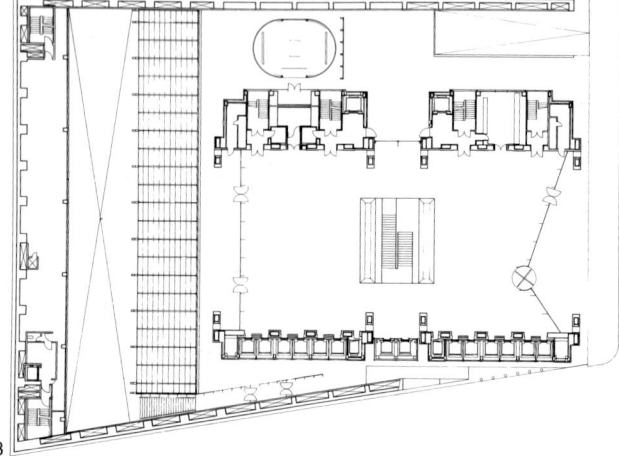

3

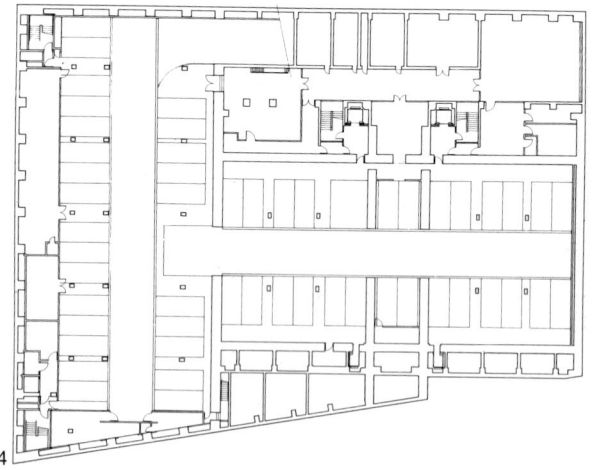

4

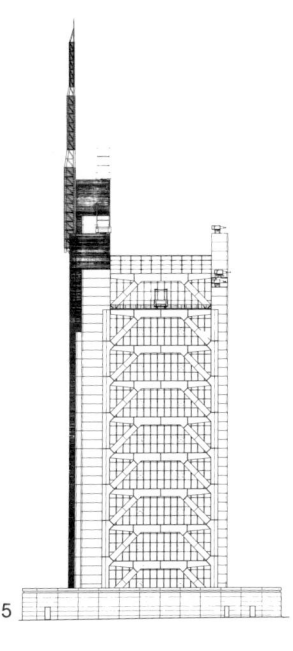

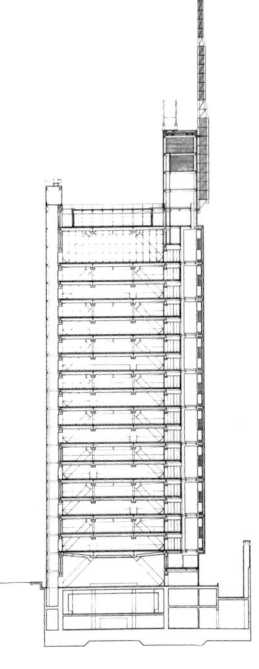

5 Fachada norte
6 Sección este-oeste
7 Vista de las oficinas a través del vestíbulo

5 North facade
6 East-west section
7 View of the offices through the vestibule

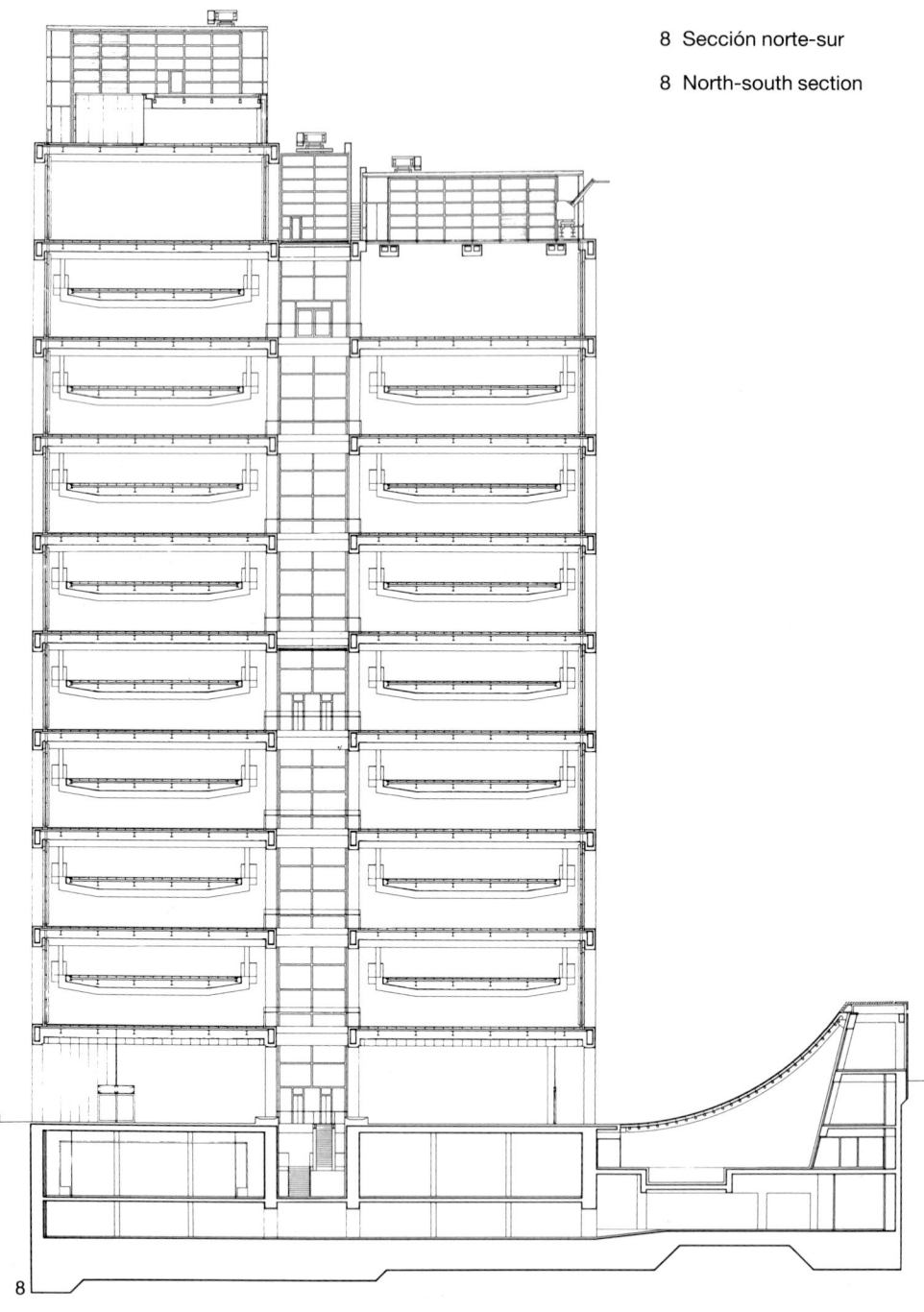

8 Sección norte-sur

8 North-south section

8

9
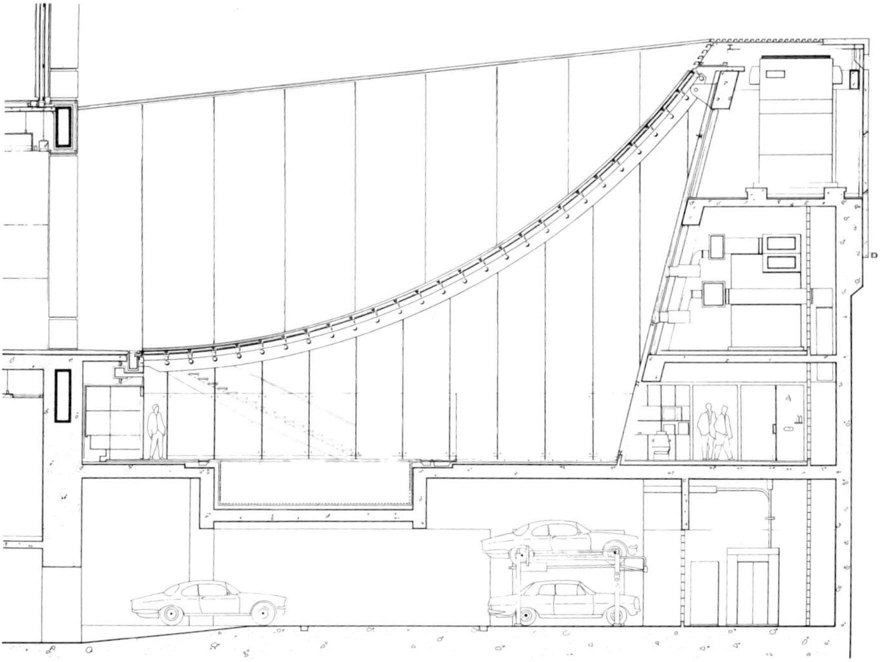

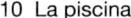

9 Sección por la piscina

9 Section through the swimming pool area

10 La piscina

10 The swimming pool

10

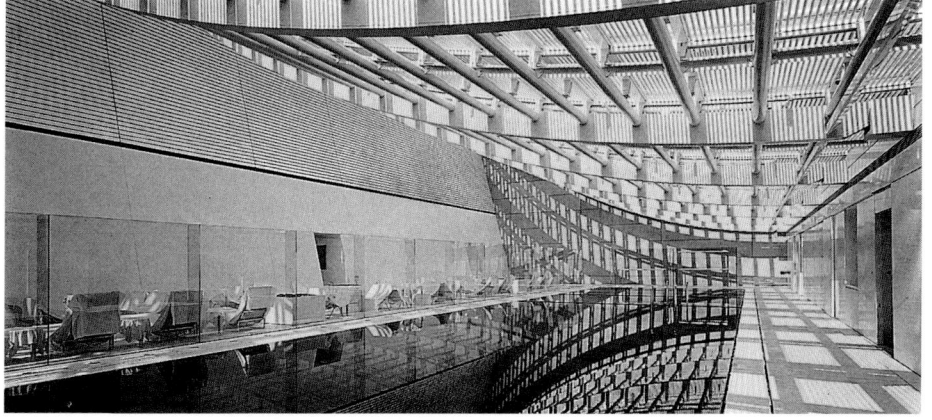

1988-1990   Sede del canal televisivo ITN, Grey's Inn Road, Londres. Foster Associates: N. Foster, D. Berry, E. Borgos, G. Brooker, K. Carrucan, K. Gomez, J. Harrison, B. Haw, C. Huber, S. Mikkelson, D. Miller, R. Partington, A. Pascal, A. Seeling, K. Suttleworth, M. Sparrowhawk, J. Stuart, S. Staughton, R. Uren

El proyecto para la BBC en Portland Place constituyó una firme referencia en la realización de los estudios y oficinas para la cadena televisiva ITN. El concepto tipológico de vestíbulo representa el nexo predominante entre estas dos obras basadas en numerosos trabajos precedentes en los que el mismo tema ha sido constantemente explorado en sus valores urbanos y sociales. El programa constructivo de ITN establecía la realización de los estudios televisivos y de algunas oficinas en los dos sótanos, colocando en el nivel más bajo la «plaza», verdadero corazón pulsante de la empresa, visualmente referida a la entrada principal que se asoma a la calle. El vestíbulo ilumina en profundidad la parte basamental del edificio y encuentra su configuración trapezoidal como enlace de dos bloques constructivos alineados sobre las dos calles que delimitan los lados más largos del terreno. La diversidad de las partes, que presentan diferentes grosores de fábrica y diferentes disposiciones de las fachadas de la calle, se refleja también en las aperturas interiores del vestíbulo. Aquí el edificio, más estrecho, presenta la secuencia de los balcones mientras que la parte más ancha se asoma directamente a los ambientes de trabajo y a dos series de terrazas, progresivamente reculadas

1988/1990   Headquarters for the ITN television company, Grey's Inn Road, London. Foster Associates: N. Foster, D. Berry, E. Borgos, G. Brooker, K. Carrucan, K. Gomez, J. Harrison, B. Haw, C. Huber, S. Mikkelson, D. Miller, R. Partington, A. Pascal, A. Seeling, K. Shuttleworth, M. Sparrowhawk, J. Stuart, S. Staughton, R. Uren

The project for the BBC in Portland Place served as a firm point of reference for the scheme for studios and offices for the ITN television company. The typological concept of the vestibule provides the dominant nexus linking these two projects, based on numerous precedents in which the same theme was extensively explored in its various urban and social implications. The construction programme for the ITN building ordered the realization of the television studios and some of the offices in the two basement levels, establishing the lowest level as the «piazza», the real beating heart of the operation, visually related to the main entrance looking onto the street. The vestibule illuminates in depth the basement part of the building, taking its trapezoidal configuration as the link between the two blocks constructed along the lines marked by the streets bounding the two longer sides of the site. The diversity of the component parts, with their different thicknesses of built fabric and different dispositions of the street facades, is also reflected in the interior openings of the vestibule. Here the narrower building presents its sequence of balconies, while in the wider one the work spaces commence without preambule. This building is topped by the two

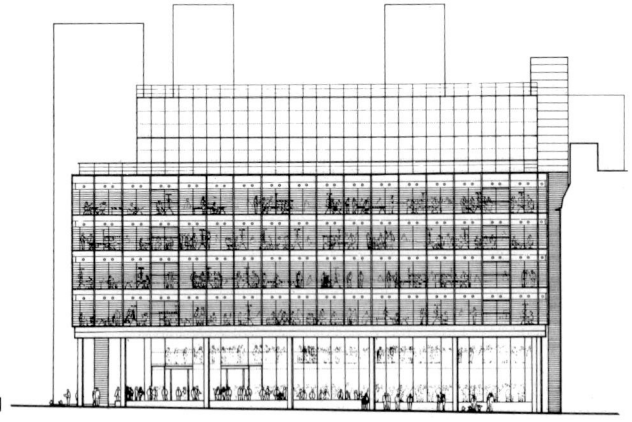

1 —

1   Alzado a Grey's Inn Road

1   Grey's Inn Road elevation

2 La fachada a Grey's Inn
  Road
3 Fachada a Coley Street

2 The Grey's Inn Road
  facade
3 The Coley Street facade

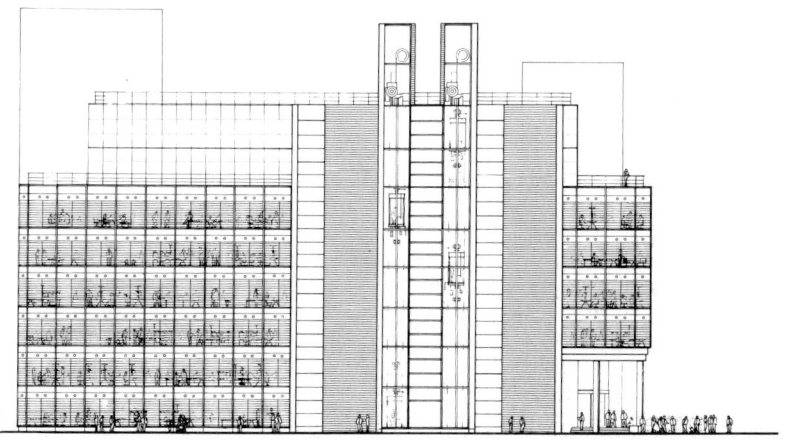

2

3

hacia arriba, que marcan el grosor del edificio y facilitan la iluminación natural de las zonas más profundas de las distintas plantas y de todo el vacío central.

series of terraces, progressively stepped back from the facade, which mark its thickness and facilitate the natural illumination of the different levels and the entire central void.

4 Vista general del vestíbulo
5 Plano de la entrada
6 Plano de la tercera planta

4 General view of the
   vestibule
5 Plan of the entrance
6 Plan of the third floor

4

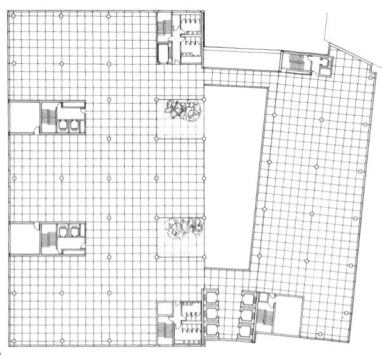

6

7 Las oficinas vistas a través del vestíbulo
8 Sección transversal

7 The offices seen through the vestibule
8 Transverse section

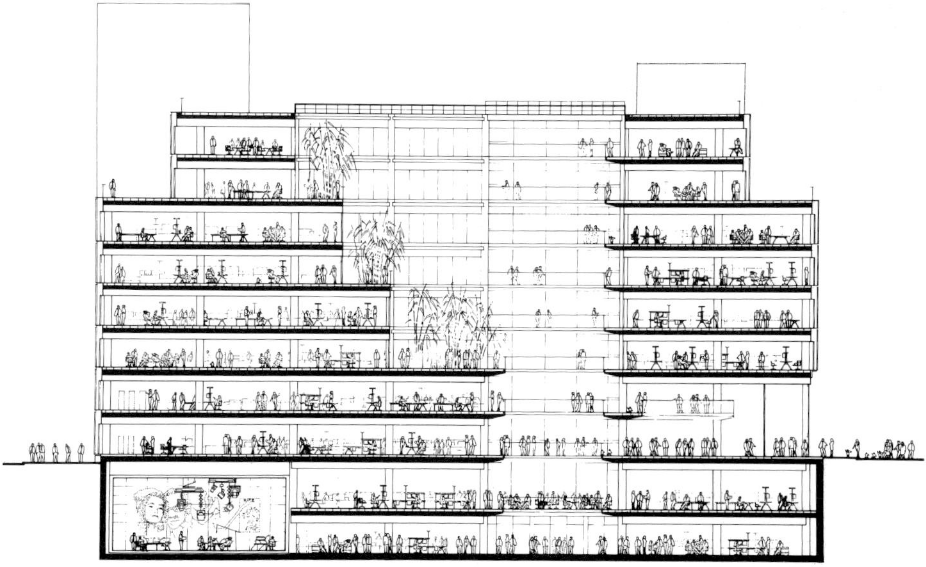

1988-1991   Crescent Wing, Sainsbury Centre for the Visual Arts, Norwich (University of East Anglia, Norfolk). Sir Norman Foster & Partners: N. Foster, C. Chabhra, C. Connell, R. Hawkins, H. Lukas, G. Phillips

Una ligera medialuna vítrea e inclinada que surge del terreno siguiendo sus suaves pendientes, marca el límite hacia el lago del Sainsbury Centre for the Visual Arts. Junto a la franja de vidrio que cubre a ras de hierba una rampa descendente para el acceso del público, éste es el único indicio visible de la ampliación de la estructura del museo en el campus universitario de Norwich. Construido íntegramente bajo el nivel del suelo, el Crescent Wing prolonga los locales subterráneos de la estructura originaria, como un real y verdadero estilóbato herboso para el gran «hangar del arte» erigido ya como simbólico templo de la *high-tech*. Respetando el valor que el Sainsbury Centre ha adquirido en la historia de la arquitectura contemporánea, la nueva intervención congela cualquier hipótesis de crecimiento *open-ended* a lo largo del eje: desarrollo completamente natural para el edificio y ya estudiado por Foster en sus bocetos de proyecto a mediados de los años

1988/1991   Crescent Wing, Sainsbury Centre for the Visual Arts, Norwich (University of East Anglia, Norfolk). Sir Norman Foster & Partners: N. Foster, C. Chabhra, C. Connell, R. Hawkins, H. Lukas, G. Phillips

An inclined lightweight glass half moon emerging from the landscape, and following its smooth contours, marks the lakeside boundary of the Sainsbury Centre for the Visual Arts. Together with the strip of glass at the level of the grass which covers the descending ramp for public access, this is the only visible indication of the extension to the structure of the art museum on the university campus in Norwich. Constructed entirely below ground, the Crescent Wing continues the basement spaces of the original structure, proposing itself as a genuine grassy stylobate for the great «art hangar» erected in its day as a symbolic temple to *high tech*. While respecting the value attaching to the Sainsbury Centre in the history of architecture, the new intervention nevertheless freezes any idea of open-ended growth along its axis: a perfectly natural development for the building, and one countenanced by Foster in the mid-seventies in his sketch designs of the time.

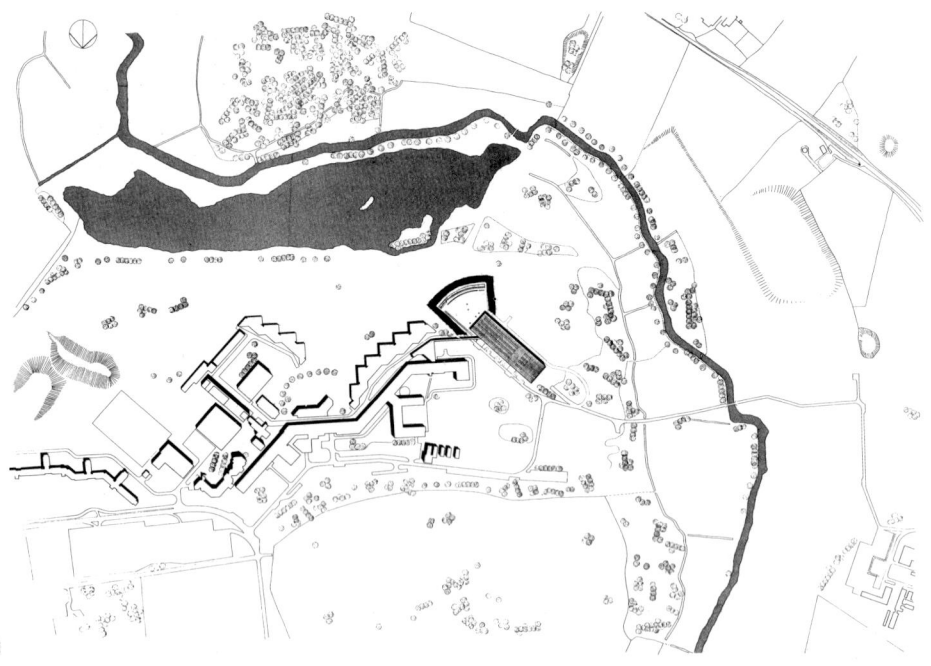

1

1 Planimetría general

1 General planimetry

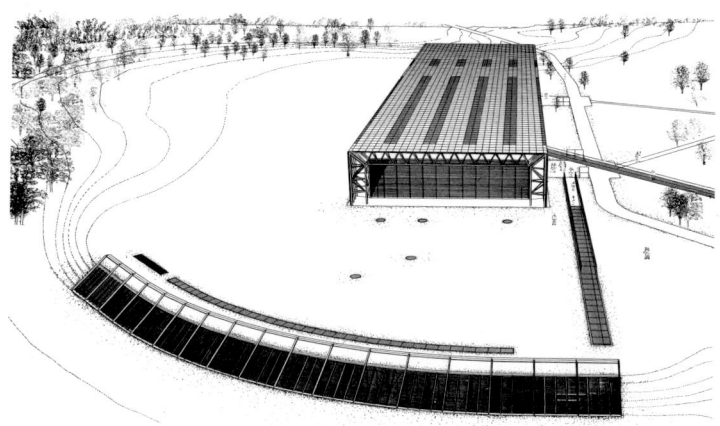

2 El Crescent Wing y el
  Sainsbury Centre
3 Perspectiva aérea

2 The Crescent Wing and
  the Sainsbury Centre
3 Aerial perspective

2

3

setenta. Los nuevos equipamientos del centro contienen espacios expositivos, laboratorios y medios de vanguardia, ambientes destinados al estudio, a seminarios y a almacenes. Las diferentes funciones están distribuidas a partir de la geometría de la primera construcción en las zonas próximas a ella, mientras que en las más alejadas siguen una directriz de tipo radial. Arco y radio definen las zonas de encuentro de los seminarios y la corona de las oficinas a las que se accede desde el pasillo curvo, del que reciben la iluminación, y se asoman al escenario natural del lago.
El volumen realizado equivale a dos terceras partes del de la precedente intervención.

The Centre's new facilities contain exhibition spaces, advanced laboratories and media, study and seminar rooms and storerooms. The various different functions are distributed on the basis of the geometry of the original construction in the areas close to it, while following a more radical line as they move further away from it. Arc and radius define the meeting areas for seminar groups and the crown of the offices, which are reached from the curving passageway which lets light in to them and allows them to look out on the natural setting of the lake.
The volume of the new construction is two thirds that of the original intervention.

4 Plano de la planta baja del Sainsbury Centre con la cubierta del Crescent Wing

4 Plan of the ground floor of the Sainsbury Centre with the roof of the Crescent Wing

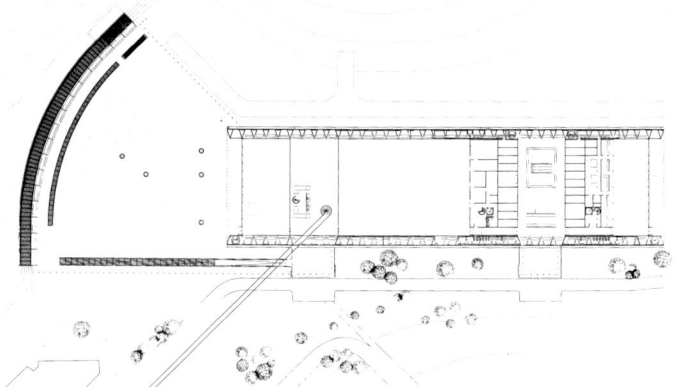

4

5 Sección longitudinal por el Sainsbury Centre y por el Crescent Wing

5 Longitudinal section through the Sainsbury Centre and the Crescent Wing

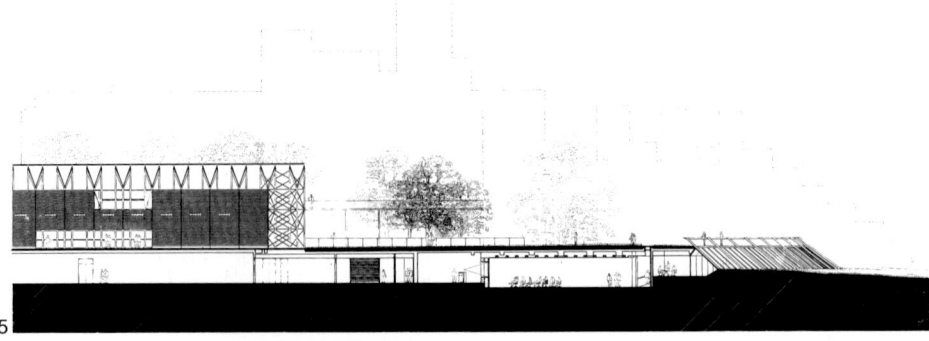

5

6 Detalle de la vidriera inclinada que ilumina el recorrido de distribución a las oficinas y estudios
7 El recorrido de distribución a las oficinas y estudios

6 Detail of the sloping window which lights the office and studio distribution route
7 The distribution route serving the offices and studios

8 Detalle de la sección   8 Detail of the section

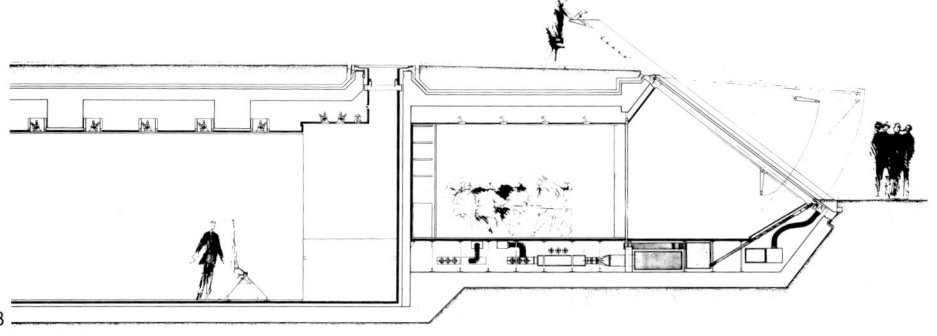

1988-1992 Torre de Telecomunicaciones, Collserola, Barcelona. Sir Norman Foster & Partners: N. Foster, K. Shuttleworth, R. Partington, M. Bramhall, M. Sparrowhawk, J. Willen

El mítico icono de la Tour Eiffel que durante mucho tiempo presidió, junto a una fotografía gigante de un planeador en vuelo y de un circuito microelectrónico, las álgidas paredes de las oficinas de Portland Place, condensa el espíritu de la arquitectura fosteriana en la experimental realización de la estructura para Barcelona. Ganador de un concurso restringido, el proyecto de Norman Foster conjuga invención estructural y originalidad formal, máxima eficiencia y mínimo impacto, para definir uno de los nuevos signos territoriales de la capital catalana en concomitancia con los Juegos Olímpicos de 1992.
Esbelta (288 metros) y transparente, la torre está situada en uno de los altos relieves que coronan la ciudad hacia el norte y aparece en seguida al visitante, ya proceda del mar o del cielo. Sobre un fuste central de hormigón, que

1988/1992 Telecommunications tower, Collserola, Barcelona. Sir Norman Foster & Partners: N. Foster, K. Shuttleworth, R. Partington, M. Bramhall, M. Sparrowhawk, J. Willen

The mythical icon of the Eiffel Tower which, together with a giant photograph of a glider in flight and an electronic microcircuit, presided over the otherwise bare walls of the office in Great Portland Street, condenses the whole spirit of Foster's architecture as manifested in the experimental production of the structure for Barcelona. Winner of the limited international competition, Norman Foster's scheme combines structural invention and formal originality, maximum efficiency and minimum impact, to define one of the new landmark territorial signs of the Catalan capital on the occasion of the 1992 Olympic Games. Tall (288 metres), slender and transparent, the tower stands on one of the ring of hills to the north of the city, presenting itself immediately to the visitor arriving by sea or air. Mounted on a central concrete shaft, which sinks its

1 Planimetría
2 Vista general

1 Planimetry
2 General view

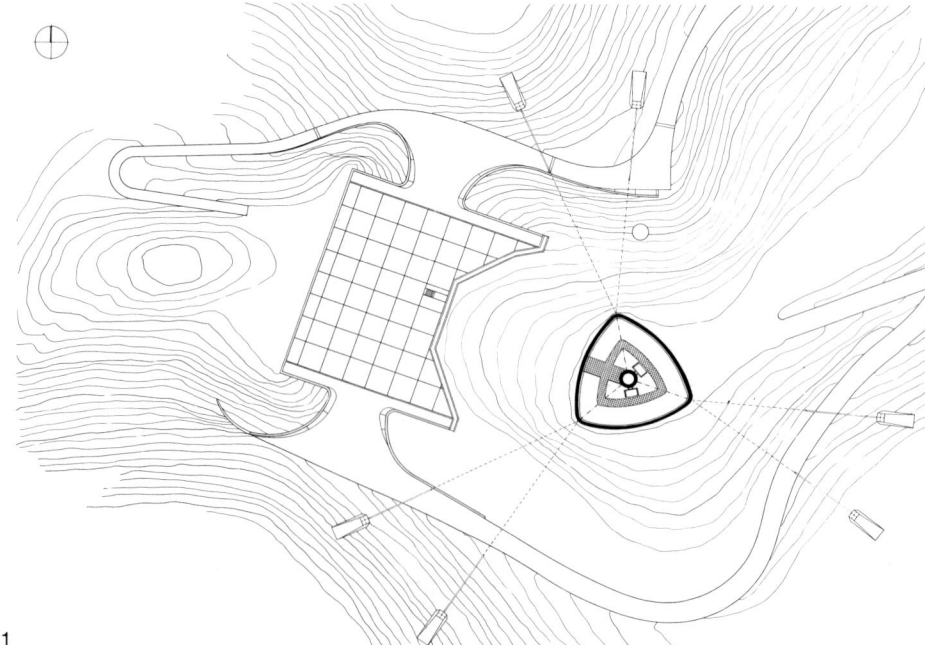

1

2

3 Alzado
4 Vista general

3 Elevation
4 General view

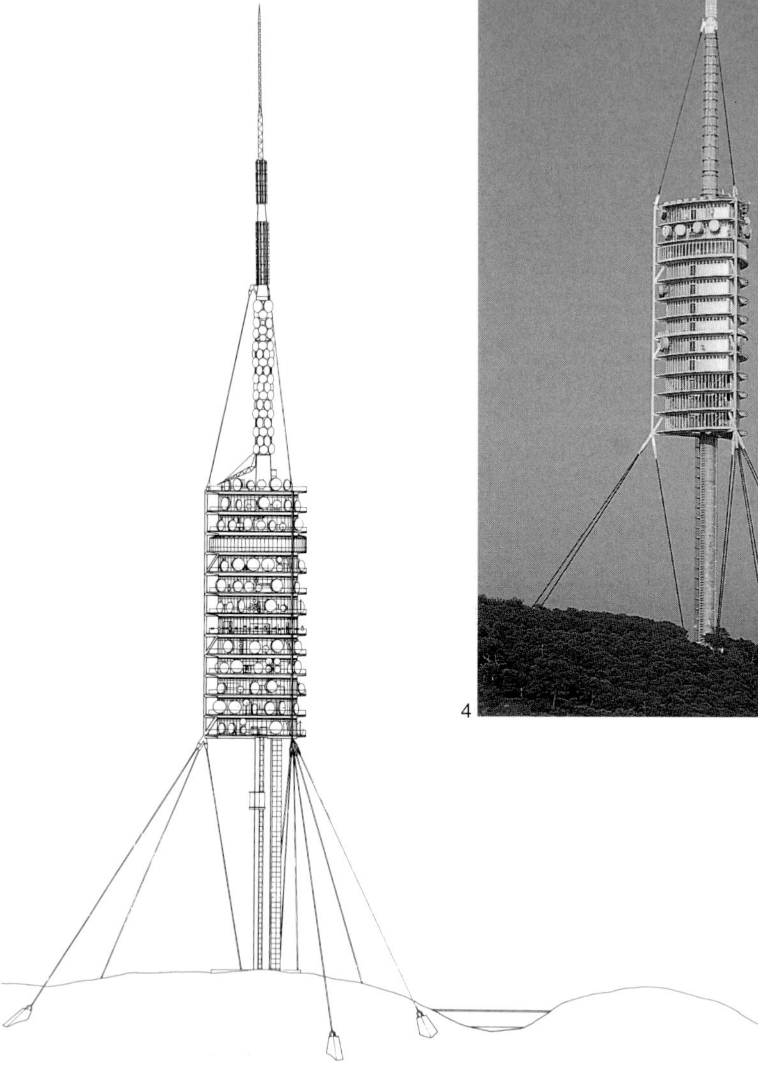

3

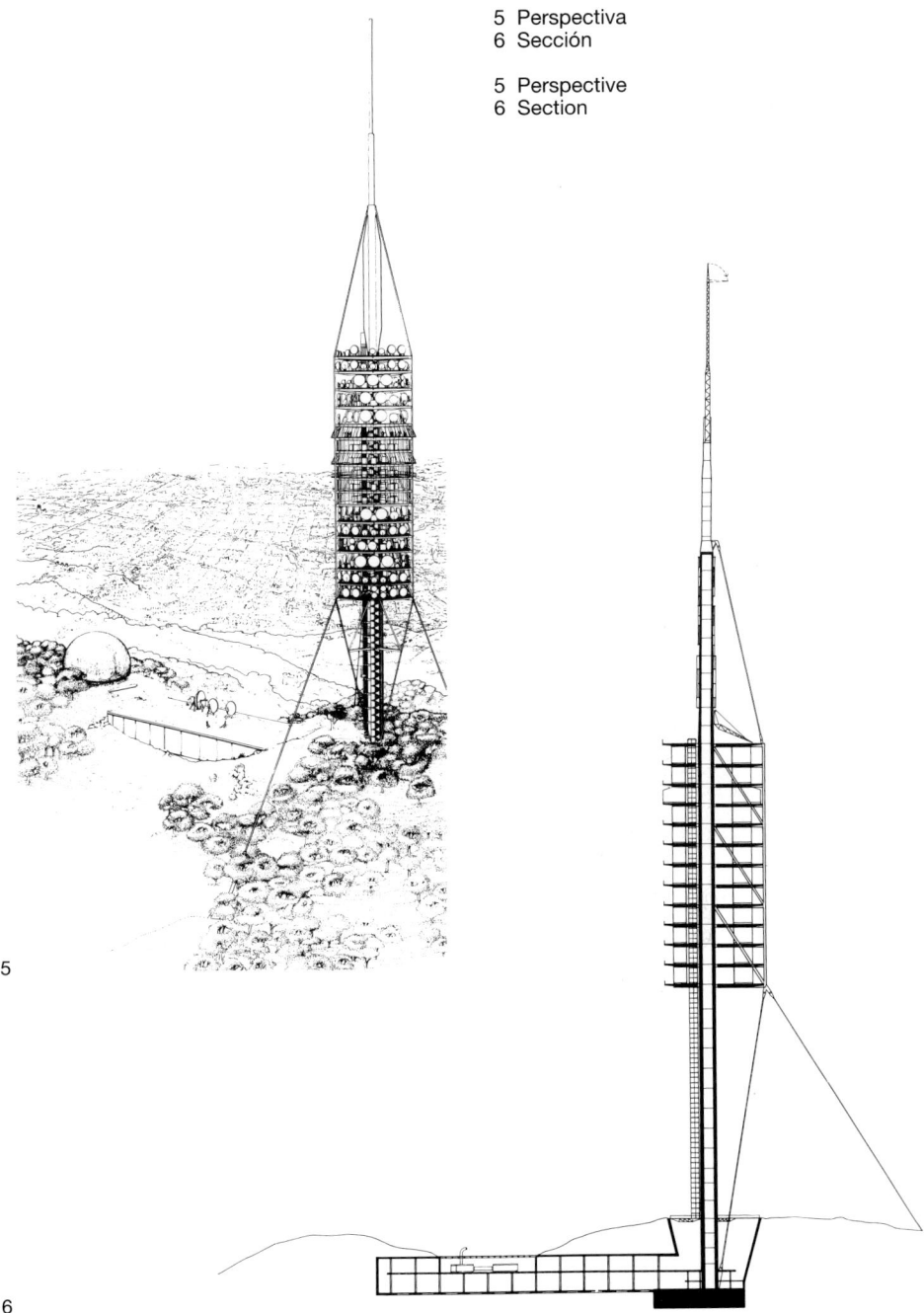

5 Perspectiva
6 Sección

5 Perspective
6 Section

5

6

221

7 Vista desde abajo

7 View from below

8 Plano del décimo nivel
9 Plano del octavo nivel

8 Plan of the tenth level
9 Plan of the eighth level

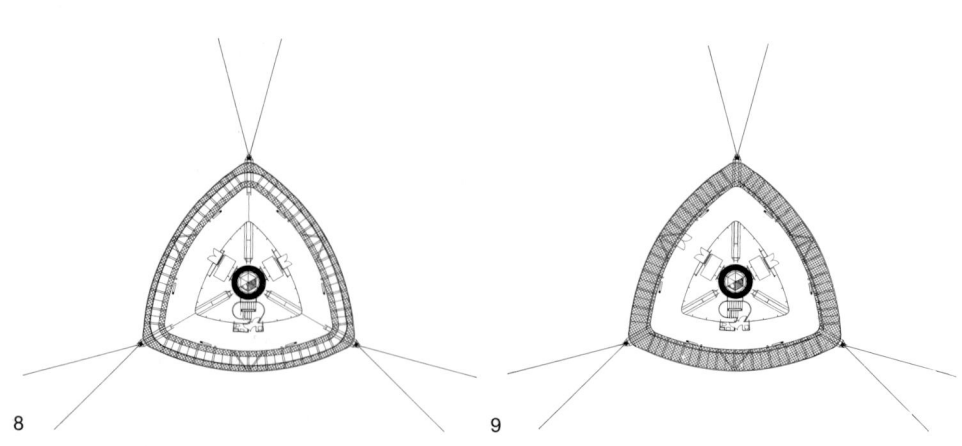

8

9

hunde su propio apoyo en un basamento hipogeo, habilitado para el acceso a las instalaciones y a los servicios, están montadas las trece plantas triangulares con los lados curvos que albergan las instalaciones electrónicas y una terraza pública como mirador. El fuste central lleva incorporadas las estructuras ligeras de las escaleras de seguridad y un espectacular ascensor panorámico. La particular configuración de las estructuras horizontales obedece a valoraciones sobre la capacidad de mínima resistencia a las fuerzas del viento combinada con efectos oscilatorios y vibrantes. El conjunto de las plantas ha sido anclado mediante cables postensados a las laderas de la montaña y está estabilizado en la cúspide de la antena mediante un ulterior sistema de cables sujetos a las vigas de apoyo unidas entre sí por rigidizaciones verticales que pasan por los vértices de los triángulos. Investigación tecnológica y de ingeniería se combinan aquí con un uso sofisticado de materiales para altas prestaciones, y todo el conjunto es puesto al servicio de la flexibilidad funcional y de una gran facilidad en el mantenimiento.

own support in a hypogee base providing access to the technical installations and services, are the thirteen curving-sided triangular-plan floors accommodating the electronic equipment and a public viewing terrace. The central shaft incorporates the lightweight structures of the emergency stairs and a spectacular panoramic lift. The particular configuration of the horizontal elements is derived from calculations of the optimum combination of minimum wind resistance with oscillation and vibration effects. The complex of floors has been secured by means of post-tensioned cables anchored to two sides of the hill, and stabilized at the top of the aerial by a second system of cables attached to the support beams, which are linked in turn by vertical braces passing through the vertices of the triangles. Technological and engineering research combine here with a sophisticated use of high-performance materials, and the complex as a whole achieves both functional flexibility and ease of maintenance.

10 Detalle de la estructura

10 Detail of the structure   10

1988-1993 Parque de Microelectrónica, Neudorf, Duisburg. Sir Norman Foster & Partners: N. Foster, D. Nelson, S. Benling, M. Bowman y C. Allercamp, C. Ayaz, S. Bailey, M. Braun, G. Fan, M. Fantoni, B. Frank, G. Gewers, H. Goodland, S. Hijjas, J. Kimmerle, T. Kröger, P. Latour, A. Poitier, A. Weinmann

1988/1992 Microelectronics park, Neudorf, Duisburg. Sir Norman Foster & Partners: N. Foster, D. Nelson, S. Benling, M. Bowman and C. Allercamp, C. Ayaz, S. Bailey, M. Braun, G. Fan, M. Fantoni, B. Frank, G. Gewers, H. Goodland, S. Hijjas, J. Kimmerle, T. Kröger, P. Latour, A. Poitier, A. Weinmann

En el ámbito del vasto programa de remodelación y revitalización industrial de la ciudad del Ruhr, Norman Foster configura el parque de la microelectrónica como ocasión para reforzar la disposición morfológica del sector urbano de Neudorf. Tres tipos distintos de edificios se combinan con el agua y la vegetación proponiendo un pequeño modelo de «ciudad verde» donde los elementos artificiales están relacionados con los naturales para desarrollar un ambiente «ecológicamente correcto» y de bajo consumo energético.
Una pseudotorre para oficinas de planta lenticular y cubierta curva (el Centro de Promoción de Negocios) concluye una parte del tejido preexistente y, estratégicamente situada, marca por un lado el paso al nuevo asentamiento, y el acceso a la ciudad histórica por otro. Un papel análogo pero jerárquicamente inferior es ejercido por el bloque cilíndrico del Forum Telemático y por el Centro Tecnológico caracterizado por el gran vestíbulo central y por la cubierta inclinada que no supera la altura de los edificios circundantes. Las unidades lineales y más bajas, las últimas en ser construidas, albergan el Centro de Microelectrónica para el que se ha ultimado un sofisticado programa energético-climático. Cristal trans-

Within the framework of the vast programme of remodelling and industrial renewal undertaken by the Ruhr city, Norman Foster's design for the microelectronics park serves to reinforce the morphological layout of the urban sector of Neudorf. Three different types of building combine with the water and vegetation to put forward a small-scale model of the «green city» in which the artificial and natural are related in the development of an «ecologically correct» environment with a low level of energy consumption.
A pseudo-tower for offices, with an elliptical plan and curving roof (the Business Promotion Centre), marks the conclusion of a part of the existing fabric and, thanks to its strategic position, the transition to the new development on one side and the access to the historic city on the other. An analogous but hierarchically inferior role is performed by the cylindrical block housing the Telematic Forum and the Technology Centre, characterized by its great central vestibule and the inclined roof, which avoids exceeding the height of the neighbouring buildings. The lower, linear units, the last to be constructed, house the Microelectronics Centre, for which a sophisticated energy-climate system was

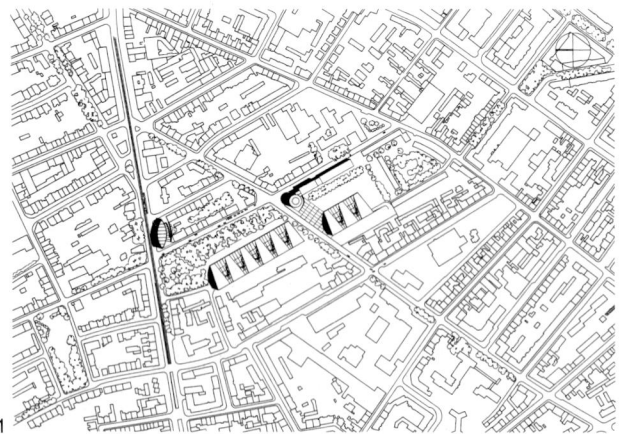

1 Planimetría general del asentamiento
2 El Business Promotion Centre

1 General planimetry of the complex in its setting
2 The Business Promotion Centre

parente, sistemas orientables de captación solar, colectores y reflectores luminosos constituyen un avanzado organismo que pone en discusión los prejuicios sobre la incapacidad de la tecnología de ejercer un papel positivo y no destructivo de los recursos naturales. Es éste, por otra parte, un desafío ya recogido por Foster en los proyectos de los años setenta y emblemáticamente presente en el de las oficinas de Vestby.

developed. The transparent glass and the fully directable solar energy systems with their light collectors and reflectors constitute an advanced organism which seems to demonstrate that technology is fully capable of playing a positive role in the conservation of natural resources. Indeed, this is a challenge which Foster embraced in a number of projects from the seventies, perhaps most significantly present in the office building in Vestby.

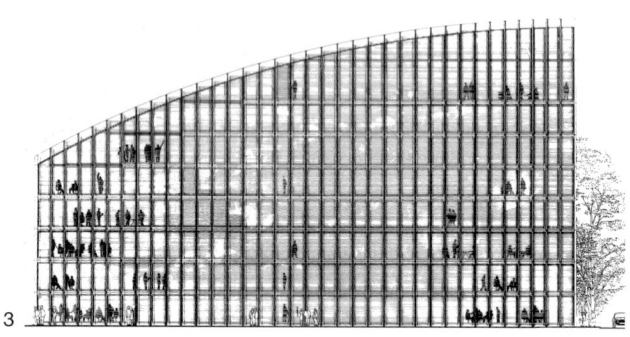

3 Alzado norte del Business Promotion Centre
4 Plano y sección del Business Promotion Centre

3 North elevation of the Business Promotion Centre
4 Plan and section of the Business Promotion Centre

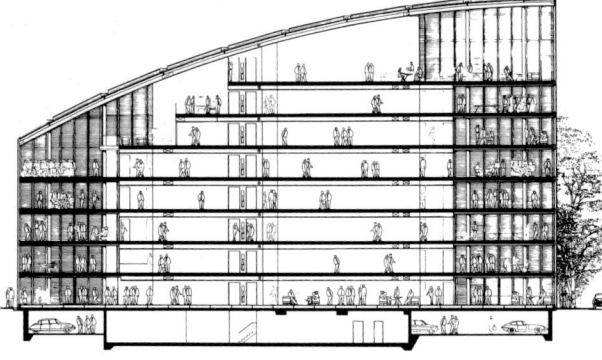

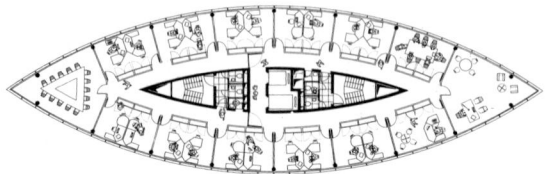

5 El Business Promotion Centre
6 Sala de reuniones del Business Promotion Centre

5 The Business Promotion Centre
6 Meeting room of the Business Promotion Centre

5
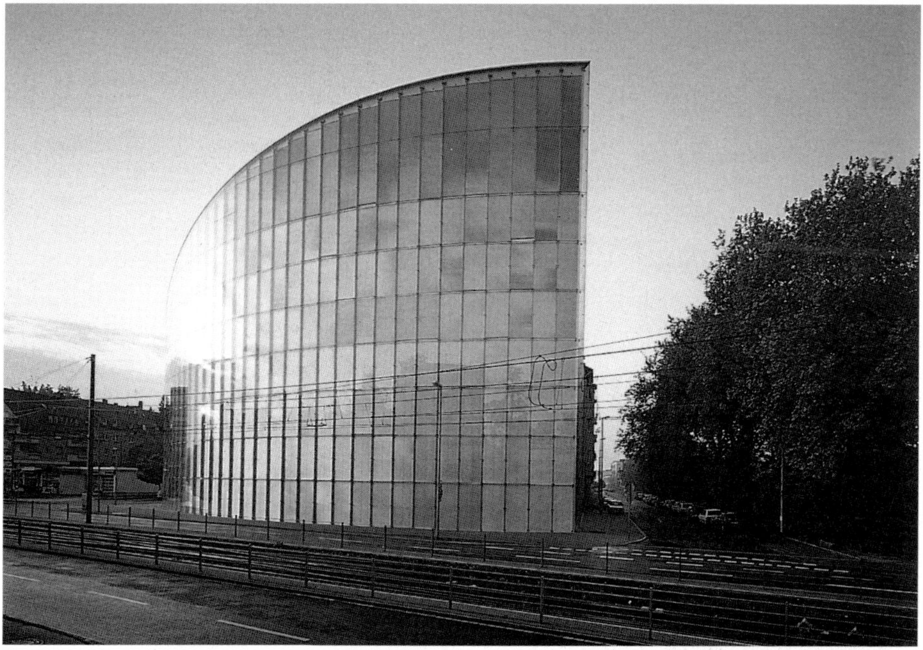

6
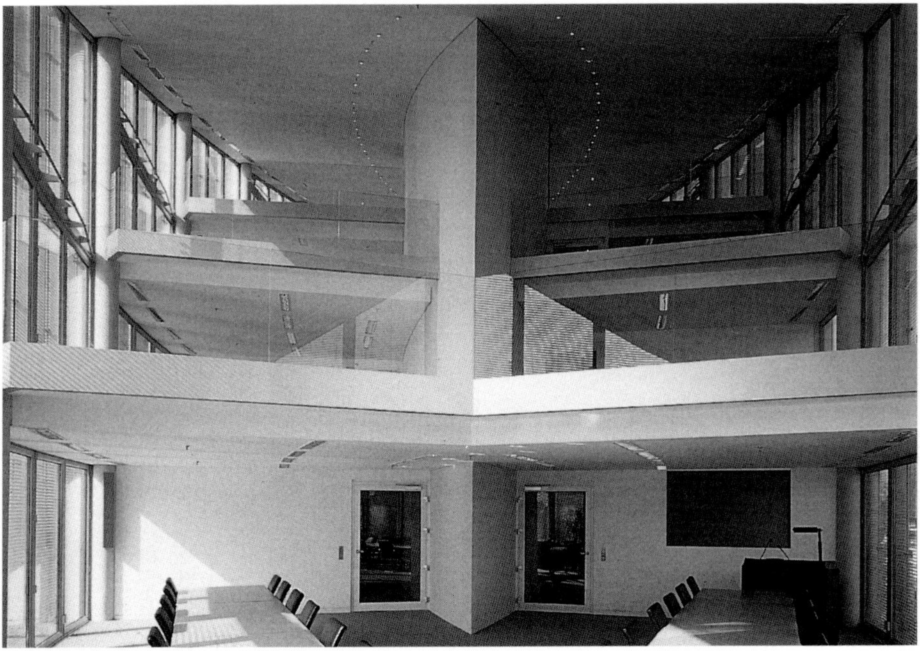

7

7 Sección del Telematic Forum
8 Planta baja del Telematic Forum
9 Vista desde abajo del vestíbulo del Telematic
   Forum

7 Section through the Telematic Forum
8 Ground floor of the Telematic Forum
9 View of the vestibule of the Telematic
   Forum from below

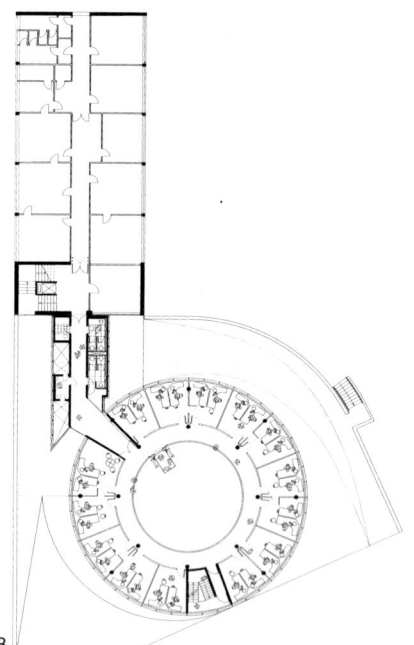

8

9

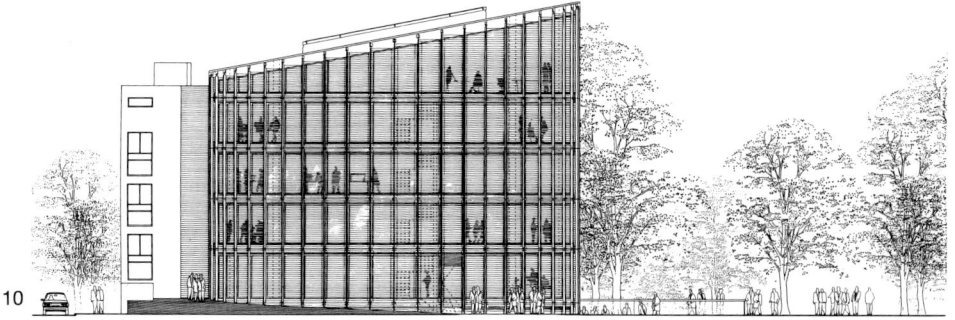

10

10 Alzado norte del Telematic Forum
11 Vista desde arriba del vestíbulo del Telematic Forum

10 North elevation of the Telematic Forum
11 View of the vestibule of the Telematic Forum from above

11

1989-1992 Biblioteca del Cranfield Institu- te of Technology, Cranfield (Bedfordshire). Sir Norman Foster & Partners

Bajo una serie de pequeñas bóvedas semi- circulares que configuran la cubierta en la que muchos han querido ver un homenaje a Kahn, la biblioteca define sus propios espacios en tres plantas rigurosamente cuadradas. El ves- tíbulo, generosamente iluminado, se desarro- lla bajo una de las dos naves centrales, colocándose en posición asimétrica respecto a la configuración de la planta. La escalinata, que comunica los distintos niveles de la bi- blioteca, remite a ejemplos fosterianos ya co- nocidos y consolidados en el tiempo desde Ipswich a Nîmes, como también ya estaba ex- perimentada la función de la profunda mar- quesina en el frente sur de la entrada, que se propone como un lugar de encuentro para los estudiantes y los investigadores del campus. Equipamientos colectivos, servicios e instala- ciones están emplazados en la planta baja junto a la sala de conferencias. Las otras dos plantas están destinadas a la consulta y al es- tudio, concentrando en la pared del fondo, opuesta a la de la entrada, la zona de las ofi- cinas y la hemeroteca. A los lados del edificio un sistema *brise-soleil* de trama horizontal re- para los frentes acristalados más próximos a la estructura de la cubierta que es completa- mente independiente de la del volumen infe- rior.

1989/1992 Library for the Cranfield Institute of Technology, Cranfield (Bedfordshire). Sir Norman Foster & Partners

Beneath the series of small semi-circular vaults of a roof which many observers have seen as a tribute to Kahn, the library is laid out over three rigorously square floors. The generously illuminated vestibule is developed under one of the two central bays, set asymmetrically in relation to the configuration of the plan. The stairs which communicate the different levels of the library refer back to well established examples of Foster's work extending from Ipswich to Nîmes; in the same way that the function of the deep canopy on the southern entrance facade, which here provides a meeting place for students and research workers, had also been experimented with in earlier schemes. Communal facilities and services are located on the ground floor, as is the lecture hall. The other two floors are dedicated to the activities of reference and study, with the offices and the periodicals collection grouped together on the back wall, opposite the entrance. A horizontal *brise-soleil* on the side walls resolves the glazed facades closest to the structure of the roof, which is entirely independent of the volume below it.

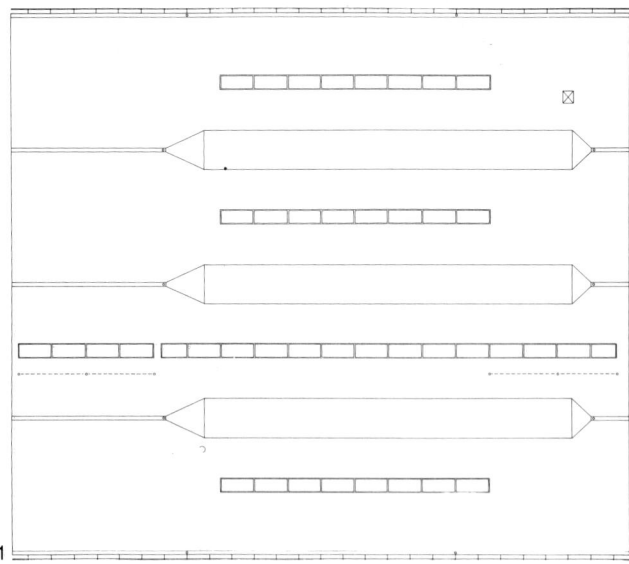

1 Plano de la cubierta

1 Plan of the roof

2 La fachada meridional de acceso   2 The south access facade

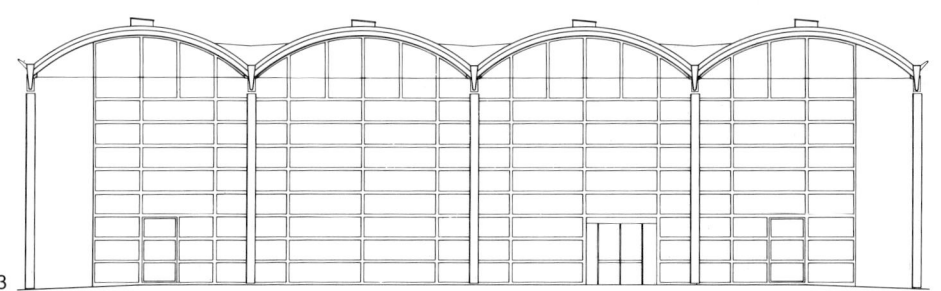

3 Fachada de acceso

4 Sección transversal por la sala de conferencias y el vestíbulo

3 The access facade

4 Transverse section through the lecture hall
and the vestibule

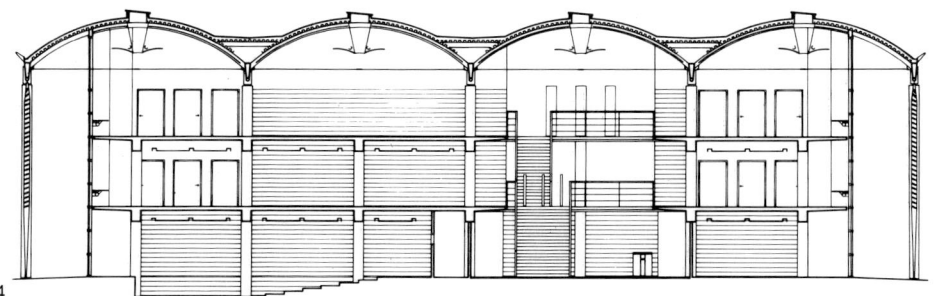

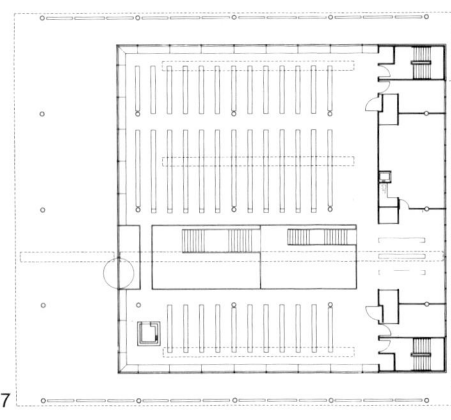

5 Vista del vestíbulo y del primer nivel   5 View of the vestibule and the first level

6 Plano de la planta baja   7 Plano del segundo nivel

6 Plan of the ground floor   7 Plan of the second level

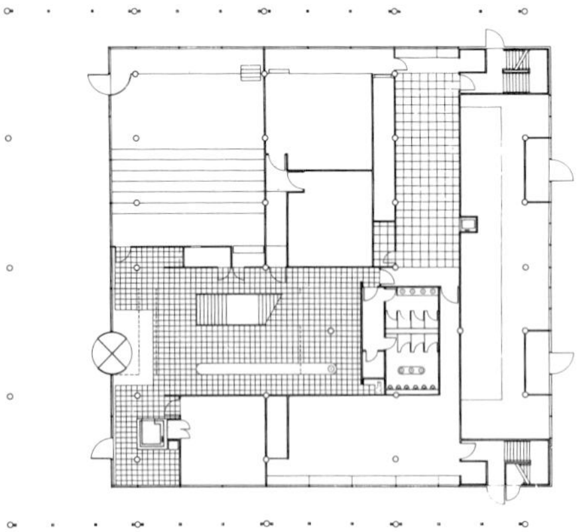

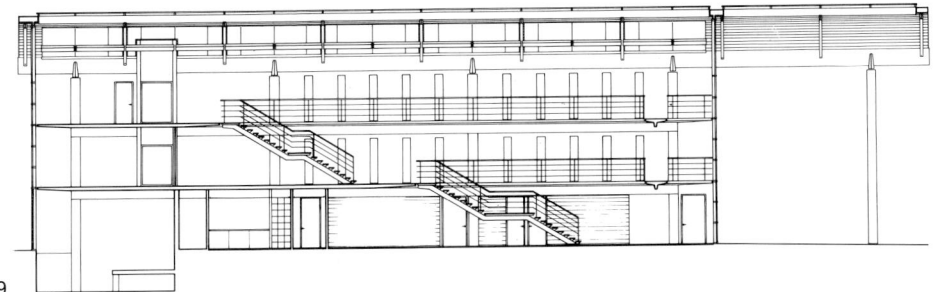

8 Vista lateral de la marquesina y del frente
protegido por los *brise-soleils*

8 Side view of the canopy and the facade
protected by the brise-soleils

9 Sección longitudinal por el vestíbulo

9 Longitudinal section through the vestibule

Biografía

Biography

1935 Norman Foster nace en Manchester el 1 de junio.

1953 Una vez terminada la escuela superior, trabaja durante un breve período en el Ayuntamiento de Manchester. Luego hace el servicio militar en la Royal Air Force especializándose en electrotécnica y profundizando sus propios conocimientos de tecnología aeronáutica. Alimenta así una verdadera pasión por los planeadores de los que es también un experto piloto.

1955 Terminados los dos años de servicio militar frecuenta el estudio de dos arquitectos de Manchester que proyectan obras de construcción rutinarias.

1956 Se inscribe en la Escuela de Arquitectura de la Universidad de Manchester siguiendo unos estudios algo tradicionales si se comparan con los que, en aquel mismo período, se daban en ambientes culturalmente más vivos como la Architectural Association de Londres o la Escuela de Arquitectura de Liverpool. En Manchester, sin embargo, adquiere un considerable bagaje de experiencias en el campo de la técnica gráfica y de las representaciones en general.

1959 Un dibujo realizado en uno de los cursos universitarios es premiado con el RIBA Silver Medal Award.

1961 Consigue el Diploma of Architecture and Certificate of Town Planning. Obtiene la Heywood Medal y la Manchester Society of Architects Bronze Medal. Logra asimismo la Builders' Association Scholarship, pero es la beca Henry Fellowship la que le permite seguir un curso bienal de especialización en Estados Unidos en la Escuela de Arquitectura de Yale en New Haven, Connecticut. Aquí queda fuertemente impresionado por las enseñanzas de Paul Rudolph, Serge Chermayeff y Vincent Scully. En Yale conoce a Richard Rogers, también becario y futuro socio de trabajo, y a Ja-

1935 Norman Foster born in Manchester on 1st June.

1953 On completion of his secondary schooling, he works for a short time for Manchester City Council, before doing his military service in the Royal Air Force, specializing in electrical engineering and furthering his knowledge of aeronautics. He develops a genuine passion for gliders, becoming an expert pilot.

1955 Having finished his two years military service, he frequents the office of two Manchester architects carrying out routine construction work.

1956 He enrols in the School of Architecture at the University of Manchester, studying a fairly traditional course as compared with the more vibrant approach adopted at the same time in the Architectural Association in London or the Liverpool School of Architecture. In Manchester he nevertheless acquires a considerable range of experience in drawing techniques and presentation in general.

1959 A drawing produced as part of his university course work is awarded the RIBA Silver Medal.

1961 He receives the Diploma of Architecture and Certificate of Town Planning. He is awarded the Heywood Medal and the Manchester Society of Architects Bronze Medal. He also obtains the Builders' Association Scholarship, although it is the Henry Fellowship which takes him to the United States for a two-year specialist course at the Yale School of Architecture in New Haven, Connecticut. At Yale he is deeply impressed by the teaching of Paul Rudolph, Serge Chermayeff and Vincent Scully. There, too, he meets Richard Rogers, also a scholarship student and a future colleague, and James Stirling, at that time teaching a short course in the School.

Wendy Foster y
Buckminster Fuller discuten
ante la maqueta para la
Autonomous House

Wendy Foster and
Buckminster Fuller talking
beside the model for the
Autonomous House

mes Stirling, encargado en aquel
período de dar un curso de breve dura-
ción en la misma escuela.
1962 Obtiene el *Master of Architecture*. Lleva
a cabo un viaje arquitectónico desde la
costa oriental de Estados Unidos hasta
California siguiendo las huellas de la arquitectura moderna norteamericana
desde Frank Lloyd Wright a Charles Eames.
1963 Vuelve a Inglaterra y funda en Londres,
en colaboración con Rogers, el grupo
de proyectación Team 4. También forman parte del grupo Sue Rogers, la esposa de Richard, Georgie Walton,
compañera de estudios de Rogers en la
Architectural Association de Londres y,
más tarde, Wendy Cheeseman, arquitecto diplomada en la Bartlett School de
la London University y futura esposa de
Norman Foster. Desde el principio, de
todas formas, la adhesión al Team 4 de
Georgie Walton es más formal que sustancial. La sede del estudio se establece en Hampstead.
1964 Se casa con Wendy Cheeseman que le
dará dos hijos, Ti y Cal.
1966 Se convierte en miembro del Royal Institute of British Architects.
1967 Realiza con el Team 4 el edificio que le
hace famoso a nivel internacional: la fábrica Reliance Controls en Swindon;
pero es también el último edificio construido por el grupo que se disuelve ese
mismo año. Norman y Wendy Foster

1962 He receives the *Master of Architecture*
degree. He makes an architectural tour
from the east coast of the United States
to California, tracing the course of
modern American architecture from
Frank Lloyd Wirght to Charles Eames.
1963 On his return to England he sets up the
design group Team 4 with Richard
Rogers in London. Other members of
the team are Sue Rogers, Richard's
wife, Georgie Walton, who had studied
with Rogers at the Architectural
Association in London, and, a little later,
Wendy Cheeseman, a graduate of the
Bartlett School at the University of
London and Norman Foster's future
wife. From the outset, however, Georgie
Walton's membership of the group,
whose office is in Hampstead, is more
formal than substantial.
1964 He marries Wendy Cheeseman; in time
they have two children, Ti and Cal.
1966 He becomes a fellow of the Royal
Institute of British Architects.
1967 With Team 4, he designs the building
which gains him an international
reputation: the Reliance Controls factory
in Swindon. This is also the last building
constructed by the group, which is
dissolved the same year. Norman and
Wendy Foster set up the Foster
Associates practice, with the spirit
—and in time the dimensions— of an
interdisciplinary centre for ressearch
and project design. The offices of the

crean el estudio Foster Associates con el espíritu y, más tarde, la dimensión de un centro multidisciplinar de investigación y de proyectación. La sede del nuevo grupo está situada cerca de Covent Garden.

1968 Con motivo del proyecto para el Samuel Beckett Theatre, entra en contacto con Richard Buckminster Fuller, que tendrá una importancia decisiva sobre su pensamiento y sobre su obra. Es el principio de una larga amistad y de una fecunda colaboración que durará hasta 1983, año de la desaparición del poliédrico maestro americano.

1971 El estudio Foster Associates se traslada a la planta baja de un edificio en Fitzroy Street, a escasos cientos de metros de la torre del edificio de Correos. La nueva sede y su equipamiento hacen de laboratorio de experimentación de los conceptos y de los materiales que constituyen el núcleo de la filosofía proyectual de Foster.

1974 Foster es nombrado vicepresidente de la Architectural Association. El estudio, que ya ha trabajado antes para la compañía de navegación noruega Fred Olsen Line, abre una oficina en Oslo donde elabora, primero para el mismo cliente y luego para otros, una serie de proyectos localizados en distintos lugares del país escandinavo.

1975 Se finaliza la construcción de las oficinas Willis, Faber & Dumas en Ipswich que da a la *firm* fama internacional.

1978 La realización del Sainsbury Centre for the Visual Arts marca una ulterior y brillante etapa de la carrera del arquitecto y de su grupo que recibe encargos cada vez de mayor prestigio.

1979 Invitado con otros seis estudios de arquitectos internacionales por la Hong Kong & Shanghai Banking Corporation a un concurso restringido para la reconstrucción de la sede de la institución, Norman Foster se adjudica el primer premio y el encargo.

1980 Foster es nombrado miembro del American Institute of Architects. Recibe asimismo el doctorado *honoris causa* de la Universidad de East Anglia. El 24 de junio pronuncia en la sede del RIBA el discurso de presentación con motivo de la entrega de la *Golden Medal 1980* a James Stirling.

1981 Obtiene el primer premio en el concurso restringido para el proyecto del estadio

new practice are in the vicinity of Covent Garden.

1968 On the occasion of the project for the Samuel Beckett Theatre, he makes contact with Richard Buckminster Fuller, who is to have a decisive influence on his thinking and his work. This is the beginning of a long friendship and fruitful collaboration which continues until the multi-faceted American master's death in 1983.

1971 The Foster Associates practice moves to ground floor premises in Fitzroy Street, just a few hundred metres from the Post Office Tower. The fitting out of the new office serves as a test bed for the concepts and the materials which constitute the nucleus of Foster's design philosophy.

1974 Foster is appointed vice-president of the Architectural Association. His firm, which has already worked for the Norwegian shipping company Fred Olsen Line, opens an office in Oslo, initially to carry out commissions for this same client, and subsequently for other clients in different parts of the country.

1975 Construction of the offices for Willis, Faber & Dumas in Ipswich is completed, bringing the firm international fame.

1978 The construction of the Sainsbury Centre for the Visual Arts marks a further and brilliant phase in the career of Foster and his group, with increasingly prestigious commissions.

1979 Invited by the Hong Kong & Shanghai Banking Corporation to take part, with another six international firms of architects, in the limited competition for the bank's new headquarters, Norman Foster is awarded first prize and the commission.

1980 Foster is appointed fellow of the American Institute of Architects. He also receives a doctorate *honoris causa* from the University of East Anglia. On 24th June he delivers the presentation speech on the occasion of the award of the *Gold Medal 1980* to James Stirling.

1981 Awarded first prize in the limited competition for the project for the covered stadium in Frankfurt am Main. At the same time his architecture is featured in a special edition of the BBC's *Omnibus* arts programme.

1982 The practice moves to Great Portland Street, next to the RIBA offices. Norman Foster is appointed to the board of the

Una viñeta de Louis Hellmann publicada con motivo de la concesión a Foster de la Royal Gold Medal for Architecture en el RIBA de Londres, en 1983 (AJ, 29 junio, 1983)

A sketch by Louis Hellmann published on the occasion of the presentation of the Royal Gold Medal for Architecture at the RIBA in London in 1983 (AJ, 29th June 1983)

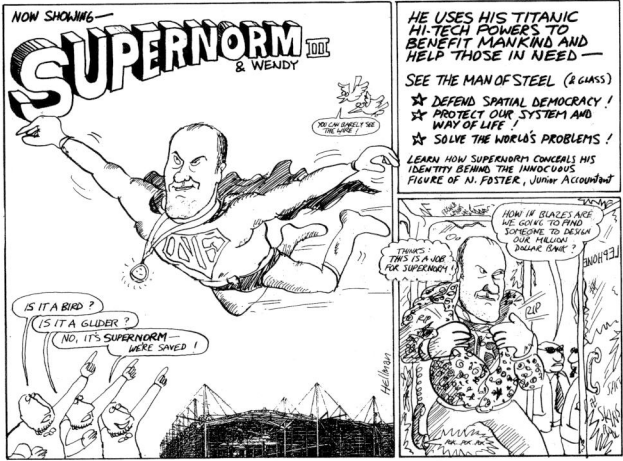

cubierto de Frankfurt am Main. Al mismo tiempo la obra de Norman Foster es objeto de atención por parte de los medios televisivos y la BBC le dedica un reportaje especial en el programa *Omnibus*.

1982 El estudio se traslada a Great Portland Street junto a la sede del RIBA. Norman Foster es nombrado miembro del consejo del Royal College of Art de Londres.

1983 Este es el año en el que Foster obtiene la máxima distinción de su carrera: es condecorado con la *Royal Gold Medal of Architecture*, el premio internacional más importante y prestigioso creado en 1848 por la reina Victoria para la promoción de la arquitectura. El discurso de presentación de la ceremonia oficial corre a cargo del octogenario Buckminster Fuller. Norman Foster se convierte en Associate of the Royal Academy; es elegido miembro honorario del Bund Deutscher Architekten. Tras un concurso restringido entre un escogido número de arquitectos, es preseleccionado por la BBC para elaborar el esquema de ejecución de la nueva sede del centro radiotelevisivo en Londres, en Langham Place frente a la iglesia All Souls de John Nash.

1984 Foster obtiene el primer premio del concurso restringido convocado por el ayuntamiento de Nîmes para el proyecto y la realización de la Mediateca y del

Royal College of Art in London.

1983 In this year, Norman Foster receives the highest distinction of his career, the *Royal Gold Medal for Architecture*, the prestigious international award created by Queen Victoria in 1848 to promote architecture. The presentation speech at the award ceremony is given by the octogenarian Buckminster Fuller. Norman Foster is made an Associate of the Royal Academy; he is appointed honorary member of the Bund Deutscher Architekten. After a limited competition for a select group of architects, he is invited by the BBC to draw up a scheme for the new broadcasting centre in Portland Place, London, opposite John Nash's All Souls' Church.

1984 Foster is awarded first prize in the limited competition held by Nîmes City Council for a Mediatheque and Contemporary Arts Centre. The UIA awards him its *August Perret Prize*.

1986 The University of Bath bestows on him the honorary egree of Doctor of Science. He delivers the speech at the inauguration of the Eric Lyons Memorial Found at the RIBA. Two major exhibitions devoted to his work are held this year, one in the Institut Français d'Architecture in Paris (opened in January), the other in the

Centro de Arte Contemporáneo. La UIA le concede el *Premio August Perret*.

1986 La Universidad de Bath le distingue con el título honorario de Doctor of Science. Pronuncia el discurso de inauguración del Eric Lyons Memorial Found en la sede del RIBA. Se inauguran dos grandes exposiciones sobre su obra, una en París (en enero) en el Institut Français d'Architecture, y otra en Londres (en octubre) en la Royal Academy.

1987 Recibe el *Japan Desing Foundation Award*. La *firm* se adjudica el concurso para la remodelación de 48 hectáreas en la zona londinense de King's Cross. Se trata de la mayor operación de reestructuración urbanística europea que prevé una compleja articulación de funciones: desde la nueva estación de ferrocarril del túnel bajo el canal de la Mancha hasta un gran parque rodeado de residencias y oficinas. Con este proyecto y el de Paternoster Square se inaugura la nueva etapa de los encargos a gran escala urbana. En breve espacio de tiempo se suceden las propuestas urbanísticas para Cambridge (1989), para Nîmes, Cannes y Berlín (1990), para Greenwich (1991), para Rotterdam, Ludenscheid y Yokohama (1992), para el centro histórico de Chartres, para Corfú y Lisboa (1993). Para la ciudad de Barcelona el estudio londinense está elaborando un proyecto de remodelación de una amplia área central de más de 220 hectáreas.

1988 La capacidad del grupo de responder a los programas más diversificados permite la positiva participación en concursos de gran envergadura, como ocurre con el proyecto de la Torre de Telecomunicaciones de Barcelona, realizada en el ámbito de los programas olímpicos de la ciudad catalana, o con el del metro de Bilbao que forma parte de los proyectos para las grandes infraestructuras, como el viaducto de Rennes en Francia, o la estación Canary Wharf del metro londinense (1991).

1989 Desaparece prematuramente Wendy Cheesseman Foster, que ha compartido plenamente desde el principio toda la carrera con Norman y que después de la inicial y común experiencia del Team 4 fue fundadora, con su marido, de

Royal Academy in London (opened in October).

1987 He receives the *Japan Design Foundation Award*. The firm comes first in the competition for the remodelling of a 48-hectare site around King's Cross in London, the largest urban restructuring operation of its kind in Europe, with a complex articulation of functions, from the new station for the Channel Tunnel rail link to a large park surrounded by housing and offices. Together with the project for Paternoster Square, this marks the beginning of a new phase of major commissions on the urban scale. Over the next few years the firm produces urban design schemes for Cambridge (1989); for Nîmes, Cannes and Berlin (1990); for Greenwich (1991), for Rotterdam, Ludenscheid and Yokohama (1992), for the historic centre of Chartres, and for Corfu and Lisbon (1993). The office is currently working on a project for the remodelling of an extensive area in the centre of Barcelona taking in more than 220 hectares.

1988 The firm's capacity to respond to the greatest diversity of programmes permits positive intervention in very large-scale competitions, as in the case of the project for the Telecommunications Tower for Barcelona as part of the city's Olympic programme, or the underground railway for Bilbao, one of the major infrastructure project such as the viaduct for Rennes in France or the Canary Wharf underground station in London (1991).

1989 Untimely death of Wendy Cheeseman Foster, who had been involved in Norman's career from the beginning, and who, after sharing in the initial experience of Team 4, had been co-founder with her husband of Foster Associates.

1990 Britain's Department of the Environment declares the Willis, Faber & Dumas offices in Ipswich (1973-74) a listed building of historic, architectural and environmental interest, and Foster's work is honoured with the *RIBA Trustees' Medal*. Norman Foster is knighted. The Foster Associates practice (henceforth to be known as Sir Norman

Foster Associates.
Norman Foster recibe el premio *Chicago Architecture Award*.
1990 El DoE (Department of Environment) declara el Willis Faber & Dumas de Ipswich (1973-1974) edificio protegido y de interés histórico, arquitectónico y ambiental, y la obra de Foster es distinguida con la *RIBA Trustees' Medal*.
Norman Foster recibe el título de *Sir*.
La sede de las oficinas del grupo Foster Associates (denominación destinada a transformarse en la de Sir Norman Foster and Partners) se desplaza al nuevo complejo recién construido junto al Támesis en 22 Hester Road donde se reúnen todas las funciones, entre ellas el taller de maquetas y de prueba de los materiales, así como el amplio archivo, la biblioteca, la videoteca y la fototeca.
1991 La Académie d'Architecture Française le concede la *Grande Médaille d'Or*. Este es un año en el que abundan los reconocimientos por muchas de las principales obras apenas terminadas. El aeropuerto de Stansted, la sede para la televisión ITN, las Sackler Galleries (edificios inaugurados por la reina Isabel II) y la Century Tower en Tokyo, obtienen un amplio consenso de crítica y reciben un considerable número de premios.
Con motivo de la apertura del Crescent Wing, el Sainsbury Centre for Visual Arts ofrece después de seis años otra exposición de la arquitectura de Norman Foster, que también participa en la Sección de Arquitectura de la Bienal de Venecia presentando en el Pabellón Británico una serie de obras seleccionadas junto a las de otros cinco arquitectos ingleses.
1992 En Estados Unidos la American Academy and Institute of Arts and Letters de Nueva York le distingue con el *Arnold W. Brunner Memorial Prize*.
La University of Humberside Hull le concede el *Honorary Doctorate*.
Una serie de exposiciones en París, Burdeos, Rennes y Arc-en-Senans consolida en Europa la ya notoria fama del arquitecto.
Este mismo año gana los concursos para el nuevo aeropuerto de Hong Kong, el Business Park de Berlín, las instalaciones olímpicas de Manchester, la ampliación del Joslyn Arts Museum en Nebraska y del museo de Prehistoria de Gorges du Verdon en Provenza.

Foster & Partners) moves office to the newly constructed complex by the Thames at 22 Hester Road, where all the different functions, including the workshops for modelmaking and materials testing, the extensive files, and the library and video and photo archives, are brought together under one roof.
1991 The Académie d'Architecture Française awards him its *Grande Médaille d'Or*. This same year sees ample recognition of numerous recent works: Stansted airport, the ITN television centre, the Sackler Galleries (opened by Queen Elizabeth II) and the Century Tower in Tokyo all receive great critical acclaim and a considerable number of awards. To mark the opening of the new Crescent Wing, the Sainsbury Centre for the Visual Arts organizes its second exhibition in six years devoted to Norman Foster's architecture; as part of the Architecture Section at the Venice Biennale, the British Pavilion presents a series of schemes by Foster alongside work by five other British architects.
1992 The American Academy and Institute of Arts and Letters in New York honours him with the *Arnold W. Brunner Memorial Prize*.
The University of Humberside in Hull awards him an *Honorary Doctorate*.
A series of exhibitions in Paris, Bordeaux, Rennes and Arc-en-Senans further consolidates the already considerable European prestige of Foster's architecture.
This same year he wins the competitions for the new Hong Kong airport, for the Business Park in Berlin, the Olympic facilities in Manchester, the extension to the Joslyn Arts Museum in Nebraska and the Gorges du Verdon Museum of Prehistory in Provence.
1993 The size of the practice and the number of commissions worldwide lead to the opening of offices in Berlin, Frankfurt, Hong Kong, Nîmes and Tokyo.
In Germany, Sir Norman Foster & Partners take first place in the international competition for the new German parliament in the Reichstag in Berlin; other competition-winning projects this year are for the Imperial War Museum in Hartlepool and the plan for the exposition area in Lisbon.
In France, the Carré d'Art is opened in

1993 La dimensión del estudio, los encargos en todo el mundo llevan a la creación de nuevas sedes fuera de Londres y concretamente en Berlín, Frankfurt, Hong Kong, Nîmes y Tokyo.
En Alemania Sir Norman Foster and Partners se adjudica el concurso internacional para el nuevo Parlamento alemán en el Reichstag de Berlín, y también son elegidos sus proyectos para el Imperial War Museum de Hartlepool y para el plan del área expositiva de Lisboa.
En Francia se inaugura el Carré d'Art de Nîmes después de las vicisitudes que caracterizaron la fase sucesiva al concurso (1983) y el desarrollo de las obras. Mucho más fácil ha resultado en cambio la realización del Instituto polivalente en Fréjus, también fruto de un concurso de 1991.
El American Institute of Architects le concede la *Gold Medal.*

Norman Foster es también Visiting Board Member and External Examiner RIBA, Fellow of the Society of Industrial Artist and Designers, miembro de la International Academy of Architecture de Sofía y miembro de la Orden Francesa de los Arquitectos.
Ha impartido conferencias y seminarios en diversas universidades e instituciones del Reino Unido, Estados Unidos, Europa y Asia.

Nîmes, after protracted difficulties following the competition itself (1983) and in the execution of the work. No such problems attended the construction of the project for the secondary school in Fréjus, winner of the 1991 competition.
The American Institute of Architects awards him its *Gold Medal.*

Norman Foster —who is now RIBA Visiting Board Member and External Examiner, Fellow of the Society of Industrial Artists and Designers, member of the International Academy of Architecture of Sofia and member of the Ordre Français des Architectes— is invited to give lectures and seminars in universities and institutions in Britain, Europe, the United States and Asia.

Lista de las obras

1963 Refugio en Pill Creek (Team 4) (22).
1964 Proyecto de un complejo residencial en Feock (Team 4), premio *Architectural Design Project Award 1964* (23).
Proyecto de un conjunto de viviendas unifamiliares en Culsdon (Team 4), premio *Architectural Design Project Award 1965* (24).
Tres casas alineadas, Londres (Team 4) (26).
Primer proyecto de la casa Brumwell (Creek Vean House) en Feock (Team 4) (29).
1965 Ampliación de una residencia unifamiliar en East Horsley (Team 4).
Estudio Henrion en Londres (Team 4).
Proyecto de casas alineadas en un mews de Camden en Londres (Team 4).
1965/1966 Casa Brumwell (Creek Vean House) en Feock (Team 4), premio *Royal Institute of British Architects Award 1969* (29).
1966 Casa Jaffe (Skybreak House) en Radlett (Team 4) (34).
Proyecto de una Preparatory School en Surrey (Team 4).
Fábrica de componentes electrónicos Reliance Controls en Swindon (Team 4), premios: *Architectural Design Project Award 1966, Financial Times Industrial Architectural Award 1967* (38).
1967 Proyecto de casas bajas de alta densidad en Radlett (con A. Stanton).
Proyecto de concurso para una escuela en Newport, proyecto premiado (46).
1968 Proyecto de un centro recreativo en los Docks de Londres, premio *Architectural Design Project Award 1969*.
1969 Plan general de desarrollo de las instalaciones portuarias para la compañía de navegación Fred Olsen en los Docks de Londres.
Centro recreativo para la Fred Olsen Line en Londres, premio *Financial Times Industrial Architecture Award Commendation 1970* (50).

List of works

1963 Refuge in Pill Creek (Team 4) (22).
1964 Project for a residential complex in Feock (Team 4), *Architectural Design Project Award 1964* (23).·
Group of family residences in Culsdon (Team 4), *Architectural Design Project Award 1965* (24).
Three terraced houses, London (Team 4) (26).
First project for the Brumwell house (Creek Vean House) in Feock (Team 4) (29).
1965 Extension to a private house in East Horsley (Team 4).
Henrion studio in London (Team 4).
Project for terraced houses in a mews in Camden, London (Team 4).
1965/1966 Brumwell house (Creek Vean House) in Feock (Team 4), *Royal Institute of British Architects Award 1969* (29).
1966 Jaffe house (Skybreak House) in Radlett (Team 4) (34).
Project for a Preparatory School in Surrey (Team 4).
Electronic components factory for Reliance Controls in Swindon (Team 4), *Architectural Design Project Award 1966* and *Financial Times Industrial Architecture Award 1967* (38).
1967 Project for low-density houses in Radlett (with A. Stanton).
Competition project for a school in Newport: winning scheme (46).
1968 Project for a recreation centre in the London Docks, *Architectural Design Project Award 1969*.
1969 General development plan for harbour installations for the Fred Olsen Line shipping company in London Docks.
Recreation centre for the Fred Olsen Line in London, *Financial Times Industrial Architecture Award Commendation 1970* (50).
Passenger terminal for the Fred Olsen Line in London (54).

Terminal de pasajeros de la Fred Olsen Line en Londres (54).
Estructura neumática temporal para la Computer Technology en Hemel Hempstead (58).

1970 Centro de investigación y desarrollo de la Computer Technology en Hemel Hempstead, premio *Financial Times Industrial Architecture Commendation 1971* (60).
Proyecto de un almacén para la Pirelli en Yorkshire.
Proyecto para la reestructuración de las instalaciones de la Thames & Hudson en Londres.

1971 Proyecto del teatro Samuel Beckett en Oxford (con R.B. Fuller) (62).
Proyecto Climatroffice (con R.B. Fuller) (64).
Sede de la IBM en Cosham, premios: *Royal Institute of British Architects Award 1972, Structural Steel Design Award 1972* (66).
Centro de asistencia y recuperación de niños discapacitados en Hackney, Londres (71).
Sistema constructivo para oficinas y estudios en Milton Keynes.
Sede del estudio Foster Associates en Londres (74).

1972 Proyecto de un sistema constructivo para edificios industrializados (78).
Proyecto de la sede VW/Audi y NSU/ Mercedes Benz en Milton Keynes.
Proyecto de la sede de la Dixon Group of Companies en Londres.
Proyecto de un teatro flotante para Theatre System Ltd. en Londres.

Ampliación de una residencia unifamiliar en East Horsley en Surrey, Londres (1965)

Extension to a private house in East Horsley, Surrey (1965)

Sistema constructivo para oficinas y estudios, Milton Keynes (1971)

Construction system for offices and studios, Milton Keynes (1971)

Temporary pneumatic structure for the Computer Technology company in Hemel Hempstead (58).

1970 Research and development centre for Computer Technology in Hemel Hempstead, *Financial Times Industrial Architecture Award Commendation 1970* (60).
Project for a warehouse for Pirelli in Yorkshire.
Project for the restructuring of the Thames & Hudson premises in London.

1971 Project for the Samuel Beckett Theatre in Oxford (with R. B. Fuller) (62).
Climatroffice project (with R. B. Fuller) (64).
IBM headquarters in Cosham, *Royal Institute of British Architects Award 1972. Structural Steel Design Award 1972* (66).
Treatment and rehabilitation centre for handicapped children in Hackney, London (71).
Construction system for offices and studios in Milton Keynes.
Offices for Foster Associates in London (74).

1972 Project for a construction system for industrialized building (78).
Project for the VW/Audi and NSU/ Mercedes Benz headquarters in Milton Keynes.
Project for the Dixon Group of Companies headquarters in London.
Project for industrial buildings for Hargreaves, Oughtread, Harrison in

Proyectos de edificios industriales para Hagreaves, Oughtread, Harrison, Goole, Humberside.
Proyecto de la fábrica Cincinnati Milacron en Milton Keynes.
1973 Proyecto de un complejo comercial y para el tiempo libre en Liverpool.
Proyecto de un centro deportivo y comercial en Badhoeverdorp.
Instalación de extrusión de la SAPA en Tibshelf (79).
Oficinas y depósito de la Modern Art Glass en Thamesmead, premio *Financial Times Industrial Architecture Award 1974* (83).
Sistema de decoración para los comercios Orange Hand en Nottingham, Brighton y Reading.
Proyecto de la filial VW/Audi en Milton Keynes.
Proyecto del centro internacional del film para el British Film Institute en Londres.
Proyecto de un centro comercial y para el tiempo libre en Southampton.
Proyecto de un centro comercial y para el tiempo libre en Knowsley.
Conjunto residencial de baja densidad en Milton Keynes (86).
1973/1974 Sede central de los seguros Willis, Faber & Dumas en Ipswich, premios: *Royal Society of Arts Business and Industry Award 1976*, *R.S. Reynolds Memorial Award 1976*, *Royal Institute of British Architects Award 1977*, *RIBA Trustees Medal 1990* (88).
1974 Sede noruega del estudio Foster Associates en Oslo.
Agencia de viajes de la Fred Olsen Ltd. en Londres.

Proyecto de la sede VW-Audi y NSU-Mercedes Benz, Milton Keynes (1972)

Project for the VW-Audi and NSU-Mercedes Benz headquarters, Milton Keynes (1972)

Proyecto de un teatro flotante para Theatre System Ltd, Londres (1972)

Project for a floating theatre for Theatre System Ltd., London (1972)

Goole, Humberside.
Project for the Cincinatti Milacron factory in Milton Keynes.
1973 Project for a shopping and leisure complex in Liverpool.
Project for a sports and shopping complex in Badhoeverdorp.
Extrusion plant for SAPA in Tibshelf (79).
Offices and warehouse for the Modern Art Glass company in Thamesmead, *Financial Times Industrial Architecture Award 1974* (83).
Decoration system for the Orange Hand retail chain in Nottingham, Brighton and Reading.
Project for the VW/Audi subsidiary in Milton Keynes.
Project for an international film centre for the British Film Institute in London.
Project for a shopping and leisure centre in Southampton.
Project for a shopping and leisure centre in Knowsley.
Low-density housing complex in Milton Keynes (86).
1973/1974 Head office for the Willis, Faber & Dumas insurance company in Ipswich, *Royal Society of Arts Business and Industry Award 1976*, *Royal Institute of British Architects Award 1976*, *R. S. Reynolds Memorial Award 1977*, *RIBA Trustees Medal 1990* (88).
1974 Norwegian offices for Foster Associates in Oslo.
Travel agency for Fred Olsen Ltd. in London.
Study into recycling of waste energy.
Project for a sports and sailing centre in Son.

Estudio para el reciclaje de las energías residuales.
Proyecto de un centro deportivo y náutico en Son.
Proyectos de un asentamiento residencial en Noruega.
Proyecto de un edificio para oficinas en Vestby (100).
1974/1975 Escuela especial para niños discapacitados en Liverpool, premios: *International Prize for Architecture 1976, Royal Institute of British Architects Award 1977* (103).
1974/1978 Sainsbury Centre for Visual Arts en Norwich, premios: *Royal Institute of British Architects Award 1978, Structural Steel Pinniston Award 1978, R.S. Reynolds Memorial Award 1979, British Tourist Board Award 1979, Sixth International Prize for Architecture, Bruxelles 1980, Ambrose Congreve Award 1980, Museum of the Year Award 1980* (105).
1975 Proyecto de remodelación y ampliación de un complejo para oficinas en Oslo.
1976 Plan regional de Gomera.
Proyecto para la remodelación general del puerto de St. Helier (122).
1977/1980 Centro técnico IBM en Greenford, premios: *Structural Steel Award Citation 1980, Royal Institute of British Architects Commendation 1981, Financial Times Industrial Architecture Award Commendation 1981* (125).
Proyecto del Hammersmith Centre en Londres (130).
1978 Proyecto de ampliación del Whitney Museum en Nueva York (con Derek Walter Associates) (134).
Tienda para Joseph en Londres.
Proyecto del pabellón expositivo para la International Energy Expo en Knoxville (con R.B. Fuller).
Proyecto de la Open House en Cwmbran (137).
1979 Proyecto de un centro recreativo para la Granada Ltd en Milton Keynes (140).
Proyecto de la Foster House en Londres (141).
1979-1986 Nueva sede de la Hong Kong & Shanghai Banking Corporation en Hong Kong. Realización del proyecto ganador del concurso. Premios: *Premier Architectural Award (Towoco/AJ) at Royal Academy Summer Exhibition 1983, Structural Steel Design Award 1986, R.S. Reynolds Memorial Award 1986, Marble Architectural Awards East*

Project for a residential development in Norway.
Project for an office building in Vestby (100).
1974/1975 Special school for handicapped children in Liverpool, *International Prize for Architecture 1976, Royal Institute of British Architects Award 1977* (103).
1974/1978 Sainsbury Centre for the Visual Arts in Norwich, *Royal Institute of British Architects Award 1978, Structural Steel Pinniston Award 1978, R. S. Reynolds Memorial Award 1979, British Tourist Board Award 1979, Sixth International Prize for Architecture, Brussels 1980, Ambrose Congreve Award 1980, Museum of the Year Award 1980* (105).
1975 Project for the remodelling and extension to an office complex in Oslo.
1976 Regional plan for Gomera.
Project for the general remodelling of the port of St Helier (122).
1977/1980 IBM technical centre at Greenford, *Structural Steel Award Citation 1980, Royal Institute of British Architects Commendation 1981, Financial Times Industrial Architecture Award Commendation 1981* (125).
Project for the Hammersmith Centre in London (130).
1978 Project for extension to the Whitney Museum in New York (with Derek Walker Associates) (134).
Shop for Joseph in London.
Project for an exhibition pavilion for the International Energy Expo in Knoxville (with R. B. Fuller).
Project for the Open House in Cwmbran (137).
1979 Project for a leisure centre for Granada Ltd. in Milton Keynes (140).
Project for the Foster house in London (141).
1979/1986 New headquarters for the Hong Kong & Shanghai Banking Corporation in Hong Kong. Construction of winning project. *Premier Architectural Award (Towoco/AJ) at Royal Academy Summer Exhibition 1983, Structural Steel Design Award 1986, R. S. Reynolds Memorial Award 1986, Marble Architectural Awards East Asia 1986, Institute of Structural Engineers Special Award 1986, Quaternario Award for Innovative Technology in Architecture 1988, PA Innovation Award 1988* (142).
1980 Project for the Students' Union sports centre at University College, London.

Asia 1986, Institution of Structural Engineers Special Award 1986, Quaternario Award for Innovative Technology in Architecture 1988, PA Innovation Award 1988 (142).

1980 Proyecto para el centro deportivo Students Union del University College en Londres.
Estudio de factibilidad para el tercer aeropuerto londinense en Stansted.
Proyecto de concurso para la remodelación del mercado íctico de Billingsgate en Londres.
Proyecto para la remodelación de Statue Square en Hong Kong.
Proyecto de un laboratorio teatral flotante en Venecia (con Derek Walker Associates).

1981 Proyecto de concurso para el estadio cubierto de Frankfurt in Main, primer premio (154).
Sistema de decoración y equipamientos integrados para el estudio Foster Associates (157).

1981/1985 Proyecto de la terminal de pasajeros y de la instalación del tercer aeropuerto londinense en Stansted (158).

1982 Proyecto de concurso para la sede de la Humana Inc. en Louisville (166).
Proyecto *Autonomous House* (con R. B. Fuller).

1982/1983 Centro de distribución de la Renault en Swindon, premios: *Financial Times Architecture at Work Award 1984, Structural Steel Award 1984, Civic Trust Award 1984, Constructa European Award 1986* (170).

1983/1985 Proyecto de nuevas oficinas y estudios de la BBC en Londres (178).

1984 Proyecto de reestructuración y ampliación del complejo IBM en Greenford.
Reestructuración de la sede IBM de Cosham.

1984/1993 Carré d'Art, Nîmes, Francia.
Realización del proyecto ganador del concurso. Premio *Interiors (USA) Award 1993* (184).

1985 Proyecto para la cobertura de un puerto turístico en Nueva York.

1985/1991 Salas de exposición The Sackler Galleries, Royal Academy of Arts, Londres. Premios: *Mansell Refurbishment Award 1992, The Royal Fine Art Commission and Sunday Times Building of the Year 1992, Institution of Civil Engineers Merit Award 1992,*

Proyecto *Autonomous House* (1982)

The *Autonomous House* project (1982)

Feasibility study for the third London airport at Stansted.
Competition project for the remodelling of Billingsgate fish market in London.
Competition project for the remodelling of Statue Square in Hong Kong.
Project for a floating theatre laboratory in Venice (with Derek Walker Associates).

1981 Competition project for a covered stadium in Frankfurt am Main, 1st prize (154).
Integrated system of decoration and fittings for the Foster Associates office (157).

1981/1985 Project for the passenger terminal and siting of the third London airport at Stansted (158).

1982 Headquarters for Humana Inc., Louisville (USA). Competition project (166).
Autonomous House project (with R. B. Fuller).

1982/1983 Distribution centre for Renault in Swindon, *Financial Times Architecture at Work Award 1984, Structural Steel Award 1984, Civic Trust Award 1984, Constructa European Award 1986* (170).

1983/1985 Project for new offices and studios for the BBC in London (178).

1984 Project for the restructuring and extension of the IBM complex in Greenford.
Restructuring of the IBM headquarters in Cosham.

1984/1993 Carré d'Art, Nîmes, France.
Construction of the winning project.
Interiors (USA) Award 1993 (184).

National Dryline Wall Award 1992, Design Review Minerva Award Commendation 1992, RIBA Regional Architecture Award 1992, British Construction Industry Award-High Commendation 1992, Structural Steel Award 1992, RIBA National Architecture Award 1992, RIBA Beste Building of the Year Award 1993, Marble Architectural Award Special Mention 1993, Minerva Design Award 1993 (192).

1986 Sistema Nomos de decoración para oficinas de la Tecno de Milán. Premios: Compasso d'Oro 1987, Design Centre Award, Stuttgart 1987.
Tienda para Katharine Hamnett en Londres.
Proyecto de reestructuración de un sector urbano y de una sala para espectáculos en Nancy.
Proyecto de un nuevo centro televisivo para Televisa en Ciudad de México.
Proyecto del conjunto integrado de viviendas y oficinas del estudio Foster Associates junto al Támesis en Londres.

1987 Proyecto de concurso para la reestructuración del área de Paternoster Square en Londres.
Proyecto de un edificio para oficinas en Tokyo.
Proyecto de Casa Kawana en Japón.
Proyecto de la sede de la Bunka Radio Station en Tokyo.
Proyecto de un centro comercial cerca de Southampton.
Proyecto de concurso para el aeropuerto de Turín.
Proyecto de un hotel para Holiday Inn en La Haya.
Proyecto de un complejo hotelero para La Fondiaria en Florencia.
Tienda para Esprit en Londres.
Proyecto de concurso para el plan de reestructuración del área de King's Cross en Londres, primer premio.
Proyecto de un Hotel y Club en Knightsbridge, Londres.

1987/1989 Oficinas para Stanhope Securities en Stockley Park, Londres. Premios: British Construction Industry Award 1989, Aluminium Imagination Architectural Award 1991, British Council for Office Award 1993 (198).
Conjunto residencial e industrial en Hammersmith, Londres.

1987/1991 Tercer aeropuerto londinense en Stansted. Premios: Mies van der Rohe Pavillon 1990, Award for European

1985 Project for the roofing of a pleasure port in New York.

1984/1991 New gallery complex, The Sackler Galleries, Royal Academy of Arts, London, Mansell Refurbishment Award 1992, The Royal Fine Art Commission and Sunday Times Building of the Year 1992, Institute of Civil Engineers Merit Award 1992, National Dryline Wall Award 1992, Design Review Minerva Award Commendation 1992, RIBA Regional Architecture Award 1992, British Construction Industry Award-High Commendation 1992, Structural Steel Award 1992, RIBA National Architecture Award 1992, RIBA Best Building of the Year Award 1993, Marble Architectural Award Special Mention 1993, Minerva Design Award 1993 (192).

1986 Nomos office decoration system for Tecno, Milan. Compasso d'Oro 1987, Design Centre Award, Stuttgart 1987.
Shop for Katharine Hamnett in London.
Project for the restructuring of a sector of the city and a performance venue in Nancy.
Project for a new television centre for Televisa in Mexico City.
Project for an integrated housing and office complex for Foster Associates by the Thames in London.

1987 Competition project for the restructuring of the Paternoster Square area in London.
Project for an office building in Tokyo.
Project for the Kawana house in Japan.
Project for the Bunka Radio Station headquarters in Tokyo.
Project for a shopping centre near Southampton.
Competition project for Turin airport.
Project for a hotel for Holiday Inns in The Hague.
Project for a hotel complex for La Fondiaria in Florence.
Shop for Esprit in London.
Competition project for the restructuring of the King's Cross area in London, 1st prize.
Project for a hotel and club in Knightsbridge, London.

1987/1989 Offices for Stanhope Securities in Stockley Park, London. British Construction Industry Award 1989, Aluminium Imagination Architectural Award 1991, British Council for Offices Award 1993 (198).

Architecture 1991, Aluminium Imagination Architectural Award 1991, Colourcoat Building Award 1991, British Construction Industry Supreme Award 1991, Royal Town Planning Institute Silver Jubilee Planning Award for Achievement 1991, Business and Industry Panel for the Environment Award 1991, National Childcare Facilities Award 1991, British Gas Energy Management Award 1991, British Association for Lanscape Industries for Lanscaping 1991, Brunel Award Madrid 1992, Design Review Minerva Award Commendation 1992, Concrete Society Award 1992, RIBA Regional Architecture Award 1992, RIBA Regional Architecture Award 1992, Royal Institute of Chartered Surveyors Award Energy Efficiency Award 1992, Structural Steel Award 1992, AJ/Hilight Lighting Award Commendation 1992, Civic Trust Award 1992, RIBA National Architecture Award 1992, Benedictus Award (USA) 1993, Financial Times Architecture Award-Commendation 1993 (158).
Edificio para oficinas Century Tower en Bunkyo-ku, Tokyo. Premios: *Institution of Structural Engineers Special Award 1991, Nikkei Buisiness Publications Award for New Technology 1992, Lightweight Metal Cladding Association Award 1992, BCS Award Tokyo 1992* (204).

1988 Proyecto de un complejo de oficinas para la Stanhope Securities, London Wall, Londres.
Proyecto de concurso para el Pont Genty, París (con Francis, Jourda y Perraudin).
Proyecto de concurso para el Kansai International Airport, Osaka, Japón.
Tienda para Esprit, 6 Sloane Street, Londres. Premio *Annual Interiors (USA) Award 1988.*
Proyecto para un helipuerto en la City, Londres.
Proyecto de concurso para la red de metro de Bilbao, primer premio.
Parque de Microelectrónica, Duisburg, Alemania.
Proyecto para el Sackler Museum, Jerusalén, Israel.

1988/1990 Nueva sede del canal televisivo ITN, Londres. Premios: *Aluminium Imagination Architectural Award 1991, Best Building Award 1992 (British*

Residential and industrial complex in Hammersmith, London.

1987/1991 Third London airport at Stansted, *Mies van der Rohe Pavilion 1990 Award for European Architecture, Aluminium Imagination Architectural Award 1991, Colourcoat Building Award 1991, British Construction Industry Supreme Award 1991, Royal Town Planning Institute Silver Jubilee Planning Award for Achievement 1991, Business and Industry Panel for the Environment Award 1991, National Childcare Facilities Award 1991, British Gas Energy Management Award 1991, British Association for Landscape Industries for Landscaping 1991, Brunel Award Madrid 1992, Design Review Minerva Award Commendation 1992, Concrete Society Award 1992, RIBA Regional Architecture Award 1992, Royal Institute of Chartered Surveyors Energy Efficiency Award 1992, Structural Steel Award 1992, AJ/Hilight Lighting Award Commendation 1992, Civic Trust Award 1992, RIBA National Architecture Award 1992, Benedictus Award (USA) 1993, Financial Times Architecture Award Commendation 1993* (158).
Century Tower office building in Bunkyo-ku, Tokyo, *Institute of Structural Engineers Special Award 1991, Nikkei Business Publications Award for New Technology 1992, Lightweight Metal Cladding Association Award 1992, BCS Award Tokyo 1992* (204).

1988 Project for an office complex for Stanhope Securities, London Wall, London.
Competition project for the Pont Genty, Paris (with Francis, Jourda & Perraudin).
Competition project for Kansai international airport, Osaka, Japan.
Shop for Esprit, 6 Sloane Street, London, *Annual Interiors (USA) Award 1988.*
Project for a heliport in the City, London.
Competition project for an underground rail network in Bilbao, 1st prize.
Microelectronics park, Duisburg, Germany.
Project for the Sackler Museum, Jerusalem, Israel.

1988/1990 Headquarters for the ITN television company, London, *Aluminium Imagination Architectural Award 1991,*

Council for Offices), Design Review
Minerva Award Commendation 1992,
RIBA Regional Award 1992 (210).
1988/1991 Crescent Wing, ampliación del
Sainsbury Centre for Visual Arts,
Norwich. Premios: Design Review
Minerva Award Commendation 1992,
RIBA Regional Award 1992, Civic Trust
Award 1992 (214).
1988/1992 Torre de Telecomunicaciones en
Collserola, Barcelona. Realización del
proyecto ganador del concurso
internacional. Premios: Alcántara Award
for Public Works in Latin American
Countries 1992, The Architecture and
Urbanism Award of the City of
Barcelona 1993, The Opinion FAD
Award Barcelona 1993, The
Architecture FAD Award Barcelona
1993 (218).
1988/1993 Business Promotion Centre y
Telematic Centre para el Parque de
Microelectrónica, Duisburg, Alemania
(224).
1989 Proyecto de un complejo de oficinas
para Jacob's Island Co. En los
Docklands, Londres.
Proyecto de concurso para la Terminal
5 del aeropuerto de Heathrow, Londres.
Proyecto de un complejo residencial y
de oficinas en Nueva York.
Proyecto de concurso para el edificio
de oficinas DS2 en Canary Wharf en los
Docklands, Londres. Primer premio.
Estudio para el plan de Cambridge,
Inglaterra.
Proyecto del Centro de Diseño en
Essen, Alemania.
Proyecto para Milennium Tower, Tokyo.
Proyecto para la estación de British Rail
en King's Cross, Londres.
1989/1991 Proyecto para el Technology
Centre, Glasgow y Edimburgo, Escocia.
Estación del British Rail en el
aeropuerto de Stansted, Essex.
Componentes de decoración urbana
para Decaux, París.
Proyecto para un complejo de oficinas
para Stanhope Properties, Bollo Lane,
Londres.
1989/1992 Nueva biblioteca para el Cranfield
Institute of Technology, Cranfield,
Inglaterra. Realización del proyecto
ganador del concurso. Premios:
Lighting Design Award 1993, British
Construction Industry Award-Supreme
Award 1993, British Construction
Industry Award-Building Award 1993,

Best Building Award 1992 (British
Council for Offices), Design Review
Minerva Award Commendation 1992,
RIBA Regional Award 1992 (210).
1988/1991 Crescent Wing, extension to the
Sainsbury Centre for the Visual Arts,
Norwich, Design Review Minerva Award
Commendation 1992, RIBA Regional
Award 1992, Civic Trust Award 1992
(214).
1988/1992 Telecommunications tower in
Collserola, Barcelona.
Construction of the winning project in
the international competition, Alcantara
Award for Public Works in Latin
American Countries 1992, The
Architecture and Urbanism Award of the
City of Barcelona 1993, The Opinion
FAD Award Barcelona 1993, The
Architecture FAD Award Barcelona
1993 (218).
1988/1993 Business Promotion Centre and
Telematic Centre for the
Microelectronics park, Duisburg,
Germany (224).
1989 Project for an office complex for
Jacob's Island Co. in the Docklands,
London.
Competition project for Terminal 5 at
Heathrow airport, London.
Project for a residential and office
complex in New York.
Competition project for the DS2 office
building in Canary Wharf in the
Docklands, London. 1st prize.
Study for an urban plan for Cambridge,
England.
Project for a Design Centre in Essen,
Germany.
Project for the Millennium Tower,
Tokyo.
Project for British Rail's King's Cross
station, London.
1989/1991 Project for the Technology Centre,
Glasgow and Edinburgh, Scotland.
British Rail station at Stansted Airport,
Essex.
Urban decoration components for
Decaux, Paris.
Project for an office complex for
Stanhope Properties, Bollo Lane,
London.
1989/1992 New library for the Cranfield
Institute of Technology, Cranfield,
England. Construction of the winning
competition project, Lighting Design
Award 1993, British Construction
Industry Award - Building Award 1993,

Berdfordshire Design Award-Special Award 1993, RIBA Regional Award 1993, Interiors (USA) Award 1993, Concrete Society Award-Highly Commended 1993, Financial Times Architecture Award-Commendation 1993, Eastern Electricity Commercial Property Award-Special Commendation Building Service System 1993, Eastern Electricity Commercial Property Award-Best Public Development Award 1993, Eastern Electricity Commercial Property Award-Building of the Year 1993 (230).

1990 Proyecto de concurso para el Fair Trade Centre, Berlín.
Proyecto de concurso para el Centro de Congresos de San Sebastián.
Proyecto de concurso para el Hôtel du Département, Marsella.
Proyecto para la reestructuración de la Brittanic House, Londres.
Proyecto de un complejo de oficinas para Fonta, Toulouse, Francia.
Proyecto de concurso para la Facultad de Derecho de la Universidad de Cambridge, Inglaterra. Primer premio.
Proyecto de plan urbanístico de Nîmes, Francia.
Proyecto de plan urbanístico de Cannes, Francia.
Proyecto de plan para un sector urbano de Berlín.

1990/1993 Proyecto para un Motoryacht para un cliente japonés.
Casa Bousquets en el Domaine du Spérone en Córcega, Francia.

1991 Proyecto de concurso para el viaducto de Rennes, Francia. Primer premio.
Proyecto de concurso para la estación Canary Wharf de la ampliación de la línea de metro Jubilee Line. Primer premio.
Proyecto para el Imperial War Museum, Duxford, Inglaterra.
Proyecto de la nueva sede de Obunsha Corp. en Yarai Cho, Tokyo.
Proyecto de la nueva sede de Agiplan, Mulheim, Alemania.
Proyecto de la nueva sede de representación y venta de Sanei Corp., Makuhari, Japón.
Proyecto de un edificio de oficinas para Stanhope Properties and County Natwest en Holborn, Londres.
Proyecto de la sede del Instituto de Criminología de la Universidad de Cambridge, Inglaterra.
Proyecto de los laboratorios Napp,

Bedfordshire Design Award - Special Award 1993, RIBA Regional Award 1993, Interiors (USA) Award 1993, Concrete Society Award - Highly Commended 1993, Financial Times Architecture Award - Commendation 1993, Eastern Electricity Commercial Property Award - Special Commendation Building Service System Award 1993, Eastern Electricity Commercial Property Award - Best Public Development Award 1993, Eastern Electricity Commercial Property Award - Building of the Year 1993 (230).

1990 Competition project for the Fair Trade Centre, Berlin.
Competition project for the Conference Centre in San Sebastián.
Competition project for the Hôtel du Département, Marseille.
Project for the restructuring of Britannic House, London.
Project for an office complex for Fonta, Toulouse, France.
Competition project for the Law Faculty of the University of Cambridge, England. 1st prize.
Project for an urban plan for Nîmes, France.
Project for an urban plan for Cannes, France.
Project for an urban plan for a sector of Berlin.

1990/1993 Project for a motor yacht for a Japanese client.
Bousquets house in the Domaine du Spérone, Corsica, France.

1991 Competition project for the Rennes viaduct, France. 1st prize.
Competition project for the Canary Wharf station and extension to London Underground's Jubilee Line. 1st prize.
Project for the Imperial War Museum, Duxford, England.
Project for new head offices for Obunsha Corp. in Yarai Cho, Tokyo.
Project for new head offices for Agiplan, Mulheim, Germany.
Project for new area headquarters and sales offices for Sanei Corp., Makuhari, Japan.
Project for an office building for Stanhope Properties and County NatWest in Holborn, London.
Project for the Institute of Criminology building at the University of Cambridge, England.
Project for Napp Laboratories,

Cambridge, Inglaterra.
Proyecto de un edificio para oficinas en el área de rehabilitación de Spitafields, Londres.
Proyecto de un edificio industrial en Frankfurt Colloquium, Frankfurt.
Proyecto de concurso para la nueva sede de la Commerzbank, Frankfurt. Primer premio.
Proyecto de concurso para el plan de remodelación del puerto fluvial en Duisburg, Alemania. Primer premio.
Proyecto del plan urbanístico de Greenwich, Inglaterra.
1991/1992 Sistema de cerramiento vertical concebido para la Jansen Vegla Glass.
1991/1993 Escuela Polivalente Regional (Escuela secundaria), Fréjus, Francia. Realización del proyecto ganador del concurso.
1992 Proyecto de concurso para el Museo de Prehistoria, Gorges du Verdon, Francia. Primer premio.
Proyecto para la instalación de tiendas de Cacharel en Francia.
Proyecto del concurso para el World Trade Centre, Berlín.
Proyecto del plan urbanístico de Rotterdam.
Proyecto del plan urbanístico de Ludenscheid, Alemania.
Proyecto para un edificio industrial en Ludenscheid, Alemania.
Proyecto para una residencia en Ludenscheid, Alemania.
Proyecto para la reorganización del Imperial College, Londres.
Clore Theatre, Imperial College, Londres.
Proyecto de concurso para el nuevo aeropuerto en Chek Lap Kok, Hong Kong. Primer premio.
Proyecto de concurso para el Museum of Fine Arts, Houston, USA.
Proyecto de concurso para la ampliación del Joslyn Arts Museum, Omaha, Nebraska, USA. Primer premio.
Escuela de Fisioterapia en Southampton, Inglaterra.
Proyecto Station Poterie, Rennes, Francia.
Proyecto para el Thames Valley Business Park, Inglaterra.
Proyecto de concurso para Spandau Bridge, Berlín.
Proyecto de concurso para el plan de los equipamientos olímpicos, Manchester. Primer premio.

Cambridge, England.
Project for an office building in the Spitalfields urban renewal area, London.
Project for an industrial building in Frankfurt Colloquium, Frankfurt.
Competition project for new head offices for the Commerzbank, Frankfurt. 1st prize.
Competition project for the plan for the remodelling of the river port in Duisburg, Germany. 1st prize.
Project for the urban plan for Greenwich, England.
1991/1992 Vertical cladding system for the Jansen Vegla Glass company.
1991/1993 Competition project for the École Polyvalent Regional secondary school, Fréjus, France. Construction of the winning project.
1992 Competition project for the Museum of Prehistory in Gorges du Verdon, France. 1st prize.
Project for the fitting out of the Cacharel chain of shops in France.
Competition project for the World Trade Centre, Berlin.
Project for the urban plan for Rotterdam.
Project for the urban plan for Ludenscheid, Germany.
Project for an industrial building in Ludenscheid, Germany.
Project for an residential building in Ludenscheid, Germany.
Project for the reorganization of Imperial College, London.
Clore Theatre, Imperial College, London.
Competition project for the new airport at Chek Lap Kok, Hong Kong. 1st prize.
Competition project for the Museum of Fine Arts, Houston, USA.
Competition project for the extension to the Joslyn Arts Museum, Omaha, Nebraska, USA. 1st prize.
School of Physiotherapy in Southampton, England.
«Station Poterie» project for Rennes, France.
Project for the Thames Valley Business Park, England.
Competition project for the Spandau Bridge, Berlin.
Competition project for the plan for the Olympic installations for Manchester. 1st prize.
Competition project for the Business Park, Berlin. 1st prize.

Proyecto de concurso para el Business Park, Berlín. Primer premio.
Proyecto de plan urbanístico para Yokohama, Japón.
Proyecto de un edificio para oficinas en Tower Place, Londres.
Proyecto de concurso para la sede del nuevo parlamento alemán en el Reichstag, Berlín. Primer premio.
Proyecto del centro de producción y de los almacenes de la Tecno, Valencia.
Proyecto del centro de congresos, Valencia.
Proyecto de concurso para la sede de la Academia de Policía, Nueva York.

1992/1993 Marine Simulator, Rotterdam.
Remodelación y ampliación de la Hamlyn House en Chelsea, Londres.

1993 Proyecto para la nueva sede del Crédit du Nord, París.
Estudio para la remodelación de la estación Gare du Nord, París.
Proyecto de concurso para el plan del centro medieval de Chartres, Francia.
Proyecto de concurso para el plan del área de Porte Maillot, París.
Proyecto de concurso para la Exhibition Hall en Villepinte, París.
Proyecto de concurso para el Imperial War Museum, Hartlepool. Primer premio.
Proyecto para Oresund Bridge, Copenhague.
Proyecto de concurso para la National Gallery of Sottish Art, Glasgow.
Proyecto para South Kensington Millennium.
Proyecto de terminal ferroviaria en Hong Kong.
Proyecto para HACTL Cargo Building del nuevo aeropuerto Chek Lap, Hong Kong.
Proyecto para el generador de energía Wind Turbine.
Proyecto para la estación terminal MTR, Hong Kong.
Proyecto para MTR Platform Edge Screens, Hong Kong.
Sistema de iluminación viaria para Decaux.
Proyecto para la sede de Timex, Connecticut, USA.
Proyecto para el centro deportivo de tenis, Manchester.
Proyecto para la sede de Electricité de France, París.
Proyecto para la biblioteca de la London School of Economics, Londres.

Project for the urban plan for Yokohama, Japan.
Project for an office building in Tower Place, London.
Competition project for the seat of the new German parliament in the Reichstag, Berlin. 1st prize.
Project for a production centre and warehouses for Tecno, Valencia.
Project for a conference centre, Valencia.
Competition project for the Police Academy, New York.

1992/1993 Marine Simulator, Rotterdam.
Remodelling and extension to Hamlyn House in Chelsea, London.

1993 Project for the new Crédit du Nord head offices, Paris.
Study for the remodelling of the Gare du Nord, Paris.
Competition project for the plan for the mediaeval centre of Chartres, France.
Competition project for the plan for the Porte Maillot area, Paris.
Competition project for the Exhibition Hall in Villepinte, Paris.
Competition project for the Imperial War Museum, Hartlepool, England. 1st prize.
Project for the Oresund Bridge, Copenhagen.
Competition project for the National Gallery of Scottish Art, Glasgow.
Project for South Kensington Millennium.
Project for a railway terminus in Hong Kong.
Project for the HACTL Cargo Building at the new Chek Lap Kok airport, Hong Kong.
Project for a Wind Turbine electricity generator.
Project for the MTR rail terminus, Hong Kong.
Project for MTR platform edge screens, Hong Kong.
Road lighting system for Decaux.
Project for head offices for Timex, Connecticut, USA.
Project for the tennis centre, Manchester.
Project for head offices for Électricité de France, Paris.
Project for the library for the London School of Economics, London.
Competition project for the Hong Kong Convention and Exhibition Centre, Hong Kong.
Project for the urban plan for Corfu,

Proyecto de concurso para Hong Kong Convention and Exhibition Centre, Hong Kong.
Proyecto de plan urbanístico para Corfú, Grecia.
Proyecto de concurso para el plan del área expositiva de Lisboa.
Proyecto para la sede de la ARAG, Düsseldorf.
Proyecto para Forth Valley Community Care Village.
Proyecto de las nuevas oficinas y del plan de desarrollo ferroviario de Kuala Lampur.
Proyecto de concurso para la remodelación del área Prado-Gare, Marsella.
Proyecto de transformación de la central térmica de las minas de Zollverein en Centro del Diseño de la Renania-Nord Westfalia, Alemania.

1994 Proyecto de concurso para Al Faisaliah Complex (con Buro Happold), Riyadh, Arabia Saudí. Primer premio.

Greece.
Competition project for the plan for the exposition area in Lisbon.
Project for head offices for the ARAG company, Düsseldorf.
Project for the Forth Valley Community Care Village.
Project for new offices and development plan for Malaysian railways in Kuala Lumpur.
Competition project for the remodelling of the Prado-Gare area, Marseille.
Project for the conversion of the Zollverein mines power station into the Rhineland-North Westphalia Design Centre, Germany.

1994 Competition project for the Al Faisaliah Complex (with Buro Happold), Riyadh, Saudi Arabia. 1st prize.

Principales textos de Norman Foster / Main writings by Norman Foster

1970 «Architects' Approach to Architecture», en *RIBA Journal*, junio.
1972 «Foster Associates: Recent Works», en *Architectural Design*, n° 11.
1973 «How to design low-cost flexible-build buildings», en *Building Design*, octubre.
      «Foster et Associés», en *L'Architecture d'Aujourd'hui*, n° 170.
1976 «Alvar Aalto, 1989-1976», en *RIBA Journal*, julio.
1977 «The design philosophy of the Willis, Faber & Dumas Building in Ipswich», en *Architectural Design*, n° 9-10.
1978 «Sainsbury Centre for the visual Arts», en *The Architectural Review*, n° 982.
1979 *Links*, Catálogo de la muestra Foster Associates, RIBA Publications, pp. 136-159.
      «Per l'arte nell'Università dell'East Anglia», en *Domus*, n° 592.
1980 «Norman Foster», en A. Suckle (edición a cargo de), *By Their Own Design*, Granada, Londres, pp. 136-159.
      «Introduction to the Royal Gold Medallist», en *Architectural Design*, n° 7-8.
1981 «Sainsbury Centre for the Visual Arts», en *L'Architecture d'Aujourd'hui*, n° 213.
      «Hong Kong & Shanghai Banking Corporation Headquarters», en *Architectural Design*, n° 3-4.
      «Foster Associates a Brief impression of Japan», en *Architecture and Urbanism*, n° 125.
1983 «RIBA talk», en *Transaction*, n° 4.
1984 «1 QRC. Extracts from a project diary», en D. Lasdun (edición a cargo de), *Architecture in an Age of Scepticism*, Heinemann, Londres, pp. 112-133.
      «Foreword», en R. Einzig, *Classic Modern Houses in Europe*, Architectural Press, Londres, p. 7.
      «Preface», en P. Murray, S. Trombley, *Modern British Architecture since 1945*, RIBA Magazine, Londres, p. V.
1986 «Hong Kong», en *Architecture and Urbanism*, n° 189.

«Prologue», en *Process Architecture*, n° 70.
1987 «Spazio, Luce, Moda», en *Abitare*, n° 252.
1988 «L'institut, ses Architects et leurs pairs», en *L'Architecture d'Aujourd'hui*, n° 255.
      «À propos de l'École d'Architecture de Lyon de Jourda et Perraudin», en *AMC*, n° 19.
      «Introduction», en *A+U extra edition, Norman Foster: 1964-1987*, Tokyo.
1989 «Foreword», en I. Lambot (edición a cargo de), *Norman Foster. Foster Associates. Building and Projects. Volume 2, 1971-1978*, Watermark, Hong Kong.
      «Handrails and Bicycles», en I. Lambot (edición a cargo de), *Norman Foster. Foster Associates. Building and Projects. Volume 3, 1978-1985*, Watermark, Hong Kong.
      «Tecnología y Arquitectura, entrevista con David Chipperfied», en *Norman Foster. Obras y proyectos, 1981-1988*, Quaderns Monogràfics, Editorial Gustavo Gili, S.A., Barcelona.
1990 «Introduction», en B. Clarke, *In and Out of Architecture*, Mavor Gallery, Londres.
      N. Foster, «King's Cross, A Master Plan», en *Architectural Design*, Profile 84, n° 3-4, vol. 60.
1991 «Design for Living», en I. Lambot (edición a cargo de), *Norman Foster. Foster Associates. Building and Projects. Volume 1, 1964-1973*, Watermark, Hong Kong.
      «Foster Associates», Ibídem.
      «Text by The Architect», en *A+U*, n° 253, «Foster Associates: Third London Airport, Stansted».
      «Il microprocessore e il giardino Zen», en *British Architecture Today. Six Protagonists*, Electa, Milán.
1992 «Selected writings and lectures», en *Foster Associates. Recent Works*, Architectural Monographs n° 20, Academy Editions/St. Martin Press, Londres/Nueva York.
      «Introduction», en W. Blaser (edición a cargo de), *Norman Foster Sketches*, Birkhäuser Verlag, Basel/Boston/Berlín.
1993 «Lycée polyvalente à Fréjus», en *L'Architecture d'Aujourd'hui*, n° 290.
      «Carré d'Art à Nîmes», en *Le Moniteur Architecture AMC*, n° 46.
      «Lycée polyvalente à Fréjus», Ibídem.

Principales textos sobre Norman Foster / Main writings on Norman Foster

1972 D. Sharp, *Histoire visuelle de l'architecture du XXè siècle*, Pierre Mardaga Editeur, Bruselas, pp. 272-273 (versión castellana: *Historia en imágenes de la arquitectura del siglo XX*, Editorial Gustavo Gili, S.A., Barcelona, 1973).
R. Maxwell, *New British Architecture, Thames and Hudson*, Londres, pp. 50-53, 188-193.

1973 E. D. Bona, «Foster Associates: montaggio sensa composizione», en *Casabella*, n° 375.

1974 J. Winter, «Glash on the Marsh», en *The Architectural Review*, n° 929.

1975 AA.VV., «Foster Associates», en *Architecture and Urbanism* (número monográfico), n° 57.
R. Collovà, «Foster Associates», en *Parametro*, n° 33.
S. Lyall, «Foster in Ipswich», en *The Architect's Journal*, vol. 161, n° 23.
C. Woodward, «Head Office, Ipswich, Suffolk», en *The Architectural Review*, n° 943.

1976 C. McKean, T. Jestico, *Guide to Modern Buildings in London, 1965-1975*, Academy Editions, Londres, pp. 53, 72, 84.
A. Best, «School for handicapped children, Liverpool», en *The Architectural Review*, n° 957.

1977 Ch. Jencks, *Modern Movements in Architecture*, Penguin, Harmondsworth, p. 244 (versión castellana: *Movimientos modernos en arquitectura*, Hermann Blume Ediciones, Madrid, 1983).
T. Herzog, *Pneumatic Structures*, Crosby, Lockwood, Stapled, Londres, p. 124 (versión castellana: *Construcciones neumáticas. Manual de arquitectura hinchable*, Editorial Gustavo Gili, S.A., Barcelona, 1977).

1978 P. Kidson, P. Murray, P. Thompson, *A History of English Architecture*, Penguin Books, Harmondsworth, pp. 363-364.
Ch. Jencks, *The Language of Post-Modern Architecture*, Academy Editions, Londres, p. 74 (versión castellana: *El lenguaje de la arquitectura posmoderna*, Editorial Gustavo Gili, S.A., Barcelona, 1985³).
B. Goldstein, «Designing the means to social ends», en *RIBA Journal*, n° 1.
P. Peters, «Die letzten 20 Jahre in der Architektur», en *Baumeister*, n° 12.
P. Cook, «Sainsbury Centre for Visual Arts», en *The Architectural Review*, n° 982.

1979 C. F. Corini, P. Zanlari, *L'Architettura Inglese degli Anni '70*, Catálogo de la muestra, Ayuntamiento de Parma, Parma, pp. 24-27 y 60-63.
B. Zevi, «Cassone totalizzante con tapparelle», en *Cronache di Architettura*, vol. 22, Laterza, Bari, pp. 172-175.
R. Banham, «Introduction», en Catálogo de la muestra *Foster Associates*, RIBA Publications, Londres, pp. 4-8.
B. Zevi, «C'è un museo seduto sull'erba», en *L'Espresso*, abril.
A. Best, «Foster Finesse», en *The Architects' Journal*, vol. 170, n° 39.
A. Best, «Foster's Open House», en *The Architects' Journal*, vol. 170, n° 28.
P. Peters, «Heute: "High-Tech" Architektur und folgt darauf», en *Baumeister*, n° 9.
S. Stephens, «Modernism Reconstituted», en *Progressive Architecture*, n° 2.
AA.VV., «Sainsbury Centre», en *Architectural Design* (número monográfico), vol. 49, n° 2.
L. Berni, «Sainsbury Centre», en *Panorama*, 30 julio.
S. Mulchay, «Services on show», en *The Architectural Review*, n° 983.
R. Padovan, «Urban Context: Hammersmith Centre, en *International Architect*, n° 1.

1980 M. Raeburn (edición a cargo de), *Architecture of the Western World*, Crescent Book, Nueva York, pp. 265, 281.
J. Winter, «Norman Foster», en M. Emmanuel (edición a cargo de), *Contemporary Architects*, The Macmillan Press, Londres, pp. 255-256.
V. Gandolfi, *L'acciaio nell'architettura*, CISIA, Milán, pp. 68, 79.
Ch. Jencks, *Late Modern Architecture*, Academy Editions, Londres, 6-15, 54-58, 60-68 (versión castellana: *Arquitectura Tardomoderna y otros*

ensayos, Editorial Gustavo Gili, S.A., Barcelona, 1982).

K. Frampton, *Modern Architecture. A critical history*, Thames and Hudson, Londres, pp. 284, 294-296 (versión castellana: *Historia crítica de la arquitectura moderna*, Editorial Gustavo Gili, S.A., Barcelona, 1993[6]).

S. Lyall, *The State of British Architecture*, The Architectural Press, Londres, pp. 113-125.

A. Drexler, *Transformations in Modern Architecture*, Catálogo de la muestra, The Museum of Modern Art, Nueva York, pp. 78-79 (versión castellana: *Transformaciones en la arquitectura moderna*, Editorial Gustavo Gili, S.A., Barcelona 1982[2]).

A. Benedetti, «Un confronto tra due generazioni: una galleria ospitata nel vagone», en *L'industria delle Costruzioni*, n° 163.

A. Gentili, «Sainsbury Centre for Visual Arts», *Ibídem*.

C. Woodward, «Technical Park, Greenford, Middlesex», en *The Architectural Review*, n° 1002.

A. Benedetti, «Tecnologia come prassi in architettura», en *Costruttori Abruzzesi*, n° II.

D. Sharp, «Une Architecture de la Technologie», en *L'Architecture d'Aujourd'hui*, n° 212.

1981 L. Esher, *A Broken Wave*, Allen Lane, Londres, p. 291.

B. Russell, *Building System Industralization and Architecture*, John Wiley & Sons, Londres, pp. 512, 548-562, 619-632.

R. Einzig, *Classic Modern Houses in Europe*, Architectural Press, Londres, pp. 40-47, 120-125, 170-175.

R. Banham, «Grass Above, Glass Around», en *Design by choice*, Academy Editions, pp. 80-82.

J. Drury, *Factories planning design and modernization*, The Architectural Press, Londres, pp. 143, 226-231.

D. Walker, *The Architecture and Planning of Milton Keynes*, The Architectural Press, Londres, pp. 100-108.

Charalabidis, P. Meurice, «Architecture de Bureaux», en *Tecniques & Architecture*, n° 337.

D. Walker, «British Architects», en *Architectural Design*, n° 3-4.

K. Frampton, V. Magnago Lampugnani,

«Du Neo-Productivisme au Post-moderne», en *L'Architecture d'Aujourd'hui*, n° 213.

AA.VV., «Foster-Rogers: High-Tech: Classical/Gothic», en *The Architectural Review*, n° 1011.

A. Brookes, M. Ward, «Sainsbury Centre», en *The Architects' Journal*, vol. 174, n° 28.

1982 AA.VV., *British Architecture*, Academy Editions, Londres, pp. 7-13.

Ch. Jencks, D. Chaitkin, *Current Architecture*, Academy Editions, Londres, pp. 69-100.

P. Goulet, «La clé des Champs», en *La modernité ou l'Esprit du Temps*, Catálogo de la Bienal de París 1982, L'Equerre, Lieja, pp. 22-24.

V. Magnago Lampugnani, *La realtà dell'immagine*, Ed. Comunità, pp. 13, 111, 188.

W. J. Curtis, *Modern Architecture since 1900*, Phaidon Press, Oxford, pp. 371-372 (versión castellana: *Arquitectura moderna desde 1900*, Hermann Blume Ediciones, Madrid, 1986).

L. Biscogli, *Tecnica e Architettura*, Università degli Studi dell'Aquila, pp. 57-61.

C. Woodward, «Classicism», en *The Architects' Journal*, vol. 175, n° 3.

A. Best, «Foster at play», en *The Architects' Journal*, vol. 176, n° 48.

1983 E. Jones, C. Woodward, *A Guide to the Architecture of London*, Weidenfeld & Nicolson, Londres, pp. 59, 183, 363, 375-377.

R. Saxon, *Atrium Buildings*, The Architectural Press, Londres, pp. 64-66, 127-128.

M. Foster (edición a cargo de), *The Principles of Architecture*, Phaidon Press, Oxford, pp. 122-125, 160-161.

P. Nuttgens, *The Story of Architecture*, Phaidon Press, Oxford, pp. 278-280.

D. Sudjic, «BBC Success Story», entrevista a N. Foster en *The Architects' Journal*, vol. 177, n° 1.

M. Zardini, «By appointment to H.M. the Queen», en *Casabella*, n° 491.

F. Daslaugiers, «Centre Renault à Swindon», en *L'Architecture d'Aujourd'hui*, n° 228.

B. Waters, «Foster's Hong Kong Bank», en *Building*, 17 junio.

A. Pélissier, «Fragments d'une Technologie hédoniste», en *Techniques & Architecture*, n° 350.

J. McKean, «Gold Standard», entrevista a N. Foster en *The Architects' Journal*, vol. 177, n° 13.
P. Buchanam, «High-Tech», en *The Architectural Review*, n° 1037.
P. Davey, «Renault Centre», *Ibídem*.
J. Glancey, «The Eagle has landed», *Ibídem*.
A. Benedetti, «L'architettura di Norman Foster e dei Foster Associates», en *L'Ingegnere*, n° 3.
L. Berni, «Nuovo? No, moderno», en *Panorama*, 22 agosto.
K. Sagimura, «Soaring to Technology of the Future», en *Architecture and Urbanism*, n° 57.
M. Pawley, «Third Millennium Bank», en *The Architects' Journal*, vol. 183, n° 16.
B. Zevi, «Una Banca in verticale», en *L'Espresso*, 13 marzo.
1984 D. Gosling, D. Maitland, *Concept of Urban Design*, Academy Editions, St. Martin Press, Londres, p. 98.
A. De Vido, *Innovative management techniques*, Whitney Library of Design, Nueva York, pp. 122-135.
P. Murray, S. Trombley, *Moderne British Architecture since 1945*, RIBA Magazine, Londres, pp. 22, 26, 36, 48, 60, 110, 136.
A. Benedetti, «Aspetti della recente architettura britannica e Renault Centre», en *L'Industria delle Costruzioni*, n° 153-154.
B. Waters, «Foster in Hong Kong», en *RIBA Journal*, junio.
S. Kent, R. Ahronov, «High-Tech: craft and Caro», en *The Architectural Review*, n° 1049.
«Interview», en *Norman Foster Architect. Selected Works 1962/84*, Catálogo de la muestra, Whitworth Art Gallery, Manchester.
A.P., «La réponse de Norman Foster», en *Techniques & Architecture*, n° 355.
P. Goulet, «Nîmes», en *L'Architecture d'Aujourd'hui*, n° 236.
M. Pawley, «Sainsbury Centre», en *The Architects' Journal*, vol. 180, n° 27 y 30.
J. McKean, «Profilo di Norman Foster», en *Spazio & Società*, n° 25.
M. Pawley, «Sainsbury Centre», en *The Architect's Journal*, vol. 180, n° 27, 30.
S. Dostoglu, «Technical Discourse», en *International Architect*, n° 5.
E. Scoffham, *The Shape of British Buildings*, David & Charles, Londres, pp. 148, 150, 303-306.

A. Mcintyre, *The Shell Book of British Buildings*, David & Charles, Londres, pp. 148, 150, 303-306.
1985 AA.VV., *Biennale de Paris. Architecture 1985*, Catálogo de la muestra, Pierre Mardaga, Lieja-Bruselas, pp. 108-110.
L. Knobel, *The Faber Guide to Twentieth Century Architecture*, Faber & Faber, Londres, pp. 131, 158.
A. Best, «Norman Foster: an appreciation», en *Foster Associates: six architectural projects 1975-1985*, Catálogo de la muestra, Sainsbury Centre, Norwich.
A. Pélissier, «Entretien avec Norman Foster», en *Techniques & Architecture*, n° 357.
P.A.C., «Foster a Nîmes», en *Casabella*, n° 512.
A. Benedetti, «L'Architettura della tecnologia» y «Sede della Hong Kong & Shanghai Banking Corporation», en *L'Industria delle Costruzioni*, n° 168.
J. Glancey, «Nîmes schemes», en *The Architectural Review*, n° 1059.
P. Buchanan, «Nostalgic Utopia», en *The Architects' Journal*, vol. 182, n° 36.
D. Rastofer, «The metal-skin technology of Foster Associates», en *Architectural Record*, n° 8.
1986 D. Sudjic, *New Architecture: Foster, Rogers, Stirling*, Catálogo de la muestra, Thames & Hudson, Londres.
AA.VV., *Norman Foster*, Catálogo de la muestra, Electa-Moniteur, Milán-París.
A. Holgate, *The art in structural design*, Clarendon Press, Oxford, 148-156.
A. Menges, «Norman Foster», en V. Magnago Lampugnani (edición a cargo de), *The Thames and Hudson Encyclopaedia of the 20th Century Architecture*, Thames & Hudson, Londres, pp. 103-104.
M. Bédarida, «Delitto su commissione», en *Casabella*, n° 526.
M. Pawley, «Foster child», en *The Architects' Journal*, vol. 184, n° 47.
AA.VV., «Foster Associates: Hong Kong Bank», en *Architecture and Urbanism* (número monográfico), n° 189.
AA.VV., «Foster's Hong Kong, special issue», en *Progressive Architecture*, n° 3.
AA.VV., «Foster Tower: Hong Kong Bank», en *Process Architecture*, n° 70.
F. Irace, «Grattacielli a Hong Kong», en *Abitare*, n° 243.
L. Freedman, «Hamnett en SW 3», en

Blueprint, n° 32.

V. Magnago Lampugnani, «Hong Kong & Shanghai Bank», en *Domus*, n° 674.

AA.VV., «Special issue: Hong Kong & Shanghai Bank», en *The Architectural Review*, n° 1070.

B. Murray, «In the shadow of Bank», en *RIBA Journal*, n° 1.

«Norman Foster», en *L'Architecture d'Aujourd'hui*, n° 243.

AA.VV., «Special issue: Lloyd's and the Bank», en *The Architects' Journal*, vol. 184, n° 43 y 44.

L. Fasolini, «Non solo High-Tech», en *Costruire per abitare*, X n° 46.

C. Colin, «Norman Foster, ligne forte», en *Intramuros*, n° 6.

Y. Futagawa (edición a cargo de), «The Hong Kong and Shanghai Banking Corporation», en *G A Document*, n° 16.

1987 *Architecture International*, Grosvenor Press International, Londres, pp. 96-98, 208-210, 350-355.

D. J. DeWitt, E. R. DeWitt, *Modern Architecture in Europe*, Weidenfeld & Nicolson, Londres, pp. 198, 199-200.

M. Vitta, «Alberi di acciaio nella natura», en *L'Arca*, n° 7.

M. Pisani, «E finita l'età del vetro e del ferro», en *Rinascita*, n° 16.

A. Pélissier, «Foster à Hong Kong» en *Techniques & Architecture*, n° 372.

E. M. Farrelly, «Foster at BBC. A new glasnost», en *The Architectural Review*, n° 1083.

E. M. Farrely, «Foster's mexican Waves», en *The Architectural Review*, n° 1087.

O. Boissiere, «Il fantasma della modernità», en *L'Arca*, n° 3.

P. McGuire, «Nomos office system», en *The Architectural Review*, n° 1080.

A. Pansera, «Norman Foster per Tecno», en *L'Arca*, n° 3.

E. Ranzani, «Sistema Nomos, Tecno, Milano», en *Domus*, n° 679.

M. Vogliazzo, «Lo stadio di Francoforte», en *L'Arca*, n° 11.

1988 C. Davies, *High-Tech Architecture*, Rizzoli, Nueva York, pp. 56-85.

D. Walker, *Great Engineers*, Academy Editions, Londres/St. Martin Press, Nueva York, pp. 18, 20, 136, 178-191, 217-219, 266.

B. Fitoussi, *Boutiques*, Editions du Moniteur, París, pp. 88-93.

A. Orton, *The way we build now*, Van Nostrand Reinhold (UK), Wokingham,

pp. 367-371, 510-520.

UIA, Journal of Architectural Theory and Criticism, *Vision of the Modern*, Academy Editions, Londres, pp. 58-59.

A+U, Extra Edition, *Norman Foster*, Tokyo.

«Foster Associates. Paternoster», en *The Architectural Review*, n° 1091.

W. Hitchmouga, «King's Cross goes public», en *The Architects' Journal*, vol. 187, n° 8.

«King's Cross Terminal Trio», en *The Architectural Review*, n° 1093.

J. Drury, D. Allcard, «Clean Building», en *Architecture Intérieure CREE*, n° 223.

J. Ferrier, «Le chantier est déjà un projet», en *L'Architecture d'Aujourd'hui*, n° 256.

P.D., «Foster above and below ground in Spain», en *The Architectural Review*, n° 1097.

A. Benedetti, «Londra. Aeroporto con ombrelli», en *Costruire*, n° 62.

«Foster King's Cross Proposal», en *The Architects' Journal*, vol. 187, n° 33.

A. Best, «Foster's Century», en *The Architectural Review*, n° 1098.

«Norman Foster: Barcelona Telecommunication Tower and Bilbao Underground», en *Architectural Design*, n° 7-8, vol. 58, pp. 34-37.

O. Henault, «Torre de Collserola», en *L'Architecture d'Aujourd'hui*, n° 258.

M.H.C., «Collections "d'ivers"», en *Architecture Intérieure CREE*, n.° 226.

P. Buchanan, «What a city», en *The Architectural Review*, n° 1101.

A. Benedetti, «Costruire nella città: due proposte di Norman Foster», en *Controspazio*, n° 3.

R. Burdett, «Foster Associates. Progetto urbanistico per l'area di King's Cross, Londra», en *Domus*, n° 700.

«Tour a Tokyo, Bunkyo-Ku», en *L'architecture d'Aujourd'hui*, n° 260.

«Genty, dernier pont de Paris. Foster, Francis, Jourda, Perraudin», *Ibídem*.

1989 I. Lambot (edición a cargo de), *Norman Foster. Foster Associates. Building and Projects. Volume 2, 1971-1978*, Watermark, Hong Kong.

I. Lambot (edición a cargo de), *Norman Foster. Foster Associates. Building and Projects. Volume 3, 1978-1985*. Watermark, Hong Kong.

AA.VV., *Norman Foster. Obras y proyectos, 1981-1988*, Catálogo de la muestra. Quaderns monografies, Editorial

Gustavo Gili, S.A., Barcelona, 1989.
S. Williams, *Hong Kong Bank: the building of Norman Foster's masterpiece*, Jonathan Cape, Londres.
AA.VV., *Norman Foster et Ove Arup. Ingénierie et Architecture. Actes du colloque*, Institut Français d'Architecture, París.
J. Glancey, *New Beritish Architecture*, Thames and Hudson, Londres, p. 179.
A. Dannat, «Retreat of Fashion», en *The Architectural Review*, n° 1103.
M. Champenois, «Aéroport du Kansai. Fopster Londres et Ohbayashi Corp», en *L'Architecture d'Aujourd'hui*, n° 261.
«Il concorso per il nuovo aeroporto di Osaka», en *Casabella*, n° 555.
FM, «Londres, tout change! King's Cross», en *Techniques et Architecture*, n° 382.
AP, «Les lumières de Stansted», *Ibídem*.
M. Springs, «Second flush at Stockley Park», en *Building*, n° 31.
R. Maxwell, «Progetti urbani di Norman Foster», en *Casabella*, n° 557.
«La lumière de l'ombre», en *Techniques et Architecture*, n° 383.
P. Davey, «Light on a tight sight», en *The Architectural Review*, n° 1107.
M. Binney, «British Architecture now. Foster at the Academy», en *Architectural Design*, n° 3-4, vol. 59.
«Foster Associates: Kansai International Project», *Ibídem*.
«Norman Foster», en *World Architecture*, (número monográfico), n° 1.
M. H. Contal, «Stockley Park», en *Architecture Intérieure CREE*, n° 231.
«Minimale mittel für lichtspiele», en *Werk, Bauen+Wohnen*, n° 10.
«Katharine Hamnet Shop, London», en *Werk, Bauen+Wohnen*, n° 11.
1990 M. Pawley, *Theory and Design in the second machine age*, Basil Blackwell, Oxford, pp. 33, 49, 56, 58, 71, 133, 151-153.
M. Pawley, «King's Cross: crisi, ma quale crisi?», en *Casabella*, n° 565.
R. Roda, «High-Tech in Inghilterra. Magazzino e centro ricambi per la Renault, Swindon», en *Modulo*, n° 162.
Foster Associates, «Millennium Tower», en *Architectural Design*, Profile 86, n° 7-8, vol. 60.
J.F., «Foster Associates. Stockley Park», en *L'Architecture d'Aujourd'hui*, n° 267.

«Foster a Bilbao», *Ibídem*.
W. Wang, «Foster Associates: Edificio per Uffici B3 a Stockley Park, Londra», en *Domus*, n° 713.
M. Pawley, «Scrap value», en *The Architects' Journal*, vol. 191, n° 12.
«Seis propuestas para San Sebastián», en *El Croquis*, n° 43.
«Carrefour royal», en *L'Architecture d'Aujourd'hui*, n° 286.
«Bureaux a Stockley Park», en *Le Moniteur Architecture AMC*, n° 10.
J. Ferrier, «Les Livres des Genèses», en *L'Architecture d'Aujourd'hui*, n° 269.
C. Seddon, «How to Foster Japanese Ties», en *The Architects' Journal*, vol. 192, n° 12.
C. Slessor, «Office Politics», en *The Architects' Journal*, vol. 192, n° 14.
«Londra. Una parete di vetro lungo il fiume», en *Abitare*, n° 289.
R. Roda, «Tra innovazione e razionalità», en *Modulo*, n° 165.
J. Della Fontana, «Millennium Tower», en *L'Arca*, n° 44.
P.D., «Tokyo Tower», en *The Architectural Review*, n° 1126.
1991 I. Lambot (edición a cargo de), *Norman Foster. Foster Associates. Building and Projects. Volume 1, 1964-1973*, Watermark, Hong Kong.
P. Gössel, G. Leuthäuser, *Architettura del XX secolo*, Benedikt Taschen, Colonia, pp. 229-231, 398 (versión castellana: *Arquitectura del siglo XX*, Benedikt Taschen, Colonia).
A. Papadakis, *A Decade of Architectural Design*, Academy Editions, Londres, pp. 92-99.
AA.VV., *British Architecture Today. Six protagonists*, Catálogo de la Muestra, Electa, Milán, pp. 41-60.
K. Ackermann, *Building for Industry*, Watermark, Hong Kong, pp. 82, 87, 94-95, 104-105, 184-193.
J. Lambot, *Century Tower. Foster Associates build in Japan*, Berlín.
W. Amsoneit, *Contemporary European Architects*, Benedikt Taschen, Colonia, pp. 80-87.
C. Abel, *Renault Centre*, Architecture Design and Technology Press, Londres.
J. Ferrier, *Usines*, tomo II, Editions du Moniteur, París, pp. 82-87.
«Foster Associates: Third London Airport, Stasted», en *A+U*, n° 253.
Y. Futagawa, «Royal Academy Sackler Galleries, Sainsbury Centre Crescent

Wing, Century Tower, Stasted Airport, ITN Headquarters», en *GA Document 31*, Tokyo, pp. 54-103.
«Fostering a New Image», en *The Architectural Review*, n° 1129.
A. Benedetti, «Edificio per Uffici a Stockley Park, Londra», en *L'Industria delle costruzioni*, n° 231.
J. Ferrier, «Millennium Tower», en *L'Architecture d'Aujourd'hui*, n° 273.
R. Owens, «Fit for Take-Off», en *The Architects' Journal*, n° 13, vol. 193.
A. Bugatti, «Guscio con le ali», en *Costruire*, n° 97.
P. Davey, «Stansted» en *The Architectural Review*, n° 1131.
A. Best, «Taking flight», *Ibídem*.
M. Fordham, «Servicing the spaces», *Ibídem*.
D. Jenkins, «Second Generation», en *The Architects' Journal*, n° 19, vol. 193.
M. Pawley, «L'aeroporto di Stansted a Londra di Foster Associates», en *Casabella*, n° 580.
M.P., «Verso il commercio con stile», *Ibídem*.
P. Annay, «Flight of Fancy», en *The Architects' Journal*, n° 22, vol. 193.
«Screen Airport», en *The Architects' Journal*, n° 23, vol. 193.
I. Scalbert, «Un Palais du Voyage», en *Le Moniteur Architecture AMC*, n° 22.
A. Blyth, «Foster on Show», en *The Architects' Journal*, n° 25, vol. 193.
N. Foster, «Berlin Masterplanning Strategy», en *Architectural Design*, Profile 92, n° 7-8, vol. 61.
«Discours de la méthode», en *Architecture Intérieure CREE*, n° 244.
J.P. Garcias, «Norman Foster: Ossature, Membranes et Fluides», en *L'Architecture d'Aujourd'hui*, n° 276.
F. Irace, «Londra. Sackler Galleries», en *Abitare*, n° 300.
«Nîmes. Carré d'Art», *Ibídem*.
R. Maxwell, «Un cavedio luminoso per la Royal Academy», en *Casabella*, n° 583.
BL, «Aéroport de Stansted, GB», en *Techniques et Architecture*, n° 398.
«Foster Associates. Un Axe Générateur d'Équipement Collectif», en *Le Moniteur Architecture AMC*, n° 26.
«Carré d'Art», *Ibídem*.
M. Quantrill, «Century Symbol», en *The Architectural Review*, n° 1137.
«Axe Nîmes-Campagne», en *Le Moniteur Architecture AMC*, n° 27.

R. Roda, «Edificio B3 a Stockley Park», en *Modulo*, n° 177.
D. Cruickshank, «Lost Visions for London», en *The Architects' Journal*, n° 24-25, vol. 194.
P. Buchanan, «Up into the Light», en *The Architectural Review*, n° 1138.
«The Sackler Galleries, The Sainsbury Centre for Visual Arts», en *Architectural Design*, Profile 94, n° 11-12, vol. 61.
1992 «Foster Associates. Recent Works», *Architectural Monographs*, n° 20, Academy Editions/St. Martin Press, Londres/Nueva York.
W. Blaser (edición a cargo de), *Norman Foster Skeches*, Birkhäuser Verlag, Basel/Boston/Berlín.
R. Moore, D. Gilbert, *Sackler Galleries. Royal Academy. London*, Blueprint Extra 04, Londres.
D. Treiber, *Norman Foster et la Tour de la Hong Kong Bank*, Plan Construction et Architecture, París.
B. Zevi, *Sterzate Architettoniche*, Edizioni Dedalo, Bari, pp. 31, 57, 159, 204, 208.
«Norman Foster, interview with Kenneth Powell», en *Architectural Design*, n° 1-2, vol. 62.
P.B., «Cargo-Cult City Planning», en *The Architectural Review*, n° 1139.
J.P.R., «Tour magnanime», en *L'Architecture d'Aujourd'hui*, n° 279.
J. P. Menard, «Norman Foster, Les Circulations Mécaniques», en *Le Moniteur Architecture AMC*, n° 28.
J. Glancey, «Londra. Aeroporto di Stansted», en *Abitare*, n° 305.
«Commerzbank: il progetto vincitore», en *L'Arca*, n° 58.
«Two Towers in Frankfurt», en *The Architectural Review*, n° 1143.
A. Baxter, «Tower of Stright», en *The Architects' Journal*, n° 24, vol. 195.
«La Torre per telecomunicazioni a Barcellona di Foster», en *Casabella*, n° 592.
J.P., «Catalonia Calling», en *The Architectural Review*, n° 1146.
K. Powell, «Norman Foster. Torre delle Telecomunicazioni. Barcelona», en *Domus*, n° 741.
P. Righetti, «La transizione trasparente», en *L'Arca*, n° 65.
R. Roda, P. Setti, «La tecnologia che trasforma la città. Torre delle telecomunicazioni del Collserola», en *Modulo*, n° 185.

J. Myerson, «Cranfield balances the Book», en *The Architects' Journal*, n° 21, vol. 196.
«Jewel on the Ground», en *World Architecture*, n° 20.
M. Pawley, «Un gioiello nella polvere», en *Casabella*, n° 586.
E.M., «Norman Foster. The Crescent Wing, Sainsbury Centre for the Visual Arts», en *Domus*, n° 744.

1993 G. Bramante, *Willis Faber & Dumas Building*, Phaidon, Londres.
N. Foster, H. Scheer, *Solar Energy in Architecture and Urban Planning*, Florence.
K. Powell, *World Cities: London*, Academy Editions, Londres.
D. Button, B. Pye (edición a cargo de), *Glass in Building*, Butterworth Architecture, Londres, pp. 14-15, 25, 36, 109, 115, 343.
«Norman Foster and Partners. Cranfield Library, Bedfordshire», en *Architectural Design*, n° 7-8, vol. 63.
«Duisburg, Microelectronic Park, Neudorf», *Ibídem*.
A. Briggs, «Solar Foster», en *The Architectural Review*, n° 1152.
S. Brandolini, «Industria e natura», en *Casabella*, n° 600.
D. Gowling, M. Pawley, «Jubilee Line: sedici chilometri per il futuro dei Docklands di Londra», *Ibídem*.
C. Donati, «Rogers, Foster, Farrell. The architetti per tre progetti lungo "london Wall"», en *Controspazio*, n° 2.
P. Righetti, «Tecnologia e conservazione», en *L'Arca*, n° 69.
«Norman Foster, Tokyo Century Tower a Bunkyo-Ku», en *Lotus*, n° 76.
D. Cruickshank, «Reichstag unresolved», en *The Architectural Review*, n° 1154.
E.A.-D., «Le Carré d'Art», en *Le Moniteur Architecture AMC*, n° 41.
J. Lucan, «Les pièges de l'exigence classique», *Ibídem*.
«Des écrans urbains», *Ibídem*.
M. Jones, «A Natural Light Scheme for an Art Gallery», en *The Architects' Journal*, n° 19, vol. 197.
A. Castellano, «Cranfield Library», en

Abitare, n° 319.
M. Champenois, «Foster à Nîmes», en *L'Architecture d'Aujourd'hui*, n° 287.
J. P. Robert, «La peau de l'ours», *Ibídem*.
B. Evans, «Environment Control of Art», en *The architects' Journal*, n° 25, vol. 197.
P. McGuire, «Solid Tradition», en *The Architectural Review*, n° 1156.
Y. Safran, «Le Carré d'Art», en *Domus*, n° 751.
M. Jones, «Foster solves the big span problem with pre-cast concrete», en *The Architects' Journal*, n° 2, vol. 198.
C. Davis, «Carre Culturel», en *The Architectural Review*, n° 1157.
A. Gale, «Contributing to a City», en *World Architecture*, n° 24.
M. Jones, «Solar Chimney for Foster French School», en *The Architects' Journal*, n° 7, vol. 198.
G. Monnier, «Foster, un Carré d'Art a Nîmes», en *Techniques et Architecture*, n° 409.
MCL, «La modestie à l'oeuvre», *Ibídem*.
S. Redecke, «Speerboegen et Reichstag», *Ibídem*.
L. Greco, I. Savino, «Il parco microelettronico di Duisburg», en *Controspazio*, n° 5.
«Imperial Residence», en *World Architecture*, n° 25.
M. Pawley, «La nuova tragedia del Reichstag», en *Casabella*, n° 605.
«Foster Associates, Torre de Collserola, Barcelona», en *Architectural Design*, n° 11-12, vol. 63.
«Norman Foster: Parco della microelettronica, Duisburg», en *Domus*, n° 754.
«Lycée polyvalente à Fréjus», en *Le Moniteur Architecture AMC*, n° 46.
M. Lupano, «Il Foster di Nîmes e il Carré d'Art», en *Lotus*, n° 79.
S. Dawson, «Working Details. A Ventilated Roof and Brise-Soleil», en *The Architects' Journal*, n° 22, vol. 198.

1994 F. Montagnana, «Il gigante in cantiere. Le "big five" e le nuove frontiere tecnologiche», en *Casabella*, n° 608-609.

Principales exposiciones / Main exhibitions

1976 *The Work of Foster Associates*, Col·legi d'Arquitectes de Catalunya, Barcelona.
1977 *British Design Council Touring Exhibition*, muestra itinerante.
1978 *Original Drawings: Foster Associates*, Londres, Heinz Gallery.
Project of the Future, Copenhague.
1979 *L'Architettura Inglese degli anni '70*, Parma, Palazzetto Eucherio Sanvitale (catálogo: ed. Ayuntamiento de Parma, 1979).
Summer Exhibition, Londres, Royal Academy.
Foster Associates, Londres, Heinz Gallery (catálogo: ed. RIBA Publications, Londres, 1979).
The Hammersmith Centre Project, Londres, Riverside Studios.
Transformations in Modern Architecture, Nueva York, The Museum of Modern Art (catálogo: ed. The Museum of Modern Art, Nueva York, 1979).
1980 *Foster Associates*, Hong Kong.
Summer Exhibition, Londres, Royal Academy.
Foster Associates, Singapur.
1981 *Summer Exhibition*, Londres, Royal Academy.
1982 *British Architects*, Londres, The Royal Institute of British Architects.
Summer Exhibition, Londres, Royal Academy.
1983 *Three New Skyscrapers*, Nueva York, The Museum of Modern Art.
Le Centre Renault de Swindon, París, Institut Français d'Architecture.
Summer Exhibition, Londres, Royal Academy.
Britain Salutes New York, Nueva York, New York Drawing Centre.
Foster Associates: Architetture 1967/83, Milán, Studio Marconi.
Archi-Sicomat, Milán, Centro Edile.
Architecture et Industrie, París, Centre Pompidou (catálogo: ed. Centre de Création Industrielle, Centre Georges Pompidou, París, 1983).

Foster Associates, Sudbury, Gainsborough House.
Model Futures, Londres, Institute of Contemporary Art.
1984 *Images et Imaginaires d'Architecture*, París, Centre Pompidou (catálogo: ed. Centre Georges Pompidou, París, 1984).
Summer Exhibition, Londres, Royal Academy.
Norman Foster Architect. Selected Works 1962/84, Manchester, Whitworth Art Gallery (catálogo: ed. Whitworth Art Gallery, University of Manchester, Manchester, 1984).
RIBA Architectural Awards, Mostra di Premi di Architettura del RIBA 1981, Roma, Istituto Nazionale d'Architettura.
1985 *Foster Associates. Six Architectural Projects 1975/1985*, Norwich, Sainsbury Centre for Visual Arts (catálogo: ed. Sainsbury Centre for Visual Arts, University of East Anglia, Norwich, 1985).
Biennale de Paris: Architecture 1985, París, Grande Halle de la Villette (catálogo: ed. Pierre Mardaga, Lieja, 1985).
1986 *Norman Foster, París, Institut Français d'Architecture* (catálogo: ed. Electa-Moniteur, Milán-París, 1986).
Norman Foster: The Art Centre and Mediatèque de Nîmes, Londres, Institut Français d'Architecture.
Vision der Moderne. Das Prinzip Konstruktion, Frankfurt, Deutsches Architekturmuseum (catálogo: ed. Prestel-Verlag, Munich, 1986).
New Architecture: Foster, Rogers, Stirling, Londres, Royal Academy (catálogo: ed. Thames & Hudson, Londres, 1986).
1987 *Nomos*, Londres, showroom Tecno.
1988 *Foster pour Tecno*, París, Centre Pompidou.
Paternoster Square: Urban Design Competition, Londres, 9H Gallery.
Norman Foster: Tre Temi, Sei Progetti, Florencia, Palazzo Vecchio (catálogo: ed. Electa, Florencia, 1988).
Norman Foster: Proyectos 1988, Madrid, MOPU.
Foster 10: Tradition and Technology, Tokyo, Century Cultural Centre (catálogo: ed. Century Cultural Centre, Tokyo).
Summer Exhibition, Londres, Royal Academy.

1989 *Norman Foster*, Col·legi d'Arquitectes de Catalunya, Barcelona (catálogo: Editorial Gustavo Gili, Barcelona, 1989). *Summer Exhibition*, Londres, Royal Academy.

1990 *Les Nouveaux Projets*, Lyon, École d'Architecture. *Summer Exhibition*, Londres, Royal Academy.

1991 *Foster Associates: Buildings and Projects 1991*, Norwich, Crescent Wing (catálogo: ed. Sainsbury Centre for Visual Arts, Norwich). *Berlin morgen-ideen für das herz einer grozstadt*, Frankfurt, Deutsches Architektur Museum. *British Architecture Today. Six Protagonists*, Venecia, Pabellón Británico en la Bienal (catálogo: ed. Electa, Milán).

1992 *Indeterminate Form-Work by Sir Norman Foster and Partners*, Cambridge, Architecture Gallery. *Projects 1991. Foster & Associates*, Rennes, École d'Architecture. *Norman Foster*, Burdeos, Arc en rêve Centre d'Architecture. *British Architecture Today*, Arc-et-Senans, Fondation Ledoux. *City Changes: Architecture in the City of London: 1985-1995*, Londres, Royal Exchange.

1993 *Sir Norman Foster and Partners: recent urban projects*, Antwerpen, De Singel Art Centre. *Experience Nîmes*, París, Centre Pompidou (catálogo: ed. Centre Pompidou).

Fotógrafos / Photographers

Aldo Benedetti, L'Aquila.
Richard Bryant, Kingston-upon-Thames.
Martin Charles.
Gus Coral, Londres.
Richard Davies, Londres.
John Donat, Londres.
Richard Einzig, Londres.
Norman Foster, Londres.
Dennis Gilbert.
Birkin Haward, Londres.
Pat Hunt, Cirecenster.
Ben Johnson, Londres.
Ken Kirkwood, Norwich.
Ian Lambot.
John Edward Linden.
James H. Morris.
John Nye, Hong Kong.
Tim Street Porter, Hollywood.
Sandy Porter, Hollywood.
Timothy Soar.
Jens Willebrand.